春山忠男 [著]

これだけ
覚える！

給水装置
工事主任
技術者試験

改訂4版

Ohmsha

読者の**方々へ**

　本書は平成18年に初版本が発行されましたが，ここに装いを新たに改訂4版としてお届けする運びとなりました。これは，たくさんの受験生からご支持をいただいた賜として感謝申し上げます。

　さて，給水装置工事主任技術者試験は，給水装置工事主任技術者として必要な知識及び技能について，厚生労働大臣が行うものです。この検定試験は，学科試験1，学科試験2に分けて実施されます。学科試験の区分，出題数，試験時間を下表に示します。

　ただし，管工事施工管理技術検定の1級又は2級に合格した者は，学科試験2の免除を受けることができます。

 表　出題数と試験時間（令和5年度実施分のデータ）

	試験の区分	試験時間	試験科目	出題数	合格最低基準点
午前	学科試験1	150分	公衆衛生概論	3	1
			水道行政	6	2
			給水装置工事法	10	4
			給水装置の構造及び性能	10	4
			給水装置計画論	6	2
			給水装置工事事務論	5	2
午後	学科試験2	60分	給水装置の概要	15	5
			給水装置施工管理法	5	3
合計				60	

　問題の形式は四肢択一又は五肢択一です。すなわち，四つ又は五つの選択肢の中から「適当なもの」，「適当でないもの」等のように指示されたものを解答します。また，問題はすべて必須問題として出題されますので全問解答しなければなりません。

　合格判定基準では，次の（1），（2），（3）を満足する必要があります。ただし，管工事施工管理技術検定の1級又は2級に合格した者で，規定により試験科目の一部免除を受けた者については，（1）及び（3）を満足していれば合格となります。配点は1題につき1点です。

（1）　学科試験 1 の合計得点が 27 点以上

（2）　全学科の合計得点が 40 点以上

（3）　各試験科目の得点が合格最低基準以上

したがって，（1）では出題数が 40 問題ありますので，27/40×100＝67.5％，（2）では出題数が 60 問題ありますので，40/60×100＝66.7％の正答率がなければなりません。さらに，各科目ごとの合格最低基準点が決められているなど，非常に難しい検定試験になっています。

※その年の合格基準は，例年合格発表時に公表されるため，必ずしも上記の基準が受験年度も適用されるとは限りません。詳細は，公益財団法人 給水工事技術振興財団のホームページ等でご確認ください。

そこで本書では，これから検定試験を受験する方々のために，簡潔でわかりやすい内容とするため，次の点に配慮しながら編集したものです。

❶　過去に出題された問題を詳細に分析し，これから出題が予想される内容を中心に編集しました。

❷　本文の各項目と「覚えるべきポイント」と「重要事項」に絞り込んだ解説を箇条書とし，受験にすぐ役立つようにしました。

❸　同一分野の内容は 1 か所にまとめました。重複して学習する労力を減らすための工夫をしました。

❹　章冒頭には 合格への道しるべ を設け，出題傾向を示しました。また，要所には 実践力アップの ツボ を，章末には アドバイス を設け，受験のテクニック，コラムなどを掲載することで，効率的に合格へのステップを進んでゆけます。

❺　各項目には出題率の高さなどの重要度に応じて★★★★★～★のランクを付け，一目でどこが重要なのかをわかるようにしました。さらに細目については，重要，注意! マークを付けることで，どの細目をどう覚えればよいかを示し，学習の指針となるようにしました。下記に各マークの示す意味を一覧にします。また，キーワードとなる用語については太字にして注意を喚起しました。

> 重要 ＝最も出題されやすい項目です。確実に覚えよう！
>
> 注意! ＝今後，出題が予想される項目です。十分に注意しよう！

❻　各章ごとに「よく出る！問題で合格力アップ」を設け，試験のポイントがつかめるようにしました。キーワードを探したり，作問上のヒッカケやワナ

となる表現を見つけながら，問題対応力を養成できます。

❼　受験のための自学自習はもちろん，講習会などでも活用できるように留意しました。

　本試験は8科目に分類されていますが，これらはお互いに有機的なつながりをもって構成されています。このため，同じ内容が複数の科目にわたって出題されているのです。本書では，同一分野の内容を1か所にまとめるため，どちらかに集約して編集してあることをご理解のうえご活用ください。ただし，**重要事項は重複して掲載し**，学習漏れを防止しました。

　給水装置工事主任技術者試験の出題範囲は多岐にわたり，専門性の非常に高い検定試験です。しかも，長文の問題があり難易度の高い検定試験でもあります。
　国家検定試験の合格基準は，一般に60%程度といわれています。しかし，この検定試験の合格基準は前述のように非常に高く設定されています。合格を目指すためには，すべての科目で70%以上の正解が得られるように目標を立てて受験に臨んでください。

　本書を執筆するにあたり，複数の企業，団体から貴重な資料提供をいただき，本書への転載許可をご快諾いただきました。心より厚くお礼申し上げます。

　なお，検定試験に関する問合せは下記にご連絡ください。

公益財団法人　給水工事技術振興財団
〒163-0712　東京都新宿区西新宿2丁目7番1号
小田急第一生命ビル12階
電話　03-6911-2711（代）　　FAX　03-6911-2716

　読者のみなさんが，給水装置工事主任技術者の資格を取得し，主任技術者としてさらにご活躍されますことを心からお祈りいたします。

2023年5月

著　者

もくじ

4章 給水装置の構造及び性能

5章 給水装置計画論

6章 給水装置工事事務論

7章 給水装置の概要

公衆衛生概論

合格への道しるべ

公衆衛生概論からの出題数は 3 問です。出題数が 3 問だけで，合格最低基準が 1 問ですので，取りこぼしは絶対に許されません。この科目の特徴を他の科目と比較すると，過去問題に類似した設問が出題された可能性が極端に低い分野といえます。このため出題率を示す　**重要**　が少なく，多くの細目に **注意!** マークが表示されています。十分な準備をする必要がありますが，そのためには出題数が 2 倍の 6 問程度あると考えて，幅広い分野を確実に整理して万全を期しましょう。

1・**1** 水道の歴史・水質汚染

• 水質汚染と飲料水の事故例からの出題数は多くありませんが，油断は禁物です。

1・**2** 水質汚染と飲料水の事故例

• 水系感染症と病原体からの出題数も多くありませんが，ニュースでも取り上げられる内容です。関連項目も重要項目です。

• 化学物質による汚染は，物質名と人体への影響に関する内容が出題されています。ここも重要項目です。

1・**3** 水道施設

• 用語の定義，水道施設のフローシート，水道施設は，幅広い分野から出題されています。最重要項目です。

1・**4** 水道水の水質基準，施設基準

• 水道法第 4 条の a. 〜f. の 6 項目は最重要項目として覚えておきましょう。
　　また，水質基準項目と基準値（表 1・1）にも注目してください。今後，出題が予想される分野です。

1・**5** 塩素による衛生対策

• 消毒剤は，種類が重要項目です。

• 残留塩素の消毒効果は，残留塩素，遊離残留塩素の意味などを理解しておきましょう。最重要項目です。

• 残留塩素の測定方法は，DPD 法を理解しておきましょう。最重要項目です。

1・1 水道の歴史・水質汚染

① 水道の歴史
出題ランク ★☆☆☆☆

① 1804 年，イギリスのペイズリー水道で**緩速ろ過**が採用され，水系感染症に効果があることが判明した。

② 安政元年（1854 年）の開国によって国外から**コレラ**が持ち込まれ，明治 10 年（1877 年）頃から，日本の各地でコレラの流行が繰り返された。

③ コレラは不衛生な飲料水に起因する水系感染症であることから，**伝染病防疫**（ぼうえき）の対策として近代水道が布設されることになった。

④ 明治 20 年（1887 年）に，当時の中央衛生会は，**コレラ**の予防等について審議を行い，**水道布設促進**の建議を行った。

⑤ 明治 20 年（1887 年）に，**横浜水道**が我が国の近代水道の第 1 号となり給水を開始した。

② 水質汚染と飲料水の利水障害
出題ランク ★☆☆☆☆

1 水質汚染

① 1950 年（昭和 25 年）頃には，河川表流水でヒ素，クロム，フッ素，シアン等の重金属や**陰（いん）イオン界面活性剤**（かいめんかっせいざい）による水質汚染が問題となった。

② 1955 年（昭和 30 年）頃から**有機水銀**に起因する**水俣病**や，**カドミウム**に起因する**イタイイタイ病**等の公害が社会問題になってきた。

③ 1970 年代後半からは，**塩素消毒剤による副生成物**である**トリハロメタン**，溶剤の**トリクロロエチレン**とテトラクロロエチレン，ゴルフ場で使用される**シマジン**，チウラムによる水質汚染が問題となった。

2 飲料水の事故例等

① 公衆衛生上の事件として，次に示す歴史的に有名な事件がある。

a. スノーは，1854 年に**ロンドン**で発生した**コレラ**の流行は，汚染源が**共同井戸**であることを発見した。井戸の使用を禁止することによって，コレラの流行を阻止することができた。

b. **1893 年**にアメリカのミルズ，ドイツのレンケは，河川水を**ろ過**して給水し，伝染病等の死亡率が低下することを発見した。

② **平成 6 年**（1994 年）平塚市の雑居ビルで，受水槽に汚水槽の汚水が流入し，**クリプトスポリジウム**により約 730 人が<ruby>暴露<rt>ばくろ</rt></ruby>し，約 460 人が下痢，腹痛等の症状を訴えた。

注意! ③ 平成 8 年（1996 年）埼玉県越生町の水道が**クリプトスポリジウム**により汚染され，住民約 14,000 人のうち 8,000 人以上が感染した。

注意! ④ 平成 22 年（2010 年）千葉県成田市の雑居ビルの水道が**ジアルジア**により汚染され，従業員約 40 名が体調不良を起こし，そのうち 4 名の糞便からジアルジアが検出された。

注意! ⑤ 平成 23 年（2011 年）に発生した東日本大震災では，東京電力福島第一原子力発電所から**放射性物質**が放出され，関東各県の水道水中から放射性ヨウ素及び放射性セシウムが検出され，乳幼児への飲用制限が行われた。

1・2 水質汚染と飲料水の利水障害

① 水系感染症と病原体

出題ランク
★★★☆☆

① **水系感染症**とは，水を媒体として病原体が体内に侵入し，種々の病状を起こす疾患のことである。

② 水系感染症の病原性微生物を次に示す。

  a. **病原細菌**（赤痢菌，腸チフス菌，コレラ菌，腸管出血性大腸菌（病原性大腸菌 O-157 は代表的な例），レジオネラ属菌等）

  b. **病原ウイルス**（ノロウイルス等）

  c. **病原原虫**（クリプトスポリジウム，ジアルジア等）

③ **赤痢菌**，**腸チフス菌**は，非衛生な水やイエバエによって食物に運ばれた病原体によって感染する。赤痢菌は熱に弱く，**塩素消毒**によって死滅する。

④ **コレラ菌**は，コレラ毒素によって下痢を引き起こし，脱水症状，血圧降下，脈拍微弱等を呈する。

  a. コレラ菌は，便や嘔吐物等とともに排出され，それに汚染された飲食物を摂取することによって感染する。

  b. コレラ菌は，**塩素消毒**によって死滅する。また，熱に弱く，60℃，30分で容易に死滅する。

⑤ **病原性大腸菌 O-157** は，激しい下痢，腹痛，血便等の症状をきたし，食中毒の原因となる菌である。

注意！ a. 病原性大腸菌 O-157 は，ベロ毒素により神経を侵し，出血が止まらなくなり，**腎不全**や**血便**（溶血性尿毒症症候群）等の症状を引き起こす。

注意！ b. 病原性大腸菌 O-157 は，**遊離残留塩素** 0.1 mg/L 以上，又は 75℃以上で 1 分間の加熱で死滅する。

注意！ ⑥ **レジオネラ属菌**は，土壌，地下水，河川水等自然界に広く存在している。

  a. 冷却塔の冷却水に混入して繁殖し，レジオネラ肺炎，ポンティアック肺炎を引き起こす。

注意！ b. レジオネラ属菌は，**塩素消毒**や 55℃以上の加熱で死滅する。

重要 ⑦ **クリプトスポリジウム**は，水や食べ物のなかでは殻に覆われた**オーシスト**の形で存在し，下痢を引き起こす原虫である。**塩素消毒に対しては抵抗**

力があるが，沸騰水では 1 分以上で死滅，60 ℃以上又は－20 ℃以下で 30 分，常温で **1～4 日間の乾燥で感染力がなくなる**。

注意！ ⑧ **ジアルジア**は，人畜共通の病原原虫で，哺乳類の腸に寄生し，オーシストの形で存在する。**塩素消毒に対しては抵抗力**があり，通常の塩素消毒での不活性化は難しい。紫外線処理で容易に不活性化され，**加熱には弱く**，沸騰水では 1 分以上で死滅する。

⑨ **ノロウイルス**は，ウイルスに汚染された食品や水により経口感染し，下痢腹痛，嘔吐，発熱等の症状を起こす。通常の浄水処理の塩素消毒によって阻止できる。

② 化学物質による汚染

① **カドミウム**は，鉱山排水や工場排水に由来し，発がん性を呈する。イタイイタイ病は鉱山排水中のカドミウムが原因とされている。

② **水銀**は，工場排水，農薬，下水等に由来し，水俣病は魚介類に蓄積した有機水銀が原因とされている。

③ **鉛**は，河川中には地質や工場排水に由来して溶存することがある。

注意！ a．水道水中の鉛は，使用している給水管から溶出し，体内に蓄積すると造血系，腎臓障害，中枢神経系等の障害を引き起こす。

重要 b．**pH 値**や**アルカリ度が低い（遊離炭酸の多い）水**ほど鉛が溶出しやすく，体内への蓄積により**毒性**を示す。

重要 ④ **ヒ素**は，地質，鉱山廃水，工場排水等に由来する。急性の中毒症状は腹痛，嘔吐，筋肉のけいれん等がある。慢性の中毒症状は末梢神経障害，皮膚がん等の原因となる。

⑤ **クロム**は，めっき廃水の地下浸透により水道の地下水水源を汚染することがあり，がんの原因と考えられている。

注意！ ⑥ **シアン**は，めっき工場，精錬所等の排水に由来する。強い毒性があり，経口摂取すると頭痛，吐き気，失神等を起こし死に至ることがある。

注意！ ⑦ **硝酸態窒素及び亜硝酸態窒素**は，窒素肥料，家庭排水，下水等に由来する。乳幼児が経口摂取することで，急性影響としてメトヘモグロビン血症によるチアノーゼを引き起こす。

⑧ **フッ素**は，地質や工場排水等によって飲料水に混入する。幼児期に多量摂取すると体内沈着によって**斑状歯**や骨折の原因となる。

⑨　有機溶剤であるトリクロロエチレン，テトラクロロエチレンが，未処理のまま土壌に浸透して飲料用の地下水に混入した事例がある。

注意! ⑩　消毒副生成物（**トリハロメタン**）は，水道原水に含まれるフミン質等の**有機化合物**と浄水工程において注入する**塩素**が反応して生成される消毒副生成物で，**発がん性**が指摘されている。

注意! ⑪　**陰イオン界面活性剤**は，洗濯や台所用の洗剤として用いられている。河川水の**発泡**による利水障害，下水処理場での処理能力の低下，水道水への混入等の影響がある。

3　利水障害

注意! ①　水道の利水障害（日常生活での水利用への差し障り）には，**臭気**，**味**，**着色**等がある。

重要 ②　**藻類**が繁殖すると**ジェオスミン**や 2-メチルイソボルネオール等の有機物が産生され，**かび臭**の原因となる。

注意! ③　フェノールは工場排水に由来し，水道中の塩素と反応して低い濃度でも**不快臭**の原因となる。

注意! ④　飲料水の**味**に関する物質として，**亜鉛**，**塩化物イオン**，**鉄**，**ナトリウム**等がある。

注意! ⑤　**亜鉛**，**アルミニウム**，鉄，銅等は，土壌中や工場排水に由来する物質で**着色**の原因となる。

重要 ⑥　生活廃水や工場排水に由来する**界面活性剤**が飲料水に混入すると**泡立ち**により，**不快感**をもたらすことがある。

1章　公衆衛生概論

1・2　水質汚染と飲料水の事故例

1·3 | 水道施設

1 用語の定義

注意! ① **水道**とは，**導管**及びその他の工作物により，水を人の**飲用**に適する水として供給する施設の総体をいう。ただし，臨時に施設されたものは除かれる。

  a. 浄水場から末端まで導管によって飲用に供する目的で水を供給する施設は水道である。

  b. 都市の水道，家庭用井戸も水道に含まれる。

  c. 自ら掘った井戸を水源とし，工事現場等の**仮設**給水施設として設けられた施設は，水道の定義に含まれない。

注意! ② **水道事業**とは，一般の需要に応じて，水道により水を供給する事業をいう。ただし，給水人口が**100 人以下の水道は除かれる**。

注意! ③ **簡易水道事業**とは，**給水人口が 5,000 人以下**である水道により，水を供給する水道事業をいう。

注意! ④ **水道用水供給事業**とは，水道により，水道事業者に対してその用水を供給する事業をいう。ただし，水道事業者又は専用水道の設置者が他の水道事業者に分水する場合を除く。

注意! ⑤ **専用水道**とは，寄宿舎，社宅，診療所等における自家用の水道その他水道事業の用に供する水道以外の水道であって，次のいずれかに該当するものをいう。ただし，他の水道から供給を受ける水のみを水源とし，かつ，その水道施設のうち地中又は地表に施設されている部分の規模が政令で定める基準以下である水道を除く。

注意!   a. **100 人を超える者**にその居住に必要な水を供給するもの

  b. 1 日最大給水量が**政令で定める基準（20 m^3）を超える**もの

重要 ⑥ **貯水槽水道**とは，水道事業の用に供する水道及び専用水道以外の水道であって，水道事業の用に供する水道から供給を受ける水のみを水源とするものをいう。

注意! ⑦ **簡易専用水道**とは，貯水槽水道のうち水の供給を受ける水槽の有効容量の合計が **10 m^3** を超えるものをいう。

② 水道施設のフローシート

注意! **水道施設**は，貯水施設，取水施設，導水施設，浄水施設，送水施設，配水施設で構成される。ただし，給水装置は除かれる。

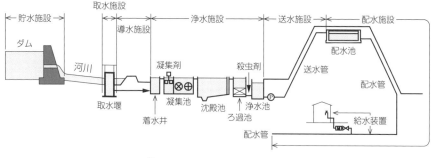

▲ 図1・1 水道施設の概要図

③ 水道施設

注意! ① **取水施設**は，水道の水源から原水を取り入れる施設で，粗いごみや砂を取り除いて，導水施設に送り込む施設である。

注意! a. 水道用原水には，地表水（河川水，湖沼水，貯水池水）と地下水（浅井戸，深井戸，湧泉水，伏流水）がある。

b. 河川水の取水には，**取水堰**や取水塔が用いられる。

② **貯水施設**は，水道の原水を貯留するための設備をいい，水道専用ダムや多目的ダム等がある。

注意! ③ **導水施設**は，原水を取水施設から浄水施設まで送る施設である。

注意! ④ **浄水施設**は，原水を人の飲用に適する水に処理する施設である。浄水施設は，水道水の水質基準に適合する必要量の浄水を得るのに必要な**沈殿池**，**ろ過池**，その他の設備を有し，かつ，**消毒設備**を備えていなければならない。

a. **沈殿**には，普通沈殿と薬品沈殿がある。

b. **ろ過**には，緩速ろ過と急速ろ過がある。

c. **消毒設備**は，塩素により水中の菌類や微生物を減菌したり，水中の有機物や無機物を酸化するためのものである。

⑤ **送水施設**は，浄水を浄水池より配水池まで送水する施設である。

注意! ⑥ **配水施設**は，一般の需要に応じ，必要な水を配水池から需要者まで浄水を供給する施設である。

4 給水装置

p.25, 2 章 2·2 節 1「給水装置の定義」を参照されたい。

1・4 水道水の水質基準，施設基準

1 水道施設の基準

注意! 水道により供給される水については**水質基準**が，水道を構成するそれぞれの施設については**施設基準**が，簡易専用水道については**管理基準**が定められている。

2 水質基準

① 水質基準には，**水質基準**，**水質管理目標設定項目**，**要検討項目**がある。

② 水質基準は，水道法に規定されている基準で，水道により供給される水はこの基準値を満足していなければならない。

  a. **水質基準**は，地域，水源の種別又は浄水方法により，人の健康の保護又は生活上の支障を生ずるおそれのあるものについて設定されている。

注意! b. 水質基準は，常に最新の知見に照らして逐次改正されることになっている。

3 水道水の水質基準値

① 水道法第4条に，水道水によって供給される水の要件が，次のように定められている。

重要 a. **病原性物**に汚染され，又は病原性物に汚染されたことを疑わせるような生物若しくは物質を**含まない**こと。

重要 b. シアン，水銀その他の有毒物質を含まないこと。

注意! c. **銅，鉄，フッ素，フェノールその他の物質をその基準量を超えて含まないこと**。

注意! d. 異常な酸性又はアルカリ性を呈しないこと。

重要 e. 異常な臭味がないこと。ただし，**消毒による臭味を除く**。

重要 f. 外観は，ほとんど**無色透明**であること。

注意! ② 環境省令の「水質基準に関する省令」に定められている水道水の水質基準項目と基準値（抜粋）を表1・1に示す。

● 表 1・1　水質基準項目と基準値（抜粋）

項　　　　目	基　準　値
一般細菌	1 mL の検水で形成される集落数が 100 以下であること。
大腸菌	検出されないこと。
カドミウム及びその化合物	カドミウムの量に関して，0.003 mg/L 以下であること。
水銀及びその化合物	水銀の量に関して，0.0005 mg/L 以下であること。
鉛及びその化合物	鉛の量に関して，0.01 mg/L 以下であること。
ヒ素及びその化合物	ヒ素の量に関して，0.01 mg/L 以下であること。
六価クロム化合物	六価クロムの量に関して，0.02 mg/L 以下であること。
シアン化物イオン及び塩化シアン	シアンの量に関して，0.01 mg/L 以下であること。
硝酸態窒素及び亜硝酸態窒素	10 mg/L 以下であること。
トリクロロエチレン	0.01 mg/L 以下であること。
総トリハロメタン（クロロホルム，ジブロモクロロメタン，ブロモジクロロメタン及びブロモホルムのそれぞれの濃度の総和）[*]	0.1 mg/L 以下であること。
鉄及びその化合物	鉄の量に関して，0.3 mg/L 以下であること。
銅及びその化合物	銅の量に関して，1.0 mg/L 以下であること。
塩素イオン	200 mg/L 以下であること。
カルシウム，マグネシウム等（硬度）	300 mg/L 以下であること。
蒸発残留物	500 mg/L 以下であること。
陰イオン界面活性剤	0.2 mg/L 以下であること。
ジェオスミン	0.00001 mg/L 以下であること。
2-メチルイソボルネオール	0.00001 mg/L 以下であること。
有機物（全有機炭素（TOC）の量）	3 mg/L 以下であること。
pH 値	5.8 以上 8.6 以下であること。
味	異常でないこと。
臭気	異常でないこと。
色度	5 度以下であること。
濁度	2 度以下であること。

＊　クロロホルム 0.06 mg/L 以下，ジブロモクロロメタン 0.1 mg/L 以下，ブロモジクロロメタン 0.03 mg/L 以下，ブロモホルム 0.09 mg/L 以下

1・5 塩素による衛生対策

① 消毒の目的と衛生上の措置

① 消毒は，感染性の病原体による飲料水の汚染を防ぐために行われる。

注意! ② 水道水中の残留塩素濃度の保持は，衛生上の措置（水道法第 22 条，水道法施行規則第 17 条）において規定されている。

重要 ③ 水道事業者は，**給水栓**における水が，**遊離残留塩素を 0.1 mg/L**（**結合残留塩素の場合**は，**0.4 mg/L**）以上保持するように塩素消毒をすること。

④ ③において，供給する水が病原生物に著しく汚染されるおそれがある場合等は，給水栓における水の遊離残留塩素は 0.2 mg/L（結合残留塩素の場合は，1.5 mg/L）以上保持するように塩素消毒をすること。

② 消毒方法

1 消毒剤

重要 ① 消毒用の**塩素剤**には，次亜塩素酸ナトリウム，液化塩素，次亜塩素酸カルシウム（さらし粉）が用いられる。

注意! ② **次亜塩素酸ナトリウム**は，淡黄色の液体で，アルカリ性が強い。液化塩素と比べると安全性，取扱い性が良い。ただし，光や温度の影響を受けて徐々に分解し，有効塩素濃度が低下する。

注意! ③ **液化塩素**は，塩素ガスを液化して容器に充塡したものである。塩素ガスは，空気より重く，刺激臭があり，毒性が強い。

注意! ④ **次亜塩素酸カルシウム**（さらし粉）は，粉末，顆粒，錠剤があり，小規模施設に用いられる。

2 消毒剤の注入箇所

塩素剤の注入は，水道の浄水処理過程の最後に行う。

3 残留塩素の消毒効果

重要 ① **残留塩素**とは，消毒効果のある有効塩素が水中の微生物を殺菌消毒したり，有機物を酸化分解した後も水中に残留している塩素のことである。

② 残留塩素には，遊離残留塩素と結合残留塩素がある。

重要 ③ 塩素は，水に溶解すると次亜塩素酸（HClO）と塩素になり，次亜塩素酸はその一部が次亜塩素酸イオン（ClO）と水素イオンになる。次亜塩素酸と次亜塩素酸イオンを**遊離残留塩素**という。

④ 水中に**アンモニア化合物**があると，塩素はこれと反応して**クロラミン**を生じる。クロラミンは，モノクロラミン，ジクロラミン及びトリクロラミンとなるが，モノクロラミンとジクロラミンを**結合残留塩素**という。

重要 ⑤ 残留塩素の**殺菌効果**は，**遊離残留塩素**のほうが結合残留塩素より強く，次亜塩素酸のほうが次亜塩素酸イオンより強い。

⑥ pH が低いほど消毒効果が高いが，pH が 4 以下では次亜塩素酸が低下する。

重要 ⑦ 水道水質基準に適合した水道水では，遊離残留塩素のうち，次亜塩素酸の存在比が高いほど，消毒効果が高い。

⑧ **残留効果**は結合残留塩素のほうが持続する。

4 残留塩素の測定方法

重要 ① 残留塩素の測定は，ジエチル-*p*-フェニレンジアミン（DPD）法によって行う。

重要 ② **DPD**法は，試薬によって発色した**桃～桃赤色**を標準比色液と比較して残留塩素を測定する。

③ 遊離残留塩素は，発色後**直ち**に測定する。

④ 結合残留塩素は，発色した液にヨウ化カリウム試薬を加えて混和し，2分後に測定した総残留塩素から遊離残留塩素を減じた濃度とする。

問題 ① 平成 8 年 6 月埼玉県越生町において，水道水が直接の感染経路となる集団感染が発生し，約 8,800 人が下痢等の症状を訴えた。この主たる原因として，次のうち，適当なものはどれか。

(1) 病原性大腸菌 O-157
(2) 赤痢菌
(3) クリプトスポリジウム
(4) ノロウイルス

解説 (3) 水道水中に**クリプトスポリジウム**が混入し，集団感染が発生した事故である。

解答 ▶ (3)

問題 ② 水道水に混入するおそれのある化学物質による汚染の原因に関する次の記述のうち，不適当なものはどれか。

(1) フッ素は，地質，工場排水等に由来する。
(2) 鉛管を使用していると，アルカリ度が高い水に鉛が溶出しやすい。
(3) ヒ素は，地質，鉱山排水，工場排水等に由来する。
(4) シアンは，めっき工場，精錬所等の排水に由来する。

解説 (2) 鉛は，河川中には地質や工場排水に由来して溶存することがある。
水道水中の鉛は，使用している給水管から溶出し，**pH 値やアルカリ度が低い**（遊離炭酸の多い）水ほど鉛が溶出しやすい。

解答 ▶ (2)

問題 ③ 化学物質の飲料水への汚染原因と影響に関する次の記述のうち，不適当なものはどれか。

(1) 水道原水中の有機物と浄水場で注入される凝集剤とが反応し，浄水処理や給配水の過程で，発がん性物質として疑われるトリハロメタン類が生成する。
(2) ヒ素の飲料水への汚染は，地質，鉱山排水，工場排水等に由来する。海外では，飲料用の地下水や河川水がヒ素に汚染されたことによる，慢性中毒症が報告されている。
(3) 鉛製の給水管を使用すると，鉛は pH 値やアルカリ度が低い水に溶出しやすく，体内への蓄積により毒性を示す。

(4)　硝酸態窒素及び亜硝酸態窒素は，窒素肥料，家庭排水，下水等に由来する。乳幼児が経口摂取することで，急性影響としてメトヘモグロビン血症によるチアノーゼを引き起こす。

解説 (1) トリハロメタン類は，水道原水中の有機物と浄水場で注入される塩素と反応して生成される。　　　　　　　　　　　　　　　　　**解答▶(1)**

問題④　水道の利水障害（日常生活での水利用への差し障り）に関する次の記述のうち，不適当なものはどれか。
(1)　藻類が繁殖するとジェオスミンや2-メチルイソボルネオール等の有機物が産生され，これらが飲料水に混入すると着色の原因となる。
(2)　飲料水の味に関する物質として，塩化物イオン，ナトリウム等があり，これらの飲料水への混入は主に水道原水や工場排水等に由来する。
(3)　生活廃水や工場排水に由来する界面活性剤が飲料水に混入すると泡立ちにより，不快感をもたらすことがある。
(4)　利水障害の原因となる物質のうち，亜鉛，アルミニウム，鉄，銅は水道原水に由来するが，水道に用いられた薬品や資機材に由来することもある。

解説 (1) ジェオスミンや2-メチルイソボルネオール等の有機物が産生され，これらが飲料水に混入するとかび臭の原因となる。　　　　　　　　**解答▶(1)**

問題⑤　水道事業等の定義に関する次の記述の[　　]内に入る語句及び数値の組合せのうち，適当なものはどれか。
　水道事業とは，一般の需要に応じて，給水人口が[ア]人を超える水道により水を供給する事業をいい，[イ]事業は，水道事業のうち，給水人口が[ウ]人以下である水道により水を供給する規模の小さい事業をいう。
　[エ]とは，寄宿舎，社宅，療養所等における自家用の水道その他水道事業の用に供する水道以外の水道であって，[ア]人を超える者にその住居に必要な水を供給するもの，又は人の飲用，炊事用，浴用，手洗い用その他人の生活用に供する水量が一日最大で20 m³を超えるものをいう。

	ア	イ	ウ	エ
(1)	100	簡易水道	5,000	専用水道
(2)	100	簡易専用水道	1,000	貯水槽水道
(3)	500	簡易専用水道	1,000	専用水道
(4)	500	簡易水道	5,000	貯水槽水道

解説（1）アは 100，イは簡易水道，ウは 5,000，エは専用水道である。

解答▶（1）

問題⑥ 水道施設に関する下図の □ 内に入る語句の組合せのうち，適当なものはどれか。

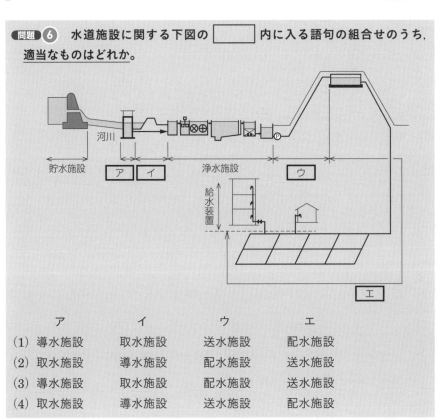

	ア	イ	ウ	エ
(1)	導水施設	取水施設	送水施設	配水施設
(2)	取水施設	導水施設	配水施設	送水施設
(3)	導水施設	取水施設	配水施設	送水施設
(4)	取水施設	導水施設	送水施設	配水施設

解説（4）アは取水施設，イは導水施設，ウは送水施設，エは配水施設である。

解答▶（4）

問題⑦ 水道施設とその機能に関する次の組合せのうち，**不適当なものはどれか。**

水道施設　　機　　能

(1) 浄水施設………原水を人の飲用に適する水に処理する。

(2) 配水施設………一般の需要に応じ，必要な浄水を供給する。

(3) 貯水施設………水道の原水を貯留する。

(4) 導水施設………浄水施設を経た浄水を配水施設に導く。

(5) 取水施設………水道の水源から原水を取り入れる。

解説 (4) 導水施設は，原水を貯水施設から浄水施設まで送る施設である。浄水施設を経た浄水を配水施設に導く施設は送水施設である。　　　　　　　　**解答▶(4)**

問題⑧ 水道法第4条に規定する水質基準に関する次の記述の正誤の組合せのうち，**適当なものはどれか。**

ア　病原生物をその許容量を超えて含まないこと。

イ　シアン，水銀その他の有毒物質を含まないこと。

ウ　消毒による臭味がないこと。

エ　外観は，ほとんど無色透明であること。

	ア	イ	ウ	エ
(1)	正	誤	正	誤
(2)	誤	正	誤	正
(3)	正	誤	誤	正
(4)	誤	正	正	誤

解説 (2) イ，エは記述のとおり。

ア　病原生物に汚染され，又は病原性物に汚染されたことを疑わせるような生物若しくは物質を含まないこと。

ウ　異常な臭味がないこと。ただし，消毒による臭味を除く。　　　　**解答▶(2)**

問題⑨ 残留塩素と消毒効果に関する次の記述のうち，**不適当なものはどれか。**

(1)　残留塩素とは，消毒効果のある有効塩素が水中の微生物を殺菌消毒したり，有機物を酸化分解した後も水中に残留している塩素のことである。

(2)　給水栓における水は，遊離残留塩素が 0.4 mg/L 以上又は結合残留塩素が 0.1 mg/L 以上を保持していなくてはならない。

(3)　塩素系消毒剤として使用されている次亜塩素酸ナトリウムは，光や温度の影響を受けて徐々に分解し，有効塩素濃度が低下する。

(4)　残留塩素濃度の測定方法の一つとして，ジエチル-*p*-フェニレンジアミン（DPD）と反応して生じる桃～桃赤色を標準比色液と比較して測定する方法がある。

解説（2）給水栓における水は，遊離残留塩素が 0.1 mg/L 以上又は結合残留塩素が 0.4 mg/L 以上を保持していなくてはならない。　　　　　　　　　　**解答▶（2）**

問題⑩　消毒及び残留塩素に関する次の記述のうち，不適当なものはどれか。

(1)　水道水中の残留塩素濃度の保持は，衛生上の措置（水道法第 22 条，水道法施行規則第 17 条）において規定されている。

(2)　水道の消毒剤として，次亜塩素酸ナトリウムのほか，液化塩素や次亜塩素酸カルシウムが使用されている。

(3)　次亜塩素酸と次亜塩素酸イオンを遊離残留塩素という。

(4)　残留塩素の殺菌効果は，遊離残留塩素より結合残留塩素のほうが強い。

解説（4）残留塩素の殺菌効果は，遊離残留塩素のほうが結合残留塩素より強い。　　　　　　　　　　**解答▶（4）**

用語の落とし穴に負けるな！

いよいよ「給水装置工事主任技術者試験」の受験勉強が始まりました。まず戸惑うのは，初めて聞く用語でしょう。しかし，この入口で諦めてしまってはダメです。わからなくても，とにかく先に進んでいきましょう。何回も読んでいくうちに，なんとなくわかってくるものです。

受験準備は繰返しの連続！

さて，これからの受験準備ですが，本書を3回程度繰り返して学習するようにしてください。第1回目は，とりあえず軽い気持ちで一通り読んでみましょう。完全にマスターしている内容には番号に○印を，不十分の問題には△印を，全くわからない内容には×印を付けてみましょう。このときは，わからなくても，とにかく先に進みましょう。第2回目は，△印の付いた問題を中心に理解を深めていきます。×印の問題も，もう一度丁寧に読み返してみましょう。第3回目は，×印の付いた問題を中心に進んでいきましょう。そして，最後の総仕上げです。すべての内容を読み返して自信を付けてください。

ただ読むのではなく，暗記する！

勉強の方法に決まりはありませんので，自分に適した方法で進めてください。ただし，検定試験には制限時間がありますので，問題の文脈を正しく理解し，手早く正解を探すことが必要です。このためには，主要な箇所は暗記しておくことをお薦めします。何度も読んだり，書いたり，聞いたりして知識を広げていきましょう。

忘れたら，また覚える！

覚えたことは忘れるものです。忘れたことで「嗚呼！ダメだ！」などと自信喪失に陥らないでください。忘れたら覚える，忘れたら覚える，この繰返しで確かな知識を作り上げていきましょう。

満点合格を目標に！

と，いいたいところですが，その必要はありません。高い目標をもつことは大切ですが，そのために自滅しては何にもなりません。ただし，高得点で合格することは，これからの自信につながっていきます。そこで，満点合格を目標にがんばりましょう。

アドバイス

2 ^章

水道行政

合格への道しるべ

水道行政からの出題数は6問で，合格最低基準は2問です。この検定試験のより所となっている水道法に関する内容が出題されます。ここでは，法律に用いられる独特な表現にも気をつけましょう。なお，各科目を縦断するように出題されていますので，どこに出題されても対応できるように念には念を入れて準備を進めてください。

②・① 水道法の目的，関係者の責務等

• 水道事業の認可は，出題率が高い分野で，最重要項目です。

②・② 指定給水装置工事事業者

• 給水装置の定義，給水装置工事の概要は，過去問の出題数も多く，しかも比較的平易な内容です。得点ゲットが狙える最重要項目です。

②・③ 指定給水装置工事事業者制度

• 1「指定給水装置工事事業者の指定」～6「事業運営の基準」まで **注意!** と **重要** マークが連続して登場してきます。ここは，何としても得点につなげていきたい分野です。がんばりの見せ所です。最重要項目です。

②・④ 給水装置工事主任技術者

• 「給水装置工事主任技術者」今，皆さんがチャレンジしている資格のタイトルです。さらに **重要** マークが続きますが，自信をもって前進しましょう。

②・⑤ 水道事業等の経営

• 1「水道施設の整備」～9「簡易専用水道」まで，さらに連続して **注意!** と **重要** マークが登場してきます。ページ数も多く，やさしい内容ばかりではありません。しかも新たに出題される内容も加わります。がんばりの見せ所です。ここは，何としても得点につなげていきたい分野です。最重要項目です。

2・1 水道法の目的，関係者の責務等

1 水道法の目的

出題ランク ★☆☆☆☆

　この法律は，水道の布設及び管理を適正かつ**合理的**ならしめるとともに，水道の基盤を強化することによって，清浄にして**豊富低廉**な水の供給を図り，もって**公衆衛生**の向上と**生活環境**の改善とに寄与することを目的とする。

2 関係者の責務等

出題ランク ★★☆☆☆

注意! ①　**国，都道府県**及び**市町村**は水道の**基盤の強化**に関する施策を策定，推進又は実施するよう努めなければならない。

注意! ②　国は広域連携の推進を含む水道の基盤を強化するための**基本方針**を定め，都道府県は基本方針に基づき，**関係市町村**及び**水道事業者**等の同意を得て，**水道基盤強化計画**を定めることができる。

注意! ③　**水道事業者**は，水道施設を適切に管理するための**水道施設台帳**を作成，保管しなければならない。

3 水道事業の認可 （法第6条）

出題ランク ★★★★★

重要 ①　水道法では，水道事業者を**保護育成**すると同時に**需要者の利益を保護**するために，水道事業者を監督する仕組みとして**認可制度**をとっている。

重要 ②　水道事業経営の**認可制度**によって，複数の水道事業者の供給区域が重複することによる**不合理・不経済**が回避される。

重要 ③　**水道事業**を経営しようとする者は，**国土交通大臣又は都道府県知事の認可**を受けなければならない。

注意! ④　**専用水道の布設工事**をしようとする者は，**都道府県知事**（市又は特別区の長）の**確認**を受けなければならない。

　⑤　水道事業は，原則として**市町村**が経営するものとし，市町村以外の者は，給水しようとする区域をその区域に含む市町村の同意を得た場合に限り，水道事業を経営することができる。

　⑥　水道事業者は，給水を開始した後においては，厚生労働大臣の許可を受

けなければ，その水道事業の全部又は一部を**休止**し，又は**廃止**してはならない。

重要〉⑦ **水道用水供給事業**については，給水区域の概念^{がいねん}はないが，水道事業の機能の一部を代替^{だいたい}するものであることから，**国土交通大臣**の**認可**を受けなければならない。

2・2 指定給水装置工事事業者

1 給水装置の定義

出題ランク ★★★★★

重要 ① **給水装置**とは，需要者に水を供給するために水道事業者の施設した配水管から分岐して設けられた**給水管**及びこれに**直結する**給水用具をいい，配水管と直接つながっている設備である（図2・1参照）。

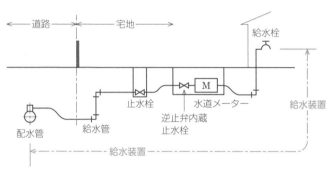

↑ 図2・1 給水装置の概念図①

② **給水管**とは，水道事業者の配水管から個別の需要者に水を供給するために分岐して設けられた管をいう。

注意! ③ **直結する給水用具**とは，給水管及び給水用具に容易に取外しのできない構造として接続し，**有圧**のまま給水できる給水栓等をいう。ホース等で容易に取外しができる状態で接続されるものは，除かれる。

重要 ④ 需要者が，他の所有者の給水装置（水道メーターの上流側）から分岐承諾を得て設けた給水管及びこれに直結する給水用具は独立した給水装置である。

⑤ **給水用具**とは，配水管からの**分岐器具**，給水管を接続するための**継手**，給水管の途中に設けられる**弁類**及び**給水管路の末端に設けられる**給水栓，ボールタップ，**温水洗浄便座**，**自動販売機**，**自動食器洗い機**，**湯沸器**等をいう。通常は，**需要者の所有物**である。

重要 ⑥ **水道メーター**は，水道事業者の所有物であるが，配水管から分岐された給水管に直結する水道メーターは**給水装置**に該当する。

注意! ⑦　ビル等で，いったん水道水を受水槽に受けて給水する場合には，配水管から分岐して設けられた給水管から受水槽への**注入口**（ボールタップ等）までが**給水装置**である。

注意! ⑧　受水槽以降の**ボールタップ**，**給水栓**，**湯沸器**等の給水用具は**給水装置には該当しない**（図 2·2 参照）。

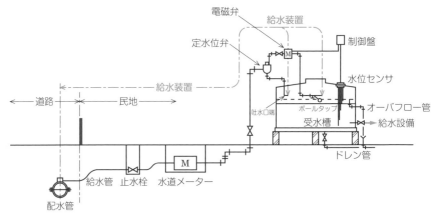

▲ 図 2·2　給水装置の概念図②

注意! ⑨　マンション等で，いったん水道水を受水槽に受け，戸別に水道メーターが設置されて各戸に給水する場合でも，**受水槽**への**注入口**（ボールタップ等）までが給水装置であり，**受水槽以降は給水装置に該当しない**。

注意! ⑩　給水装置は，配水管に直結した給水システムとして設備された後の給水管や給水用具の総体をいい，**工場生産段階の給水管**，**湯沸器等の給水用具は給水装置には該当しない**。

2 給水装置工事の概要

出題ランク
★★★★★

給水装置工事の定義

重要 ①　**給水装置工事**とは，**給水装置**の**設置**又は**変更**の工事をいう。これには，新設，改造，修繕及び**撤去**の工事が含まれる。

②　工事には，調査，計画，施工及び検査の一連の過程が含まれる。

③　**新設工事**は，新たに給水装置を設置する工事である。

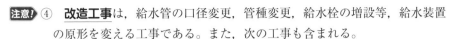

注意! ④ **改造工事**は，給水管の口径変更，管種変更，給水栓の増設等，給水装置の原形を変える工事である。また，次の工事も含まれる。

  a. 水道事業者が事業運営上施行した配水管の新設及び移設工事等に伴い，給水管の付替えあるいは布設替え等を行う工事

  b. 水道メーターの位置変更工事，埋設ルートの変更工事

  c. 湯沸器の増設工事

⑤ **修繕工事**は，原則として給水装置の原形を変えないで給水管，給水栓等の部分的な破損箇所を修理する工事である。

⑥ **撤去工事**は，給水装置を配水管，又は他の給水装置からの分岐部から取り外す工事である。

重要 ⑦ p.25, 1「給水装置の定義」，⑤「給水用具とは，……」に掲げる器具等の工事は給水装置工事に該当する。

⑧ 次の作業は，給水装置工事には該当しない。

重要   a. 製造工場内において，管，継手，弁等を用いて**湯沸器**や**ユニットバスを組み立てる作業**

重要   b. 工場生産住宅において，工場内で**給水管及び給水用具の製造や組立てをする作業**

  c. **給水装置の軽微（けいび）な変更**（p.94, 4 章 4・1 節 2「水道法の規定⑥」を参照）

1 指定給水装置工事事業者の指定

出題ランク ★★★★★

重要 ① **水道事業者**は，当該水道によって水の供給を受ける者の**給水装置**が**給水装置の構造及び材質の基準**＊に**適合**することを確保するため，当該水道事業者の給水区域において給水装置工事を適正に施行することができると認められる者（**指定給水装置工事事業者**）の**指定**をすることができる。

＊ 給水装置の構造及び材質の基準は，p.91，4章「給水装置の構造及び性能」を参照。

② ①の指定は，給水装置工事の事業を行う者の**申請**により行う。

重要 ③ 水道事業者による指定給水装置工事事業者の**指定の基準**は，水道法により**全国一律**に定められている。

2 指定の申請 (法第25条の2)

出題ランク ★★★★☆

注意! ① 指定給水装置工事事業者の指定を受けようとする者は，**国土交通省令**で定めるところにより，次に掲げる事項を記載した申請書を**水道事業者**に**提出**しなければならない。

注意! a．氏名又は名称及び住所＊並びに法人にあっては，その代表者の氏名

注意! ＊ 事業所の所在地は，当該水道事業者の給水区域外でもよい。

b．**事業所の名称及び所在地**

重要 c．**事業所ごと**に選任される**給水装置工事主任技術者の氏名，免状の交付番号**

d．給水装置工事を行うための機械器具の名称，性能及び数

e．その他国土交通省令で定める事項

注意! ② 工事事業者の指定は，それぞれの**水道事業者ごとに行われる**ので，複数の水道事業者の給水区域で工事を行う場合は，**それぞれ**の水道事業者から指定を受けなければならない。

3 指定の基準，変更の届出 (法第25条の3，法第25条の7，規則第34条)

出題ランク ★★★★☆

重要 ① **水道事業者**は，指定給水装置工事事業者の指定の申請があり，**指定の基**

準に適合している場合には，**指定をしなければならない**。

② 指定給水装置工事事業者は，次の条件を満たしていなければならない。

　a. **事業所ごとに給水装置工事主任技術者**を置く（選任する）こと

　b. 国土交通省令で定める機械器具を有していること

　c. **水道法に違反して**，刑に処せられ，その執行を終わり，又は執行を受けることがなくなった日から**2年**を経過した者であること

重要 ③ 水道事業者は，指定給水装置工事事業者の指定をしたときは，**遅滞なく**，その旨を**一般に周知**させる措置をとらなければならない。

重要 ④ 指定給水装置工事事業者は，次の事項に変更があったときは，当該変更のあった日から**30日以内**に**水道事業者**に**届け出**なければならない。

注意! 　a. 事業所の名称及び所在地に変更があったとき

　b. 氏名又は名称及び住所並びに法人にあっては，その代表者の氏名

　c. 法人にあっては，役員の氏名

重要 　d. **給水装置工事主任技術者の氏名**，又は**免状の交付番号**

注意! ⑤ 給水装置工事の事業を**廃止**し，**休止**したときは，当該変更のあった日から**30日以内**，**再開**したときは当該変更のあった日から**10日以内**に**水道事業者**に届け出なければならない。

④ 指定の更新

重要 ① 指定給水装置工事事業者は**5年**ごと**更新**を受けなければならない。

② ①の更新の際には，次の4項目について確認を受けなければならない。

重要 　a. 指定給水装置工事事業者の講習会の**受講実績**

重要 　b. 指定給水装置工事事業者の**業務内容**（営業時間，漏水修繕，対応工事等）

重要 　c. 給水装置工事主任技術者等の研修会の**受講状況**

重要 　d. 適切に作業を行うことができる技能を有する者の**従事状況**

⑤ 指定の取消し（法第25条の11）

重要 ① **水道事業者**は，指定給水装置工事事業者が次のいずれかに該当するときは，その指定を取り消すことができる。

　a. 事業所ごとに，給水装置工事主任技術者を選任しないとき

b. 国土交通省令で定める機械器具を有しないとき

注意! c. **給水装置工事主任技術者**を**選任**又は**解任**したとき，水道事業者に届け出ないとき

注意! ② 指定の取消しは，**水道法が規定している事由に限定され**，**水道事業者が独自に定めることはできない。**

③ 複数の水道事業者から指定を受けている指定給水装置工事事業者が，ある水道事業者からの指定を取り消された場合でも，他の水道事業者からの指定を取り消されることはない。

重要 ④ **水道事業者**は，指定給水装置工事事業者の指定を取り消したときは，遅滞なく，その旨を**一般に周知させる**措置をとらなければならない。

6 事業運営の基準 （法第 25 条の 8，規則第 36 条）

① 指定給水装置工事事業者は，水道法施行規則（国土交通省令）で定める給水装置工事の**事業の運営**に関する基準に従い，**適正な**給水装置工事の**事業の運営**に努めなければならない[*]。

* ただし，給水装置の軽微な変更を除く。

② ①の水道法施行規則に規定する基準は，次のとおりである。

注意! a. 指定給水装置工事事業者は，選任した給水装置工事主任技術者のうちから，**個別の給水装置工事ごとに**[*]，当該工事に関する技術上の管理などの職務を行う者を**指名**する。

* p.29, 3「指定の基準，変更の届出②a.」は『事業所ごとに……』とある。この違いを確実に理解しておくこと。

注意! b. **配水管から分岐して給水管を設ける工事及び給水装置の配水管への取付口から水道メーターまでの工事**を施工する場合において，当該配水管及び地下埋設物に変形，破損その他の異常を生じさせることがないよう適切に作業を行うことができる**技能を有する者**を従事させ，又はその者に当該工事に従事する他の者を**実施に監督**させること。

注意! c. 前述 b. の工事を施行する場合において，あらかじめ当該**水道事業者の承認**を受けた**工法**，**工期**等の条件に適合するよう工事を行うこと。

注意! d. 工事事業者は，主任技術者等の工事従事者の給水装置工事の施行技術の向上のために，**研修の機会**を確保するよう努めなければならない。

注意! e. 構造材質基準に適合しない給水装置を設置しないこと。また，給水管

の切断等に適さない機械器具を使用しないこと。

 f. 工事ごとに，給水装置工事主任技術者に所要の**記録を作成**させ，それを**3年間**保存すること。

2・4 | 給水装置工事主任技術者

1 給水装置工事主任技術者の選任 （規則第21条）

重要 ① **指定給水装置工事事業者**は，**事業所ごとに**，国土交通省令で定めるところにより，給水装置工事主任技術者免状の**交付**を受けている者のうちから，**給水装置工事主任技術者を選任**しなければならない。

重要 ② 指定給水装置工事事業者は，指定給水装置工事事業者の指定を受けた日から**2週間以内**に**給水装置工事主任技術者**を**選任**しなければならない。選任した給水装置工事主任技術者が**欠けた場合も同様**とする。

重要 ③ **指定給水装置工事事業者**は，給水装置工事主任技術者を**選任**したときは，**遅滞なく**，**水道事業者**に届け出なければならない。これを**解任**したときも同様とする。

重要 ④ 給水装置工事主任技術者は，原則として，2以上の事業所の給水装置工事主任技術者として選任されてはならない。ただし，その**職務に特に支障がないときは，この限り**でない。

⑤ 給水装置工事主任技術者は，指定を受けた水道事業者の給水区域内に限り業務を行うことができる。

2 給水装置工事主任技術者の職務

① 給水装置工事主任技術者は，次に掲げる職務を誠実に行わなければならない。

重要 a. 給水装置工事に関する**技術上の管理**

重要 b. 給水装置工事に従事する者の**技術上の指導監督**

重要 c. 給水装置工事に係る**給水装置の構造及び材質**が政令第16条の規定に基づく基準に適合していることの確認

② その他国土交通省令で定める事項*

* p.181, 6章6・1節1「給水装置工事主任技術者の職務」を参照。

3 給水装置工事主任技術者免状 (法第25条の5) ★★☆☆☆

① 給水装置工事主任技術者は，給水装置工事についての十分な知識及び技能を有する者として国家試験により**全国一律**の資格を付与されている。

② 給水装置工事主任技術者免状は，給水装置工事主任技術者試験に合格した者に対し，**国土交通大臣及び環境大臣**が交付する資格である。

重要 ③ **国土交通大臣及び環境大臣**は，給水装置工事主任技術者免状の交付を受けている者が**この法律に違反**したときは，その免状の**返納**を命ずることができる。

④ 次のいずれかに該当する者には，給水装置工事主任技術者免状の交付を行わないことができる。

　a. ③の規定により給水装置工事主任技術者免状の返納を命ぜられ，その日から1年を経過しない者

　b. この法律に違反して，刑に処せられ，その執行を終わり，又は執行を受けることがなくなった日から2年を経過しない者

注意! ⑤ ③において，給水装置工事主任技術者免状**返納**を命ぜられた場合，指定給水装置工事事業者が行った**給水装置工事主任技術者の選任の効力は失われる**。

⑥ 給水装置工事主任技術者試験の受験資格である「**給水装置工事の実務の経験**」とは，給水装置の工事計画の立案，現場における監督，施行の計画調整，指揮監督又は管理する職務に従事した経験，及び，給水管の配管，給水用具の設置その他給水装置工事の施行を実地に行う職務に従事した経験のことをいうが，これらの職務に従事するための**見習い期間中**の技術的な経験も対象となる。

2章 水道行政 ― 2・4 給水装置工事主任技術者

2・5 | 水道事業等の経営

1 水道施設の整備 (法第12条)

注意! ① **水道事業者**は，水道の布設工事を自ら施行し，又は他人に施行させる場合においては，その職員を指名し，又は第三者に委嘱して，その工事の施行に関する**技術上**の**監督業務**を行わせなければならない。

注意! ② **水道事業者**及び**水道用水供給事業者**は，一定の資格を有する**布設工事監督者**の監督のもとで水道施設を建設しなければならない。

③ **水道施設**（**配水池以外の配水施設を除く**）は，新設・増設・改造して給水を開始する前に，**国土交通大臣**に届け出て，**水質検査**及び**施設検査**を行い，その結果を**5年間保存**しなければならない。

2 供給規程 (法第14条)

1 供給規程の基本的事項

重要 ① **水道事業者**は，料金，**給水装置工事の費用**の**負担区分**その他の供給条件について，**供給規程**を定めなければならない。

注意! ② 供給規程は，水道事業者と水道の需要者との**給水契約の内容**を示すもので，水道事業の**認可の際**に**審査**を受けなければならない。

注意! ③ 指定給水装置工事事業者及び給水装置工事主任技術者にとって，水道事業者の給水区域で給水装置工事を施行する際に，**供給規程**は工事を適正に行うための**基本**となるものである。

注意! ④ **水道事業者**は，供給規程を，その**実施の日までに一般に周知**させる措置をとらなければならない。

2 供給規程の要件

① **水道事業者**は，料金，給水装置工事の費用の負担区分その他の条件について，**供給規程**を定めなければならない。

② **供給規程**は，次に掲げる要件に適合していなければならない。

注意! a. **料金**は，能率的な経営の下における適正な原価に照らし**公正妥当**なも

注意! b. 料金は，**定率又は定額**をもって明確に定められていること。

c. 供給規程は，**水道事業者**及び水道の**需要者の責任**に関する事項並びに給水装置工事の**費用の負担区分**及びその額の**算出方法**が，適正かつ明確に定められていること。

注意! d. 供給規定は，特定な者に対して不当な**差別的取扱い**をするものでないこと。

重要 e. **貯水槽水道**が設置されている場合においては，貯水槽水道に関し，**水道事業者**及び当該貯水槽水道の**設置者の責任**に関する事項が，適正かつ明確に定められていること。

3 料金変更の届出

① 水道事業者が地方公共団体の場合，**料金を変更**したときは，**国土交通大臣に届け出**なければならない。

注意! ② 水道事業者が**民間**の事業者の場合には，供給規程に定められた**供給条件**を**変更**しようとするときは，**国土交通大臣の認可**を受けなければならない。

4 給水装置工事の費用区分

重要 給水装置工事に要する費用は，原則として当該給水装置を新設，改造，修繕及び撤去する**需要者の負担**となる。また，**日常の管理責任**も**需要者**である。

(3) 給水義務・給水の停止 （法第15条）

重要 ① 水道事業者は，事業計画に定める**給水区域内の需要者**から**給水契約の申込み**を受けたときは，**正当な理由**がなければ，これを拒（こば）んではならない。

注意! ② 水道事業者の給水区域内で水道水の供給を受けようとする住民には，その水道事業者以外の水道事業者を選択する自由はない。

③ 給水義務が解除される正当な理由には，次にような場合が想定される。

a. 給水区域内であっても**配水管が未布設**である地区からの給水の申込みがあった場合

b. **給水量**が著しく**不足**し，他の需要者への給水に支障が生じる場合

c. **多量**の**給水量**を伴う申し込みの場合

重要 ④ 水道事業者は，当該水道により給水を受ける者に対し，**常時水を供給しなければならない**。ただし，次の場合は，給水区域の全部又は一部の給水を停止することができる。

重要 a. 法第 40 条第 1 項「水道用水の緊急応援」の規定による水の**供給命令**を受けたとき

重要 b. 災害その他**正当な理由**があってやむを得ないとき

⑤ 水道事業者は，給水を停止する場合，やむを得ない事情がある場合を除き，**給水を停止**しようとする**区域**及び**期間**をあらかじめ関係者に**周知**させる措置をとらなければならない。

重要 ⑥ 水道事業者は，当該水道により給水を受ける者が次の事項に該当するときは，その理由が継続する間，供給規程の定めるところにより，その者に対する**給水を停止**することができる（法第 15 条）。

重要 a. **料金を支払わないとき**

重要 b. 正当な理由なしに**給水装置の検査を拒んだとき**

c. その他正当な理由があるとき

4 給水装置の検査，水質検査の請求 （法第 17 条，法第 18 条）

重要 ① **需要者**（水道事業によって水の供給を受ける者）は，**水道事業者**に対して**給水装置の検査**及び供給を受ける水の**水質検査**を請求することができる。

重要 ② 水道事業者は，水道事業によって水の供給を受ける者から，水質検査の請求を受けたときは，**速やかに検査を行い**，その結果を請求者に**通知**しなければならない。

5 水道技術管理者 （法第 19 条）

① **水道事業者**は，水道の管理について技術上の業務を担当させるため，施行令で定める一定の学歴・経験を有する者のうちから**水道技術管理者**を 1 人置かなければならない。

② ①において，**水道事業者自ら水道技術管理者**になることもできる。

重要 ③ 水道技術管理者は，次の**事務に従事**し，及びこれらの事務に従事する他の職員の**監督**をする。

注意! a. 水道施設が法第5条の**施設基準**に適合しているか否かの検査

注意! b. 配水施設以外の水道施設又は配水池を新設し，増設し，又は改造した場合における，**使用開始前**の**水質検査**及び**施設検査**

注意! c. 給水装置が法第16条の**給水装置の構造及び材質の基準**に適合しているかどうかの検査

重要 d. 水道により供給される水の**水質検査**

e. 浄水場で勤務する者の**健康診断**

f. 水道により供給される水の**残留塩素の保持**

注意! g. **給水の緊急停止**

6 業務委託

注意! 　**水道事業者**は，水道法施行令で定めるところにより，水道の管理に関する技術上の業務の全部又は一部を他の水道事業者若しくは水道用水供給事業者又は当該業務を適正かつ確実に実施することができる者として同施行令で定める要件に該当するものに**委託**することができる。

7 水道施設運営権

注意! ① 　地方公共団体である水道事業者は，民間資金等の活用による公共施設等の整備等の促進に関する法律[*1]に規定する**公共施設等運営権**[*2]を設定しようとするときは，水道法に基づき，あらかじめ**国土交通大臣の許可**を受けなければならない。

[*1] 民間資金法
[*2] 本文では水道施設運営権

注意! ② 　水道施設運営等事業は，地方公共団体である水道事業者が民間資金法の規定により**水道施設運営権**を設定した場合に限り，実施することができる。

注意! ③ 　水道施設運営権を有する者が，水道施設運営等事業を実施する場合には，水道事業経営の**認可**を受けることを有しない。

注意! ④ 　水道施設運営権を有する者は，水道施設運営等事業について技術上の業務を担当させるため，水道施設運営等事業技術管理者を置かなければならない。

8 水質検査, 健康診断, 衛生上の措置 (法第20条, 法第21条, 法第22条) ★★☆☆☆

1 水質検査

注意! ① **水道事業者**は, 環境省令の定めるところにより, **定期**及び**臨時**の水質検査を行わなければならない。

注意! ② 水質検査の記録は, **5年間**保存するものとする。

重要 ③ 水道事業者は, 水質検査を行うため, 必要な検査施設を設けなければならない。ただし, 国土交通省令の定めるところにより, 地方公共団体の機関又は国土交通大臣及び環境大臣の登録を受けた者に委託して行うときは, この限りではない。

注意! ④ **水質検査**を実施するにあたり, 毎事業年度の開始前に**水質検査計画**を策定し, 需要者に対し情報提供を行う。

2 定期及び臨時の水質検査

重要 ① 水道事業者は, 供給される水の**色**及び**濁り**並びに**消毒の残留効果**に関する検査を, **1日に1回**以上行う。

重要 ② 検査に供する水の採取場所は, **給水栓**を原則とし, 水道施設の構造等を考慮して, 当該水道により供給される水が水質基準に適合するかどうかを判断することができる場所を選定する。

3 健康診断

重要 ① **水道事業者**は, 水道の取水場, 浄水場又は配水池で**従事する者**及びこれらの施設の設置場所の**構内に居住している者**について, 環境省令の定めるところにより, 定期及び臨時の**健康診断**を行わなければならない。

② ①の健康診断の記録は, **1年間**保存するものとする。

4 衛生上の措置

① **衛生上の処置**として, **取水場**, 貯水池, 導水渠, 浄水場, 配水池及びポンプ井を常に**清潔**に保ち, **汚染防止**を十分にする。

注意! ② 水道の取水場, 浄水場及び配水池などの施設は常に清潔にし, みだりに人畜が立ち入らないよう必要な措置を講じる。

重要 ③ 給水栓における水が, **遊離残留塩素 0.1 mg/L**（結合残留塩素ならば

0.4 mg/L）以上保持するように塩素消毒をする。

5 給水の緊急停止（法第23条）

重要 ① **水道事業者**は，供給する水が人の健康を害するおそれがあることを知ったときは，**直ちに給水を停止**し，関係者に周知させなければならない。

重要 ② 水道事業者の供給する水が人の健康を害するおそれがあることを知った者は，**直ちに**その旨を当該**水道事業者**に通報しなければならない。

(9) 簡易専用水道

① **簡易専用**水道の**設置者**は，**国土交通省令**で定める**管理基準**に従い，その水道を管理しなければならない。

注意! ② 簡易専用水道の設置者は，管理については国土交通省令（水の水質の検査については環境省令）の定めるところにより，定期に，**地方公共団体の機関**又は**国土交通大臣及び環境大臣の登録を受けた者の検査**を受けなければならない。

③ **国土交通省令**で定める**管理基準は，次のとおりである。**

注意! a．水槽の掃除を**毎年1回**以上定期に行う。

注意! b．有害物や汚水等によって水が汚染されるのを防止するため，水槽の点検等を行う。

注意! c．給水栓により供給する水に異常を認めたときは，必要な水質検査を行う。

注意! d．供給する水が人の健康を害するおそれがあることを知ったときは，直ちに給水を停止する。

問題① 水道法に規定する水道事業等の認可に関する次の記述の正誤の組合せのうち，適当なものはどれか。

ア 水道法では，水道事業者を保護育成すると同時に需要者の利益を保護するために，水道事業者を監督する仕組みとして，認可制度をとっている。

イ 水道事業を経営しようとする者は，市町村長の認可を受けなければならない。

ウ 水道事業経営の認可制度によって，複数の水道事業者の給水区域が重複することによる不合理・不経済が回避される。

エ 専用水道の布設工事をしようとする者は，市町村長の確認を受けなければならない。

	ア	イ	ウ	エ
(1)	正	正	正	正
(2)	正	誤	正	誤
(3)	誤	正	誤	正
(4)	正	誤	正	正
(5)	誤	正	誤	誤

解説 (2) ア，ウは記述のとおり。

イ 水道事業を経営しようとする者は，国土交通大臣又は都道府県知事の認可を受けなければならない。

エ 専用水道の布設工事をしようとする者は，都道府県知事の確認を受けなければならない。 解答▶(2)

問題② 水道法に規定する給水装置及び給水装置工事に関する次の記述のうち，不適当なものはどれか。

(1) 受水槽式で給水する場合は，配水管の分岐から受水槽への注入口（ボールタップ等）までが給水装置である。

(2) 配水管から分岐された給水管路の途中に設けられる弁類や湯沸器等は給水装置であるが，給水管路の末端に設けられる自動食器洗い機等は給水装置に該当しない。

(3) 製造工場内で管，継手，弁等を用いて湯沸器やユニットバス等を組み立てる作業は，給水用具の製造工程であり給水装置工事ではない。

(4) 配水管から分岐された給水管に直結する水道メーターは，給水装置に該当する。

解説 (2) 給水管路の末端に設けられる自動食器洗い機等は給水装置に該当する。

解答▶(2)

問題③ 指定給水装置工事事業者制度に関する次の記述のうち，**不適当なものはどれか。**

(1) 水道事業者による指定給水装置工事事業者の指定の基準は，水道法により水道事業者ごとに定められている。

(2) 指定給水装置工事事業者は，給水装置工事主任技術者及びその他の給水装置工事に従事する者の給水装置工事の施行技術の向上のために，研修の機会を確保するよう努める必要がある。

(3) 水道事業者は，指定給水装置工事事業者の指定をしたときは，遅滞なく，その旨を一般に周知させる措置をとる必要がある。

(4) 水道事業者は，その給水区域において給水装置工事を適正に施行することができると認められる者の指定をすることができる。

解説 (1) 水道事業者による指定給水装置工事事業者の指定の基準は，水道法により全国一律に定められている。

解答▶(1)

問題④ 指定給水装置工事事業者の5年ごとの更新時に，水道事業者が確認することが望ましい事項に関する次の記述の正誤の組合せのうち，**適当なものはどれか。**

ア 指定給水装置工事事業者の講習会の受講実績

イ 指定給水装置工事事業者の受注実績

ウ 給水装置工事主任技術者等の研修会の受講状況

エ 適切に作業を行うことができる技能を有する者の従事状況

	ア	イ	ウ	エ
(1)	正	誤	正	正
(2)	誤	正	正	誤
(3)	正	誤	正	誤
(4)	誤	誤	誤	正

解説 (1) ア，ウ，エは記述のとおり。
イ 「指定給水装置工事事業者の受注実績」は，確認する事項に含まれていない。 **解答▶(1)**

問題 5 水道法施行規則に定める給水装置工事の事業の運営の基準に関する次の記述のうち，**不適当なもの**はどれか。

(1) 給水装置工事ごとに，給水装置工事主任技術者の職務を行う者を指名すること。

(2) 配水管から分岐して給水管を設ける工事及び給水装置の配水管への取付口から水道メーターまでの工事を施行する場合において，水道事業者の承認を受けた工法，工期等の条件に適合するよう工事を行うこと。

(3) 構造材質基準に適合しない給水装置を設置しないこと。また，給水管の切断等に適さない機械器具を使用しないこと。

(4) 工事ごとに，給水装置工事主任技術者に所要の記録を作成させ，それを1年間保存すること。

解説 (4) 工事ごとに，給水装置工事主任技術者に所要の記録を作成させ，それを3年間保存すること。　　　　　　　　　　　　　　　　　　**解答▶(4)**

問題 6 給水装置工事主任技術者について水道法に定められた次の記述の正誤の組合せのうち，**適当なもの**はどれか。

ア　指定給水装置工事事業者は，工事ごとに，給水装置工事主任技術者を選任しなければならない。

イ　指定給水装置工事事業者は，給水装置工事主任技術者を選任したときは，遅滞なくその旨を国に届け出なければならない。これを解任したときも同様とする。

ウ　給水装置工事主任技術者は，給水装置工事に従事する者の技術上の指導監督を行わなければならない。

エ　給水装置工事主任技術者は，給水装置工事に係る給水装置が構造及び材質の基準に適合していることの確認を行わなければならない。

	ア	イ	ウ	エ
(1)	正	正	誤	誤
(2)	正	誤	正	誤
(3)	誤	正	誤	正
(4)	誤	誤	正	正
(5)	誤	正	誤	誤

解説 (4) ウ，エは記述のとおり。

ア　指定給水装置工事事業者は，**事業所**ごとに，給水装置工事主任技術者を選任しなければならない。

イ　指定給水装置工事事業者は，給水装置工事主任技術者を選任したときは，遅滞なくその旨を**水道事業者**に届け出なければならない。解任時も同様。　　**解答▶(4)**

問題 ⑦ **水道法に規定する給水装置工事主任技術者の職務としての水道事業者との連絡又は調整に関する次の記述の正誤の組合せのうち，適当なものはどれか。**

ア　配水管から分岐して給水管を設ける工事に係る工法，工期その他の工事上の条件に関する連絡調整。

イ　水道メーターの下流側に給水管及び給水栓を設ける工事に係る工法，工期その他の工事上の条件に関する連絡調整。

ウ　給水装置工事（水道法施行規則第13条に規定する給水装置の軽微な変更を除く）に着手した旨の連絡。

エ　給水装置工事（水道法施行規則第13条に規定する給水装置の軽微な変更を除く）をした完了した旨の連絡。

	ア	イ	ウ	エ
(1)	正	誤	誤	正
(2)	誤	正	正	正
(3)	正	誤	正	正
(4)	正	正	誤	誤

解説 (1) ア，エは記述のとおり。

イ　**配水管から分岐して給水管を設ける工事**に係る工法，工期その他の工事上の条件に関する連絡調整。

ウ　給水装置工事（水道法施行規則第13条に規定する給水装置の軽微な変更を除く）を完了した旨の連絡。「**着手した旨の連絡**」は規定されていない。

解答▶(1)

問題 ⑧ **水道事業の経営全般に関する次の記述のうち，不適当なものはどれか。**

(1)　水道事業者は，水道の布設工事を自ら施行し，又は他人に施行させる場合においては，その職員を指名し，又は第三者に委嘱して，その工事

の施行に関する技術上の監督業務を行わせなければならない。

(2) 　水道事業者は，水道事業によって水の供給を受ける者から，水質検査の請求を受けたときは，すみやかに検査を行い，その結果を請求者に通知しなければならない。

(3) 　水道事業者は，水道法施行令で定めるところにより，水道の管理に関する技術上の業務の全部又は一部を他の水道事業者若しくは水道用水供給事業者又は当該業務を適正かつ確実に実施することができる者として同施行令で定める要件に該当するものに委託することができる。

(4) 　地方公共団体である水道事業者は，民間資金等の活用による公共施設等の整備等の促進に関する法律に規定する公共施設等運営権を設定しようとするときは，水道法に基づき，あらかじめ都道府県知事の認可を受けなければならない。

解説 (4) あらかじめ国土交通大臣の認可を受けなければならない。　　**解答▶(4)**

問題 9 　指定給水装置工事事業者の責務に関する次の記述の正誤の組合せのうち，適当なものはどれか。

ア　指定給水装置工事事業者は，水道法第16条の2の指定を受けた日から2週間以内に給水装置工事主任技術者を選任しなければならない。

イ　指定給水装置工事事業者は，その選任した給水装置工事主任技術者が欠けるに至ったときは，当該事由が発生した日から30日以内に新たに給水装置工事主任技術者を選任しなければならない。

ウ　指定給水装置工事事業者は，事業所の名称及び所在地その他国土交通省令で定める事項に変更があったときは，当該変更のあった日から2週間以内に届出書を水道事業者に提出しなければならない。

エ　指定給水装置工事事業者は，給水装置工事の事業を廃止し又は休止したときは，当該廃止又は休止の日から30日以内に届出書を水道事業者に提出しなければならない。

	ア	イ	ウ	エ
(1)	正	誤	正	誤
(2)	誤	正	誤	正

| (3) | 正 | 誤 | 誤 | 正 |
| (4) | 誤 | 正 | 正 | 誤 |

解説 (3) ア，エは記述のとおり。

イ 指定給水装置工事事業者は，その選任した給水装置工事主任技術者が**欠ける**に
至ったときは，当該事由が発生した日から**2週間**以内に新たに給水装置工事主任
技術者を選任しなければならない。

ウ 指定給水装置工事事業者は，事業所の名称及び所在地その他国土交通省令で定め
る事項に**変更**があったときは，当該変更のあった日から**30日**以内に届出書を水道
事業者に提出しなければならない。 **解答▶(3)**

問題 ⑩ 水道事業者等による水道施設の整備に関する次の記述の下線部
(1)〜(4)までのうち，不適当なものはどれか。

水道事業者又は (1) 水道用水供給事業者は，一定の資格を有する (2) 水
道技術管理者の監督のもとで水道施設を建設し，工事した施設を利用して
(3) 給水を開始する前に，(4) 水質検査・施設検査を行う。

解説 (2) ……，一定の資格を有する**布設工事監督者**の監督のもとで水道施設を建
設し，…… **解答▶(2)**

問題 ⑪ 水道法第14条の供給規程に関する次の記述の正誤の組合せのう
ち，**適当なものはどれか。**

ア 水道事業者は，料金，給水装置工事の費用の負担区分その他の供給条件に
ついて，供給規程を定めなければならない。

イ 水道事業者は，供給規程を，その実施の日以降に速やかに一般に周知させ
る措置をとらなければならない。

ウ 供給規程は，特定の者に対して不当な差別的取扱いをするものであっては
ならない。

エ 専用水道が設置される場合においては，専用水道に関し，水道事業者及び
当該専用水道の設置者の責任に関する事項が，供給規程に適正，かつ，明確
に定められている必要がある。

| | ア | イ | ウ | エ |
| (1) | 正 | 正 | 誤 | 誤 |

	ア	イ	ウ	エ
(2)	誤	正	正	誤
(3)	正	誤	正	正
(4)	誤	正	誤	正
(5)	正	誤	正	誤

解説 (5) ア，ウは記述のとおり。

イ　水道事業者は，供給規程を，その**実施の日までに**速やかに一般に周知させる措置をとらなければならない。

エ　**貯水槽水道**が設置される場合においては，貯水槽水道に関し，水道事業者及び当該貯水槽水道の設置者の責任に関する事項が，……。　　　　　**解答▶(5)**

問題⑫　水道法第15条の給水義務に関する次の記述の正誤の組合せのうち，適当なものはどれか。

ア　水道事業者は，当該水道により給水を受ける者が正当な理由なしに給水装置の検査を拒んだときには，供給規程の定めるところにより，その者に対する給水を停止することができる。

イ　水道事業者は，災害その他正当な理由があってやむを得ない場合には，給水区域の全部又は一部につきその間給水を停止することができる。

ウ　水道事業者は，事業計画に定める給水区域外の需要者から給水契約の申込みを受けたとしても，これを拒んではならない。

エ　水道事業者は，給水区域内であっても配水管が未布設である地区からの給水の申込みがあった場合，配水管が布設されるまでの期間の給水契約の拒否等，正当な理由がなければ，給水契約を拒むことはできない。

	ア	イ	ウ	エ
(1)	誤	正	正	誤
(2)	正	正	誤	正
(3)	正	誤	誤	正
(4)	誤	正	誤	正
(5)	正	誤	正	誤

解説 (2) ア，イ，エは，記述のとおり。

ウ　水道事業者は，事業計画に定める**給水区域内**の需要者から給水契約の申込みを受けたときは，**正当な理由**がなければ，これを**拒んではならない**。

[**参考**]　エ　水道事業者は，給水区域内であっても配水管が未布設である地区からの給水の申込みがあった場合，配水管が布設されるまでの間，給水契約の締結を拒否することは正当な理由となる。ただし，配水管未布設地区からの申込者が自己費用負担で給水管を設置し，給水を申し込む場合は給水契約を拒むことはできない。

解答▶(2)

問題⑬　**水道法に規定する給水装置の検査等に関する次の記述の正誤の組合せのうち，適当なものはどれか。**

ア　水道事業者は，水道事業によって水の供給を受ける者から，水質検査の請求を受けたときは，速やかに検査を行い，その結果を請求者に通知しなければならない。

イ　水道事業者は，当該水道によって水の供給を受ける者の給水装置の構造及び材質が水道法の政令の基準に適合していないときは，供給規程の定めるところにより，給水装置が基準に適合するまでの間その者への給水を停止することができる。

ウ　水道事業によって水の供給を受ける者は，指定給水装置工事事業者に対して，給水装置の検査及び供給を受ける水の水質検査を請求することができる。

エ　水道事業者は，当該水道によって水の供給を受ける者の給水装置の構造及び材質が水道法の政令の基準に適合していないときは，供給規程の定めるところにより，その者の給水契約の申込みを拒むことができる。

	ア	イ	ウ	エ
(1)	正	正	誤	正
(2)	誤	誤	正	誤
(3)	正	正	誤	誤
(4)	正	誤	正	正

解説　(1) ア，イ，エは記述のとおり。

ウ　水道事業によって水の供給を受ける者は，**水道事業者**に対して，給水装置の検査及び供給を受ける水の水質検査を請求することができる。

解答▶(1)

問題⑭　**水道法第19条に規定する水道技術管理者の事務に関する次の記述のうち，不適当なものはどれか。**

(1)　水道施設が水道法第5条の規定による施設基準に適合しているかどうかの検査に関する事務に従事する。

(2)　配水施設以外の水道施設又は配水池を新設し，増設し，又は改造した場合における，使用開始前の水質検査及び施設検査に関する事務に従事する。

(3)　水道により供給される水の水質検査に関する事務に従事する。

(4)　水道事業の予算・決算台帳の作成に関する事務に従事する。

(5)　給水装置が水道法第16条の規定に基づき定められた構造及び材質の基準に適合しているかどうかの検査に関する事務に従事する。

解説（4）設問のような「事務」は規定されていない。　　　　　**解答▶（4）**

問題⑮　**水質管理に関する次の記述のうち，不適当なものはどれか。**

(1)　水道事業者は，水質検査を行うため，必要な検査施設を設けなければならないが，国土交通省令の定めるところにより，地方公共団体の機関又は国土交通大臣及び環境大臣の登録を受けた者に委託して行うときは，この限りではない。

(2)　水質基準項目のうち，色及び濁り並びに消毒の残留効果については，1日1回以上検査を行わなければならない。

(3)　水道事業者は，その供給する水が人の健康を害するおそれがあることを知ったときは，直ちに給水を停止し，かつ，その水を使用することが危険である旨を関係者に周知させる措置を講じなければならない。

(4)　水道事業者は，水道の取水場，浄水場又は配水池において業務に従事している者及びこれらの施設の設置場所の構内に居住している者について，厚生労働省令の定めるところにより，定期及び臨時の健康診断を行わなければならない。

解説（2）設問は，厚生労働省令で定める「定期及び臨時の水質検査」に関するものである。これによると，「色及び濁り並びに消毒の残留効果については，1日1回以上検査を行うこと」とある。また，水質基準項目はp.12，表1・1に「水質基準項目と基準値（抜粋）」が掲載されている。検査が必要な回数は項目によって異なり，おおむね1か月に1回以上，又はおおむね3か月に1回以上と定められている。なお，消毒の残留効果は水質基準項目に含まれていない。　　　　　**解答▶（2）**

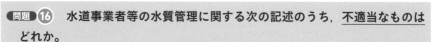

問題⑯ 水道事業者等の水質管理に関する次の記述のうち，**不適当なもの**はどれか。

(1) 水道により供給される水が水質基準に適合しないおそれがある場合は臨時の検査を行う。

(2) 水質検査に供する水の採取の場所は，給水栓を原則とし，水道施設の構造等を考慮して，当該水道により供給される水が水質基準に適合するかどうかを判断することができる場所を選定する。

(3) 水道法施行規則に規定する衛生上必要な措置として，取水場，貯水池，導水渠，浄水場，配水池及びポンプ井は，常に清潔にし，水の汚染防止を十分にする。

(4) 水質検査を行ったときは，これに関する記録を作成し，水質検査を行った日から起算して1年間，これを保存しなければならない。

解説 (4) 水質検査を行ったときは，これに関する記録を作成し，水質検査を行った日から起算し**5年間**，これを保存しなければならない。　　**解答▶(4)**

問題⑰ 簡易専用水道の管理に関する次の記述の　　内に入る語句の組合せのうち，**適当なもの**はどれか。

簡易専用水道の　ア　は，国土交通省令に定める基準に従い，その水道を管理しなければならない。この基準として，　イ　の掃除を　ウ　以内ごとに1回定期に行うこと，　イ　の点検など，水が汚染されるのを防止するために必要な措置を講じることが定められている。

簡易専用水道の　ア　は，　ウ　以内ごとに1回定期に，その水道の管理について地方公共団体の機関又は国土交通大臣及び環境大臣の　エ　を受けた者の検査を受けなければならない。

	ア	イ	ウ	エ
(1)	設置者	水槽	1年	登録
(2)	水道技術管理者	給水管	1年	指定
(3)	設置者	給水管	3年	指定
(4)	水道技術管理者	水槽	3年	登録

解説 (1) アは**設置者**，イは**水槽**，ウは**1年**，エは**登録**である。

解答▶(1)

法律用語に負けるな！
水道行政からの出題は「水道法」がメインテーマです。法律は，国の仕組みを支える根幹をなすものです。ここで使用される文章表現，用語などは，誰が読んでも一様に理解されるように決められています。

検定試験では，難解な法文がそのまま出題されることがありますが，けっして諦めず，じっくりと何度も読み返して，その文脈をつかんでいきましょう。

法律の仕組みでチョット休憩！
法律は国会の決議を経て制定されます。「水道法」は，たくさんある法律の中の一つです。命令は行政機関が制定する法律で，政令，省令などがあります。政令は内閣が制定しますが，「水道法施行令」がこれに該当します。検定試験では「政令」という表現で出題されます。省令は各省の大臣が制定しますが，「水道法施行規則」がこれに該当します。また，告示は，国家や地方公共団体などが，ある事項を公式に広く一般に知らせるものです。なお，条例が地方公共団体の長が制定する法であることはご存じのとおりです。

接続詞の「及び」と「並びに」は違う！
AとBが対等にある場合は，「A及びB」とします。3個以上の場合，例えばA，B，Cが対等にある場合は，「A，B及びC」とします。

A，B，Cの間に段階がある場合は，大きいほうに「並びに」，小さいほうに「及び」を使い，「A並びにB及びC」とします。

```
            ┌──────── A（大きいほう）
    ┌───────┤
    │       │  ┌───── B（小さいほう）
    └───────┤──┤
               └───── C（小さいほう）
```

「又は」と「若しくは」は違う！
AとBが対等にある場合は，「A又はB」とします。3個以上の場合，例えばA，B，Cが対等にある場合は，「A，B又はC」とします。A，B，Cの間に段階がある場合は，大きいほうに「又は」，小さいほうに「若しくは」を使い，「A又はB若しくはC」とします。

アドバイス

給水装置工事法

合格への道しるべ

　給水装置工事法からの出題数は 10 問で，合格最低基準は 4 問です。実際の給水装置工事及びその工事の際に注意しなければならない汚染防止に関する内容から出題されます。実務に関する内容ですから，日頃の業務と関連させながら整理してみてください。

　3 章は見出しが多いので，各見出しごとの道しるべではなく，出題率を段階的に分類してご案内してみましょう。

③・① 給水装置工事の施工

★【80％以上の確率で出題されている見出し】

  2　給水管の取出し

  3　分岐穿孔

  8　水道メーターの設置

  11　各管種の接合方法，曲げ加工

  12　配管の留意事項

  13　給水装置に設置するスプリンクラー

★【50％以上の確率で出題されている見出し】

  1　給水装置工事の原則

  4　給水管の埋設深さ及び占用位置

  5　給水管の明示

  6　止水栓の設置

  10　配管工事

★【30％以上の確率で出題されている見出し】

  7　給水管の防護

  9　土工事

③・② 維持管理

★【50％以上の確率で出題されている見出し】

  5　異常現象

3・1 給水装置工事の施工

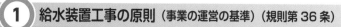

1 給水装置工事の原則 （事業の運営の基準）（規則第36条） 出題ランク ★★★★★

重要 ① 指定給水装置工事事業者は，**配水管から分岐して給水管を設ける工事**及び給水装置の**配水管への取付口から水道メーターまでの工事**を施行する場合は，当該配水管及び他の地下埋設物に変形，損傷等生じないよう**適切に作業を行うことができる技能を有する者**＊を従事させ，又は**その者**に当該工事に従事する他の者を**実施に監督**させること。

＊ 水道事業者によって資格を与えられた配管技能者等

重要 ② ①において，「**適切に作業を行うことができる技能を有する者**」とは，配水管への**分水栓の取付け**，配水管の**穿孔**，給水管の**接合**等の配水管から給水管を分岐する工事に係る作業及び当該分岐部から**水道メーター**までの配管工事に係る作業について，**配水管**その他の地下埋設物に変形，破損その他の異常を生じさせることがないよう，適切な**資機材**，**工法**，地下埋設物の**防護**の方法を選択し，**正確な作業**を実施できる者をいう。

重要 ③ 水道事業者の給水区域において①に掲げる工事を施行する場合は，あらかじめ**水道事業者の承認を受けた工法，工期**その他の工事上の条件に適合する工事を施行すること。

重要 ④ 水道事業者は，地震対策並びに漏水時及び災害時等の緊急工事を円滑かつ効率的に行う観点から，配水管への取付口から水道メーターまでの**給水装置に用いる給水管及び給水用具**について，その**構造及び材質**を指定することがある。

2 給水管の取出し 出題ランク ★★★★★

注意！ ① 配水管から給水管を取り出す場合は，ガス管，工業用水道管等水道以外の管から**誤分岐接続**しないように注意する。

② 明示テープ，**消火栓**，**仕切弁**の**位置確認**及び**音聴**，**試験掘削**等により当該**配水管**であることを**確認**のうえ施工する。

重要 ③ 配水管への取付口の位置は，配水管の強度の減少防止や，給水装置相互間の流量への影響を防止するため，**他の給水装置の取付口**から **30 cm 以上**

離す。既設配水管の場合も同様とする。

重要 ④ 配水管から給水管の取出しは，**直管部**からとし，**異形管**及び**継手**から取り出してはならない。

⑤ 継手付近に分水栓を取り付ける場合は，**継手端面から 30 cm** 以上離す。

注意! ⑥ 給水管の取出しには，配水管の管種及び口径並びに給水管の**口径に応じた**サドル付分水栓，分水栓，割 T 字管，T 字管，チーズ等を用いる。

注意! ⑦ 配水管を断水して給水管を分岐する場合は，配水管断水作業及び給水管の取出し工事は**水道事業者**の指示による。

⑧ **断水作業**で施工する場合は，**T 字管，チーズを使用する**。断水に伴う需要者への広報等に時間を要するので，**水道事業者**との**協議**が必要である。

⑨ **不断水作業**で施工する場合は，分水栓（**サドル付分水栓を含む**），**割 T 字管**を使用する。穿孔機及びドリル，カッターは，配水管（ダクタイル鋳鉄管の場合は内面ライニングの仕様）に応じた適切なものを使用する。

注意! ⑩ ダクタイル鋳鉄管の分岐穿孔は，内面ライニング等に悪影響を与えないように行う。

重要 ⑪ 不断水分岐作業の終了後には，**水質確認**（残留塩素測定，におい，色，濁り，味）を行う。

3 分岐穿孔

1 サドル付分水栓によるダクタイル鋳鉄管からの分岐穿孔

> 鋳鉄管からの分岐穿孔では，穿孔機と防食コアの挿入機が必要である。これには，穿孔機と挿入機が独立したタイプと，兼用したタイプがある。製造メーカー，機種によって，外観，構造，部品名，施工手順が異なるので，取扱説明書をよく読んでおく必要がある。なお，本書に掲載した穿孔機と挿入機は別々の製造メーカーである。

1 配管の清掃

① 配水管のサドル付分水栓取付け位置を確認し，取付け位置の土砂及びさびをウエス等できれいに除去し，配水管の管肌を**清掃**する。

重要 ② 配水管がポリエチレンスリーブで被覆されている場合は，サドル付分水栓取付け位置の中心から **20 cm** 程度離れた両位置をゴムバンド等により固定してから切り開き，ゴムバンドの位置まで折り返し，配水管の管肌を現す。

△ 図3・1　サドル付分水栓[*a]

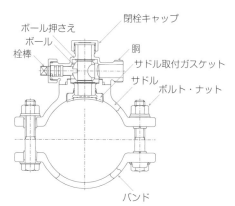

ボール押さえ
ボール
栓棒
閉栓キャップ
胴
サドル取付ガスケット
サドル
ボルト・ナット
バンド

△ 図3・2　サドル付分水栓の断面図[*a]

2　サドル付分水栓の取付け

重要 ①　サドル付分水栓を取り付ける前に，弁体が**全開状態**になっていること，パッキンが**正しく**取り付けられていること，塗装面やねじ等に**傷がない**こと等，サドル付分水栓が正常かどうか確認する。

重要 ②　サドル付分水栓は，配水管の**管軸頂部**にその**中心線**がくるように取り付け，給水管の取出し方向及びサドル付分水栓が管軸方向から見て**傾きがない**か確認する。

注意! ③　サドル付分水栓の取付け位置を変えるときは，サドル取付けガスケットを保護するため，サドル付分水栓を**持ち上げて移動**させる。

重要 ④　サドル付分水栓のボルトの締付けは，**全体に均一**になるよう左右均等に行い，標準締付トルクになるように**トルクレンチ**を用いて行う。

3　穿孔作業

①　穿孔機には手動式と電動式がある。

重要 ②　サドル付分水栓の頂部のキャップを取り外し，弁（ボール弁又はコック）の動作を確認してから弁を**全開**にする。

注意! ③　穿孔機のスピンドルに，配水管の材質[*1]，内面ライニング[*2]，分岐口径に応じたドリル（錐）を取り付ける。

*1　配水管が鋳鉄管の場合はドリル，ビニル管の場合はカッターを用いる。
*2　ダクタイル鋳鉄管に使用するドリルは，モルタルライニング管の場合とエポキシ樹脂粉体塗装管の場合では，それぞれドリルの先端角度等の形状が異なる。

重要④　サドル付分水栓によるダクタイル鋳鉄管の分岐穿孔に使用するドリル
は，モルタルライニング管の場合とエポキシ樹脂粉体塗装管の場合とで**形
状**が**異なる**。

注意!⑤　**摩耗**したドリル及びカッターは，管のライニング材のめくれ，はく離等
を生じやすいので使用しない。

重要⑥　ダクタイル鋳鉄管の分岐穿孔に使用するサドル付分水栓用ドリルの先端
角は，一般的に**モルタルライニング管が118°**，**エポキシ樹脂粉体塗装**が
90°～100°で水道事業者の**指示**する角度のものを使用する。

ラチェットハンドル

送りハンドル

穿孔機本体

🔺図3・3　穿孔機[*a]

（a）鋳鉄管用のドリル

（b）塩化ビニル管用のカッター

🔺図3・4　ドリル（錐）[*a]

注意!⑦　サドル付分水栓の頂部に穿孔機を静かに載せ，袋ナットを締め付けてサ
ドル付分水栓と一体となるように固定する。

重要⑧　切粉排出口[*]に**排水ホースを連結させ**，切粉を下水溝などへ直接排水し
ないようにホースの先端はバケツ等に差し込む。バルブは全開にする。

　　＊　サドル付分水栓の吐水部（給水管取出口）又は穿孔機の切粉排出バルブ。

重要⑨　穿孔作業は，刃先が管面に接するまでハンドルを静かに回転させ，穿孔
を開始する。最初はドリルの芯がずれないように**ゆっくり**とドリルを下げ
る。

重要⑩　穿孔中はハンドルの回転が**重く**感じるが，穿孔が完了する過程において
ハンドルが**軽く**なるため，特に口径50 mmから取り出す場合にはドリル

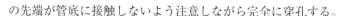

の先端が管底に接触しないよう注意しながら完全に穿孔する。

注意! ⑪　電動穿孔機は，使用中に整流ブラシから火花を発し，また，スイッチの ON・OFF 時にも火花を発するので，ガソリン，シンナー，ベンジン，都市ガス，LP ガス等引火性の危険物が存在する環境の場所では絶対に使用しない。

⑫　電動穿孔機は，感電防止のため**アース**を取り，誤って電源を ON にすることがないように注意して作業を行わなければならない。

> 電動穿孔機の施工方法は，手動穿孔機の場合と同様に行われるが，製造メーカーの取扱説明書をよく読んでおく必要がある。なお，引火性の危険物がある場所での使用は避け，感電防止のためアースを取り，誤って電源を ON にすることがないように注意して作業を行わなければならない。

4　防食コアの取付け

注意! ①　ダクタイル鋳鉄管のサドル付分水栓等による穿孔箇所には，穿孔部のさびこぶ発生防止のため，**水道事業者**が**指定**する**防食コア**を装着する。

重要 ②　ダクタイル鋳鉄管に装着する防食コアは非密着形と密着形があるが，挿入機は製造業者及び機種等により取扱いが異なるので，必ず取扱説明書をよく読んで器具を使用する。

重要 ③　防食コアの取付けは，ストレッチャ（コア挿入機のコア取付け部）先端にコア取付け用ヘッドを取り付け，そのヘッドに該当口径のコアを取り付ける。非密着形コアの場合は固定ナットで軽く止める。

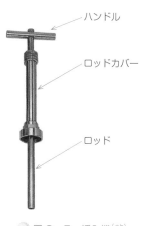

ハンドル

ロッドカバー

ロッド

▲ 図3・5　挿入機[*b]

（a）非密着形

（b）密着形

▲ 図3・6　防食コア[*b]

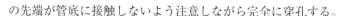

3章　給水装置工事法 ｜ 3・1　給水装置工事の施工

2　水道配水用ポリエチレン管からの分岐穿孔

① 水道配水用ポリエチレン管には，サドル付分水栓（鋳鉄製サドル），**分水 EF（電気融着[*]）サドル**，**分水栓付 EF サドル**を用いる。

> * 電熱線が埋め込まれている継手，弁等に通電して発熱させ，継手，弁と管の境界の樹脂を溶かして一体化する接合方法である。EF コントローラーによって自動制御される（EF：エレクトロフュージョンの略）。

ターミナルピン　電熱線　インジケータ

△ 図 3・7　電気融着（EF ソケットの構造）^(*ロ)

② 配水管の清掃は，ダクタイル鋳鉄管の場合と同様に行うが，清掃の長さは 300 mm 以上の範囲を管全周にわたって行う。

③ サドル付分水栓（鋳鉄製サドル）の取付けは，ダクタイル鋳鉄管の場合と同様に行うが，ボルト・ナットの最終締付け強さは 40 N·m とする。

④ **分水 EF サドル**，**分水栓付 EF サドル**の取付けは，次のとおりとする。

注意! a. 管を融着する箇所にサドルの長さよりひと回り広い標線を記入し，削り残しや切削むらの確認のため切削面にマーキングを施す。

注意! b. スクレーパーを用いて標線の範囲内の管表面を切削する。

c. 管の切削面とサドル付分水栓の内面全体を，素手で**エタノール**又は**アセトン**などを浸みこませた専用のペーパータオルで清掃する。

d. サドルが配水管の管軸頂部にその中心線がくるように，サドルクランプを用いて固定する。

e. EF コントローラーを用いて通電し，融着する。融着後は所定時間放置して冷却する。

3　ライニング鋼管・硬質ポリ塩化ビニル管からの分岐穿孔

ライニング鋼管，硬質ポリ塩化ビニル管からの分岐穿孔は，ダクタイル鋳鉄

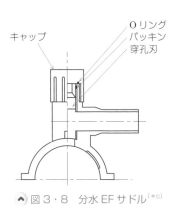

キャップ

Oリング
パッキン
穿孔刃

⌃図3・8　分水EFサドル(*c)

EFコント
ローラ

分水栓付EFサドル

EFサドル
クランプ

配水用
ポリエチレン管

⌃図3・9　分水栓付EFサドル(*d)

管の場合と同様に行う。

4　割T字管によるダクタイル鋳鉄管からの分岐穿孔

① 割T字管を取り付ける前に，仕切弁の開閉，パッキンの取付け状態，塗装面に傷がないかを確認する。

② 割T字管のパッキン及びパッキンが当たる配水管の管肌に滑材を塗布する。

重要 ③ 割T字管は，配水管の**管軸水平部**に**その中心**がくるように取り付け，給水管の取出し方向及び割T字管が**管水平**方向から見て傾きがないか確認する。

注意! ④ 取付け時には，パッキンの剥離(はくり)を防止するため割T字管を前後に移動させてはならない。

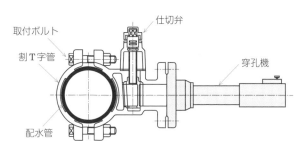

取付ボルト

仕切弁

割T字管

穿孔機

配水管

⌃図3・10　割T字管と穿孔機

注意! ⑤　割 T 字管の取付け後には，分岐部に水圧試験用治具を取り付けて水圧試験（負荷水圧は，常用圧力＋0.5 MPa 以下とし，最大 1.25 MPa）を行う。

注意! ⑥　防食コアの挿入機及び防食コアは，製造者及び機種等により取扱いが異なるので，必ず取扱説明書を読んで機器を使用する。

4 給水管の埋設深さ及び占用位置

出題ランク ★★★

注意! ①　公道下における給水管の埋設深さは，**道路法施行令**に規定されており，工事場所等により埋設条件が異なることから**道路管理者**の**道路占用許可による**ものとする。

重要 ②　**道路部分**における給水管の埋設深度[*]は，道路法施行令により，通常の場合は **1.2 m**（工事実施上やむを得ない場合は **0.6 m**）を超えていることと規定されている。

　　　　＊　管頂部と路面（地表）との距離をいい，土被りともいう。

③　②において，土被りが規定値までとれない場合は，**道路管理者**又は河川管理者と協議することとし，必要に応じて防護措置を施す。

重要 ④　**宅地内**における給水管の埋設深さは，荷重，衝撃等を考慮して **0.3 m 以上**を標準とする。

注意! ⑤　浅層埋設は，埋設工事の効率化，工期の短縮及びコスト縮減等の目的のため，運用が開始された。

⑥　浅層埋設（平成 11 年 3 月建設省通達）は次のとおりとする。

　a．適用対象となる管種及び口径は，鋼管，ダクタイル鋳鉄管，硬質ポリ塩化ビニル管は **300 mm 以下**，水道配水用ポリエチレン管は **200 mm 以下**である。

　b．埋設深さは，車道部は舗装の厚さ（路面から下層路盤底面まで）に 0.3 m を加えた値（当該値が 0.6 m に満たない場合は 0.6 m）以下としない。歩道は管路の頂部と路面との距離は **0.5 m** 以下としない。

　c．「埋設の位置」は，全国的なルールはなく，それぞれの地域の実情に合わせて一定の基準を設けて実施している。

5 給水管の明示

1 明示テープ

重要 ① 道路部分に布設する口径 **75 mm** 以上の給水管には，**明示テープ**（図 3・11），**明示シート**等によって管を明示する。

注意! ② 道路に埋設する管には，道路法施行令及び同施行規則に**定められた**明示テープを**指示された位置**に設置する。

注意! ③ 明示テープの色は，**水道管は青色**，工業用水管は白色，ガス管は緑色，下水道管は茶色，電話線は赤色，電力線はオレンジ色である。

注意! ④ **口径 75 mm 以上**の給水管の埋設管明示テープには，**青地に白い文字で**その**名称**，**管理者**，**設置年**を**西暦**で明示する。

⑤ 水道事業者によっては，管の**天端部**に連続して明示テープを設置するように義務付けている場合がある。

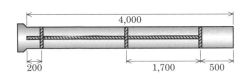

（a）明示テープの例

（b）明示テープ設置例（100 mm，胴巻き 3 か所＋天端）

▲ 図 3・11　明示テープ

2 明示シート

注意! ① 掘削機械による水道管の毀損（きそん）事故を防止するため，道路管理者と水道事業者等道路地下占用者の間で協議した結果に基づき，占用物埋設工事の際に埋設物頂部と路面の間に**折込み構造**の**明示シート**（図 3・12）を設置している場合がある。

注意! ② 道路部分に給水管を埋設する際に設置する明示シートは，水道事業者の指示により，**指定された仕様**のものを**指示された位置**に設置しなければな

地色：青　　文字：白

○○水道局　　○○水道局
水道管注意
この下に水道管あり注意，立会いを求めて下さい

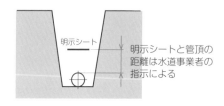

明示シート

明示シートと管頂の距離は水道事業者の指示による

（ａ）明示シートの例　　　　　　（ｂ）明示シートの施工例

▲ 図3・12　明示シート

らない。

注意! ③　明示シートと管頂との**距離**は，**水道事業者**の指示による位置とする。

3 宅地内の明示

重要 ①　**宅地部分**に布設する給水管の位置については，維持管理上必要がある場合には，**明示杭**等によりその位置を明示することが望ましい。

②　管路及び止水用具は，用地境界杭等を基準として**オフセット図**を作成しておく。

6 止水栓の設置

出題ランク ★☆☆☆☆

重要 ①　配水管から分岐して最初に設置する**止水栓**の位置は，原則として**宅地内の道路境界線の近く**とする。

②　地形その他の理由により宅地内に設置することができない場合は，道路部分に設置する。

重要 ③　止水栓は，給水装置の維持管理上支障がないよう，メーターボックス（ます）又は専用の止水栓きょう内に収納する。

7 給水管の防護

出題ランク ★★★★☆

①　地盤沈下や振動等によって給水管が破損するおそれがある場合は，伸縮性又は可撓性を有する管や継手を設ける。

重要 ②　建物の柱や壁等に添わせて配管する場合は，外力，自重，水圧等による振動やたわみで損傷を受けやすいため，管をクリップ等のつかみ金具を使用し，**1～2 m**の間隔で建物に固定する。

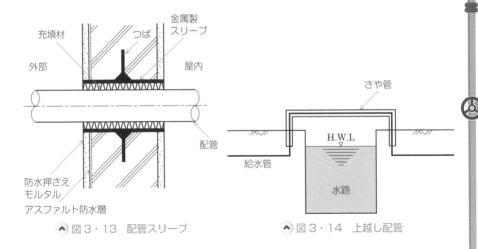

図3・13　配管スリーブ　　　　図3・14　上越し配管

注意! ③　給水管を構造物の基礎や壁を貫通させて設置する場合は，貫通部に**配管スリーブ**等を設け，スリーブとの間隙を弾性体で充填し，給水管の損傷を防止する（図3・13）。

重要 ④　給水管は他の埋設物（埋設管，構造物の基礎等）より**30 cm**以上の間隔を確保し配管することを原則とする。

重要 ⑤　給水管が水路を横断する場合は，原則として**水路の下**に鋼管等のさや管の中に入れ設置する。やむを得ず**水路の上**に設置する場合は，**高水位以上**の高さに設置し，金属製のさや管による防護措置を施す（図3・14 参照）。

8 水道メーターの設置

1 メーターの設置位置，遠隔指示装置

重要 ①　水道メーターの設置は，原則として**道路境界線**に最も**近接**した宅地内で，水道メーターの計量及び取替え作業が容易であり，かつ，水道メーターの損傷，凍結等のおそれがない位置とする。

重要 ②　水道メーターは，一般的に地中に設置するが，**建物内**に設置する場合は凍結防止，取替え作業の**スペース確保**，**防水**，**水抜き**等について考慮する。

注意! ③　水道メーターを**集合住宅**の配管スペース内等，外気の影響を受けやすい場所へ設置する場合は，凍結するおそれがあるので発泡スチロール等でカ

バーを施す等の**防寒対策**が必要である。

④　集合住宅の配管スペース内の水道メーター回りは弁栓類，継手が多く，漏水が発生しやすいため，万一漏水しても居室側に浸水しないよう，防水仕上げ，水抜き等を考慮する。

注意！⑤　水道メーターの**遠隔指示装置**は，定められた仕様に基づいたものを使用し，使用水量を正確かつ効率的に検針でき，維持管理が容易に行える場所に設置する。

2　地中に設置する場合の留意点

注意！①　水道メーターを**地中に設置する場合**は，**メーターます**に入れ，メーター取外し時の戻り水による汚染の防止について考慮する。また，**埋没**や外部からの**衝撃**から防護するとともに，その**位置**を明らかにしておく。

注意！②　**メーターボックス**（ます）及びメーター室は，水道メーター取替え作業が容易にできる大きさとする。メーター用**止水栓**を収納できることが望ましい。

重要③　メーターますは，呼び径 13〜40 mm メーターの場合は，金属製，プラスチック製，コンクリート製とし，呼び径 **50 mm 以上**の場合は**コンクリートブロック**，**現場打ちコンクリート**，**金属製**とし，上部に**鉄ぶた**を設置する等の構造とする。

3　水道メーターの取付け

重要①　水道メーターは，メーターに表示されている**流水方向**の**矢印**を確認したうえで，**水平**に取り付ける。

注意！②　水道メーターは，逆方向に取り付けると，正規の計量が表示できない。

注意！③　水道メーターは，傾斜して取り付けると，水道メーターの性能，計量精度や耐久性を低下させる原因となるので，**水平**に取り付けるが，**電磁式**のみ**取付姿勢**は自由である。

④　**大口径**の羽根車式水道メーターは，適正な計量を行うため水道メーターの前後に所定の**直管部**を確保する。

4　メーターバイパスユニット，メーターユニット

重要①　**メーターバイパスユニット**は，**集合住宅の複数戸**に**直結増圧式**で給水する場合の**親メーター**や直結給水する商業施設等において，水道メーター**取**

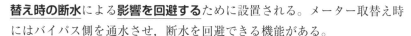

替え時の断水による**影響を回避する**ために設置される。メーター取替え時にはバイパス側を通水させ、断水を回避できる機能がある。

重要 ② **メーターユニット**は、**集合住宅**における**各戸メーター**の検定満期取替え時の**漏水事故防止**や**取替え**を容易にしたものである。止水栓、逆止弁、メーター着脱機能等で構成され、メーター接続部に**伸縮機能**があり、**手回し**で容易にメーターの着脱を行うことができる。

⑨ 土工事

出題ランク ★★☆☆☆

1 土工事の基本

❶ 法令の遵守

① **公道**を掘削する場合は、**道路管理者**から**道路占用許可**や**道路掘削・占用許可**、**警察署長**から**道路使用許可**を得て、条件を遵守して適正に施工する。

注意! ② **掘削深度が 1.5 m** を超える場合には、切取り面がその箇所の土質に見合った勾配を保って掘削できる場合を除き、**土留工**を施す。

注意! ③ 掘削深さが 1.5 m 以内であっても自立性に乏しい地山の場合は、施工の安全性を確保するために適切な勾配を定めて断面を決定するか、又は土留工を施す。

❷ 掘削工事

① 舗装道路の掘削は、カッター等を使用し、回りは**方形**に、切り口は**垂直**になるように掘削する。

注意! ② **ガス管**、**電線管**、**下水道管**等の埋設物に近接して掘削する場合は、**埋設物管理者の立会い**を求める。

注意! ③ **道路内の埋戻し**は、**道路管理者**の**承諾**を受け、**指定**された土砂を用いる。原則として、**厚さ 30 cm**（路床部は 20 cm）を超えない層ごとにタンピングランマで十分締め固め、将来、陥没、沈下等を起こさないようにする。

重要 ④ **道路以外の埋戻し**は、当該土地の管理者の承諾を得て、良質な土砂を用い、原則として、厚さ 30 cm を超えない層ごとに十分な締固めを行う。

⑤ 道路の埋戻し作業に用いる材料は、一般に、良質な土砂や改良土が用いられるが、含水率の高い泥土は用いてはならない。

⑥　締固めは，原則として**タンピングランマ**，**振動ローラ**等の転圧機を用いる。

2　現場管理

① **道路工事**にあたっては，交通の安全等について**道路管理者**及び**所轄警察署長**と事前に相談しておく。

注意!② 工事の施行によって生じた**建設発生土**や**建設廃棄物**は，「廃棄物の処理及び清掃に関する法律」その他の規定に基づき，**工事施行者**が適正かつ速やかに処理する。

③ 工事中，万一**不測の事故**等が発生した場合は，**応急措置**を講じるとともに**直ちに所轄警察署長**，**道路管理者**に通報し，かつ，**水道事業者**に連絡する。

④ 工事中に万一**不測の事故**等が発生した場合に備え，工事に際しては，あらかじめ所轄警察署等の連絡先を，**工事従事者**に周知徹底しておく。

⑤ **ガス管**，**下水道管**等の埋設物を損傷した場合は，直ちに**埋設物**の**管理者**に通報し，その指示に従うものとする。

重要⑥ 掘削にあたっては，工事場所の交通安全などを確保するため**保安設備**を設置し，必要に応じて**保安要員**（**交通整理員**等）を配置する。また，工事中の作業員の安全についても注意する。

10 配管工事

注意!① 熱交換器が給湯及び浴槽内の水等の加熱に兼用する構造の場合，加熱用の水路については，耐圧性能試験により**1.75 メガパスカル**の静水圧を**1分間**加えたとき，水漏れ，変形，破損その他の異常を生じないこと*。

＊ 「給水装置の構造及び材質の基準に関する省令」の詳細については，p.91, 4 章「給水装置の構造及び性能」を参照。

重要② 給水装置の**接合箇所**は，水圧に対する十分な耐力を確保するためにその構造及び材質に応じた適切な接合が行われたものでなければならない。

重要③ 家屋の**主配管**とは，**口径**や**流量**が**最大**の給水管を指し，1 階部分に布設された**水道メーター**と**同口径**の部分の配管がこれに該当する。

重要④ 家屋の**主配管**は，構造物の下の通過を避け，**家屋の基礎の外回り**に布設するようにし，**漏水時**の修理を容易に行うことができるようにする。

⑤ ④において，スペースなどの問題でやむを得ず構造物の下を通過させる場合は，**さや管**を設置しその中に配管する。

⑥ 配管工事に当たっては，管種，使用する継手，施工環境及び施工技術などを考慮し，最も適当と考えられる接合方法及び工具を用いる。

⑦ 弁類（耐寒性能基準に規定するものを除く）は，耐久性能基準に適合したものを用いる。

11 各管種の接合方法，曲げ加工

1 各管種の接合方法

1　ライニング（樹脂被覆）鋼管の接合

① 硬質塩化ビニルライニング鋼管，耐熱性硬質塩化ビニルライニング鋼管，ポリエチレン粉体ライニング鋼管の接合は，**ねじ接合**を原則とする。

重要② 配管端部の接続部分の腐食を防止するため，**管端防食継手**を用いる。埋設配管とする場合は，**外面樹脂被膜継手**を用いるか，又は防食テープを巻く。外面樹脂被膜継手を用いない場合は，**防食テープ**を巻く等の防食処理を行う。

重要③ 管の切断は，局部加熱を避けて**自動金鋸盤**（帯鋸盤，弦鋸盤），ねじ切り機の自動丸鋸盤を用い，直角に切断する。パイプカッター，チップソーカッター，ガス切断，高速砥石は使用しない。

④ 管切断面のかえり，まくれは，スクレーパで管端内側の硬質塩化ビニルの厚さ 1/2〜2/3 程度を面取りする。

注意!⑤ 鋼管のねじは，**管用テーパねじ**とする。

⑥ ねじの切削は，局部加熱を避け，専用ねじ切り機を使用し，切削油には**水溶性切削油**を用いる。

⑦ 鋼管をねじ接合する場合は，ねじ切り後清掃し，ねじ部及び管端部には**防食シール剤**を塗布し，所要の最小ねじ込み山数を確保し，締め付ける。

2　ステンレス鋼管の接合

重要① ステンレス鋼管及び波状ステンレス鋼管の接合には，**伸縮可とう式継手，プレス式継手**を使用する。伸縮可とう式継手は重荷重の作用する埋設配管に，プレス式継手は屋内配管等に使用される。

② 伸縮可とう式継手は，埋設地盤の変動に適応できるように継手に伸縮可

とう性を持たせたもので，**ワンタッチ方式**が主に用いられている。

注意! ③　プレス式継手は，専用締付け工具を使用するもので，短時間に接合でき，高度な技術を必要としない。

3　　銅管の接合

注意! ①　銅管の接合には，トーチランプ又は電気ヒータによる**ろう接合**，**はんだ接合**，及び**機械継手**がある。

注意! ②　接合には継手が用いられるが，**25 mm 以下**の給水管直管部は**胴継ぎ**とすることができる。

③　ろう接合は，管の差込み部と継手受口とのすき間にろうを加熱溶解して，毛細管現象により吸い込ませて接合する。

④　機械継手の接合にはプレス式接合がある。

4　　硬質ポリ塩化ビニル管の接合

①　硬質ポリ塩化ビニル管の接合には，接着剤を用いる**TS 継手**，ゴム輪を用いる**RR 継手**がある。

②　**TS 継手**は，接着剤を塗布後，直ちに管を継手に挿し込む。

　a. 管の戻りを防ぐため**口径 50 mm 以下は 30 秒以上**，口径 75 mm 以上は**60 秒以上静置**し，この間は引張り及び曲げの力は加えない。

　b. 接着剤は，品質確認済みの JWWA 規格「水道用硬質塩化ビニル管の接着剤」があり，管種によって硬質ポリ塩化ビニル管用と耐衝撃性硬質ポリ塩化ビニル管用を使い分ける。

③　**RR 継手**は，ゴム輪を前後を反対にしたり，ねじれのないように装着する。

　a. ゴム輪及び挿し口の標示線まで専用の滑剤を塗布し，管軸を合わせて標示線まで挿入する。

　b. 曲管部には，離脱防止金具，コンクリートブロックを用いて防護する。

5　　水道用ポリエチレン二層管の接合

①　継手は，管種（1 種〜3 種）に適合した**金属継手**を使用する。

注意! ②　継手を分解して，袋ナット，リングの順序で管に部品を通し，**リング**は**割りのあるほうを袋ナット側**に向ける。

6　　水道給水用ポリエチレン管，水道配水用ポリエチレン管

注意! ①　水道給水用ポリエチレン管，水道配水用ポリエチレン管の接合には通常，**電気融着（EF 継手）**とメカニカル継手が用いられる（p.58, 図 3·7

参照）。

② EF 継手による接合は次のような特徴がある。

注意！ a. 長尺の陸継ぎが可能であり，異形管部分の離脱防止対策が不要である。

b. 管の接合は，EF コントローラによって自動制御される。

③ EF 継手による接合手順は次のとおりである。

a. 継手との管融着面の挿入範囲をマーキングし，この部分を専用工具（スクレーパ）で切削する。

b. 継手内面と管外面をエタノール，又はアセトンを浸み込ませた専用ペーパータオルで清掃する。

c. 管に挿入標線を記入後，継手をセットし，クランプを使って，管と継手を固定する。

注意！ d. コントローラのコネクタを継手に接続のうえ，継手バーコードを読み取り通電を開始し，融着終了後，所定の時間**冷却確認後**，クランプを取り外す。なお，冷却中はクランプで固定し，外力を加えない。

注意！ e. **融着作業中**は，EF 接続部に水が付着しないように，ポンプによる十分な排水，雨天時はテントによる雨よけ等の対策を講じる。

④ メカニカル継手は，金属継手とメカニカル継手がある。

a. 金属継手は，ポリエチレン二層管の金属継手と構造，接合方法が同じである。

b. メカニカル継手では，管端から 200 mm 程度の内外面及び継手本体の受口内面やインナーコアに付着した油・砂等の異物をウエス等で取り除く。

7 架橋ポリエチレン管の接合

重要 ① 架橋ポリエチレン管の接合には，**メカニカル式**，**電気融着式**がある。

② メカニカル式は単層管に，電気融着式は二層管に用いられる。

8 ポリブテン管の接合

注意！ ① ポリブテン管の接合には，**電気融着式**，**メカニカル式**，**熱融着式**がある。

② メカニカル式には，袋ナット式，ワンタッチ式，スライド式がある。

③ 熱融着式は，加熱用ヒータフェースで継手内面と管外面を所定の温度に加熱し，3 秒以内に接合し，接合後 30 秒以上，溶融（ようゆう）圧着する。

9 ダクタイル鋳鉄管の接合

重要 ① ダクタイル鋳鉄管の接合には，**メカニカル継手，プッシュオン継手**及び**フランジ継手**があり，接合形式には K 形，T 形，NS 形，GX 形がある。

② K 形，T 形の異形管の接合箇所には，原則として**離脱防止金具**が必要である。

③ NS 形，GX 形は，伸縮余裕，曲げ余裕が大きいため，地盤が悪く大地震の場合でも，管体に無理な力がかかることなく継手の動きで地盤の変動に適応できる。

④ 締付けに用いる工具は，ラチェットレンチ，トルクレンチ，スパナ等の工具を用いる。

重要 ⑤ 滑材は，継手に適合するものとし，**グリース等の油剤類は使用しない**。

2 配管の曲げ加工

注意! 直管を曲げ加工できる材料は，ステンレス鋼鋼管，銅管，水道用ポリエチレン二層管，水道配水用ポリエチレン管，水道給水用ポリエチレン管がある。

1 ステンレス鋼管

重要 ① **ステンレス鋼管**の曲げ加工は，パイプベンダーを使用し，加熱による**焼曲げ加工は行わない**。

重要 ② 最大曲げ角度は 90 度（補角）とし，曲げ半径は管軸線上で呼び径の **4倍以上**とする。

③ 曲げ部分にしわ，ねじれ等がないようにする。

注意! ④ 継手の挿込み寸法等を考慮して，曲がりの始点又は終点側に 10 cm 以上の直管部分を確保する。

2 銅管

① **銅管**の切断には専用のパイプカッターを使用する。

注意! ② 硬質銅管は曲げ加工は行わない。

③ 被覆銅管（軟質コイル管）の曲げ加工は，専用のパイプベンダーを用いる。

注意! ④ 軟質銅管を手曲げする場合は，座屈防止のためスプリングベンダー等を用い，口径 20 mm の曲げ半径は 150 mm 以上とする。

3 ポリエチレン二層管

重要 ① **ポリエチレン二層管**の曲げ半径は，日本ポリエチレンパイプシステム協

会規格（JP K 002:2020）「水道用ポリエチレン二層管」では管外径の**25倍以上**，日本産業規格（JIS K 6762:2019）「水道用ポリエチレン二層管」では管外径の**20倍以上**とする。

② 水道配水用ポリエチレン管の曲げ半径は，長尺管の場合には外径の30倍以上，5 m 管と継手を組み合わせて施工の場合には外径の75倍以上とする。

12 配管の留意事項

出題ランク ★★★★★

注意! ① 給水管は，設置場所の**土圧**，**輪荷重**その他の荷重に対し，十分な耐力を有する材質のものを選定するほか，**地震時**の変位に対応できるよう伸縮可とう性に富んだ継手又は給水管とする。

　a. 地震力に対応するためには，分岐部や埋設深度が変化する部分及び地中埋設配管から建物内の配管との接続部にも，**伸縮可とう性のある管**や**継手**を使用する。

　b. 地震，災害時等における給水の早期復旧を図ることからも，**止水栓**を道路境界付近に設置することが望ましい。

重要 ② 給水管を他の埋設管に近接して布設すると，漏水によるサンドブラスト（サンドエロージョン）現象により他の埋設管に損傷を与えるおそれがあるので，原則として**30 cm 以上**離隔を確保し配管する。やむを得ず間隔がとれない場合は，給水管にゴム板等を巻き付けて損傷防止を図る。

重要 ③ 宅地内における給水管の配管は，将来の取替え，漏水修理等を考慮し，できるだけ**直線配管**とする。

重要 ④ 建物の地階や2階以上に配管する場合は，**各階ごとに止水栓**を取り付ける。

重要 ⑤ 給水装置は，ボイラー，煙道など高温となる場所，冷凍庫の冷凍配管等に近接し凍結のおそれのある場所を避けて設置する。

重要 ⑥ 水撃作用の発生が予測される等**高水圧**を生じるおそれがある場所*には，**減圧弁**を設置する。

　* 配水管の位置に対して著しく低い箇所にある給水装置，直結増圧式給水の低層階部等。

重要 ⑦ 水圧，水撃作用等により給水管が離脱するおそれがある場所にあっては，適切な離脱防止のための措置を講じる。

重要 ⑧ 行止り管の先端部，水路の上越し部，鳥居配管となっている箇所等，空

気だまりを生じるおそれがある場所[*]には**空気弁**を設置する。

> ＊ 水路の上越し部，行止り配管の先端部，鳥居配管となっている箇所。

重要 ⑨ 給水装置工事は，いかなる場合でも衛生に十分注意し，工事の中断時又は一日の工事終了後には，管端にプラグ等で栓をし，汚水等が流入しないようにする。

(13) 給水装置に設置するスプリンクラー

出題ランク
★★★★★

1 消防法の適用を受けない住宅用スプリンクラー

注意! ① 住宅用スプリンクラーは，**停滞水が生じないよう**日常生活で常時使用する洗浄便器や台所水栓等の**末端給水栓までの配管途中**に設置する。

② 需要者等に対しては，この設備は断水時には使用できないこと，及び取扱い方法について説明しておく必要がある。

2 消防法の適用を受けるスプリンクラー

1 水道直結式スプリンクラー設備

重要 ① 平成 19 年（2007 年）の消防法改正により，一定規模以上のグループホーム等の小規模社会福祉施設にスプリンクラーの設置が義務付けられた。

注意! ② ①のスプリンクラー設備として給水装置に直結する「水道直結式スプリンクラー設備」が認められることになった。

2 工事及び整備

① 水道直結式スプリンクラー設備は水道法の適用を受ける。

② 水道直結式スプリンクラー設備の工事及び整備については，次のとおりとする。

a. 消防法の適用により消防設備士が責任を負うので，指定給水装置工事事業者等は消防設備士の指導のもとで行う。

重要 b. 水道直結式スプリンクラーの設置については，分岐する配水管からスプリンクラーヘッドまでの**水理計算及び給水管，給水用具の選定は，消防設備士が行う**。

重要 c. 水道直結式スプリンクラー設備の工事は，水道法に定める給水装置工事として**指定給水装置工事事業者が施工**する。

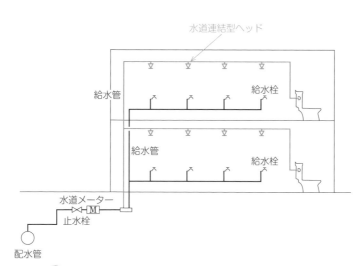

d. 水道直結式スプリンクラー設備は，**消防法令適合品**を使用するとともに，基準省令に適合した給水管，給水用具であること。また，設置される設備は**給水装置の構造及び材質の基準**に**適合**していなければならない。

e. 停滞水及び停滞空気の発生がないこと。

f. 災害その他正当な理由によって，一時的な断水や水圧低下等により水道直結式スプリンクラー設備の性能が十分発揮されない状況が生じても水道事業者に責任がない。

3 配管方法

① 配管方法は湿式配管と乾式配管があり，消防設備士の指示によって行う。

② **湿式配管**は，配管内は常時充水している配管方法である。停滞水の発生を防止するため，日常生活において常時使用する水洗便器や台所水栓等の**末端給水栓までの配管途中**にスプリンクラーを設置する（前述の1「消防法の適用を受けない住宅用スプリンクラー」と同じ。図3·15）。

③ **乾式配管**は，スプリンクラー配管への分岐部直下流に電動弁を設ける。

a. 電動弁下流側は常時空気が充満し，火災発生の信号を受けると電動弁が開いてスプリンクラーヘッドから放水が行われる（図3·16）。

水道連結型ヘッド

給水管

給水栓

給水管

給水栓

水道メーター

止水栓

配水管

🔼 図3·15 水道直結式スプリンクラー設備（湿式配管）

3章　給水装置工事法 ｜ 3·1　給水装置工事の施工

73

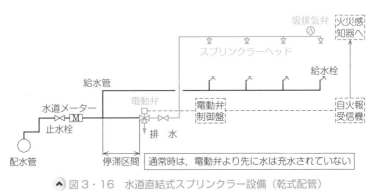

◆ 図3・16　水道直結式スプリンクラー設備（乾式配管）

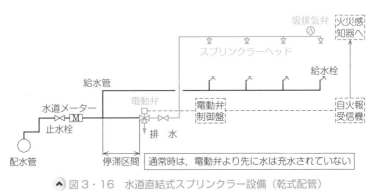
［図中テキスト］

吸排気弁
火災感知器へ
スプリンクラーヘッド
給水栓
給水管
電動弁
水道メーター
電動弁制御盤
自火報受信機
止水栓
排水
配水管
停滞区間
通常時は，電動弁より先に水は充水されていない

重要 b. 給水管の分岐から電動弁までの間（停滞区間）の**停滞水をできるだけ少なく**するため，**給水管分岐部と電動弁との間を短くする**ことが望ましい。

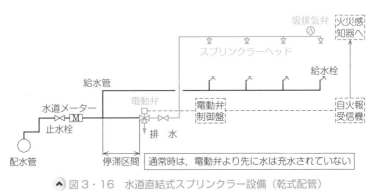

74

3・2 維持管理

1 維持管理の基本

注意!　給水装置工事主任技術者は，水道事業者の配水管からの分岐以降水道メーターまでと，水道メーターから末端給水用具までを区分して維持管理の情報提供や需要者の依頼に対応する必要がある。

2 配水管からの分岐以降水道メーターまでの維持管理

注意! ①　配水管からの分岐以降水道メーターまでの間の漏水修繕等の維持管理において，水道事業者が無料修繕を行う範囲は水道事業者によって異なる。

注意! ②　①において，道路内の給水装置を撤去する場合も同様である。

注意! ③　給水装置工事主任技術者は，需要者が水道水の供給を受ける水道事業者のこの区間の維持管理方法に関して，必要な都度需要者に情報提供する。

3 水道メーターから末端給水用具までの維持管理

注意! ①　水道メーターの下流から末端給水用具までの間の維持管理は，**すべて需要者の責任**である。

注意! ②　需要者は，給水装置の維持管理に関する知識を有していない場合が多いので，給水装置工事主任技術者は，需要者から**給水装置の異常**を告げられたときには，**漏水の見つけ方**や漏水の**予防方法**等の情報を提供する。

③　需要者から末端給水装置に供給された水道水の**水質の異常**を告げられた給水装置工事主任技術者は，**直ちに水道事業者**に報告しなければならない。

4 給水用具の故障と修理

　給水装置工事主任技術者は，給水用具の故障の問合せがあった場合は現地調査を行い，需要者が修繕できるもの，指定給水装置工事事業者ができるもの，製造業者でないとできないものかを見極め，需要者に情報提供を行う。

⑤ 異常現象

1 水質の異常

1　異常な臭味

注意! ①　水道水の味，臭気は「異常でないこと」と定められ，無味無臭に近いものである。**塩素臭以外の臭味**（濁り，着色，異臭味等）があった場合は，**水道事業者に連絡**し，水質検査を依頼する。

②　接着剤，切削油，シール材，油類，殺虫剤，除草剤等が合成樹脂管（硬質塩化ビニル管，水道用ポリエチレン二層管等）に浸透すると，**臭味**が発生することがある。

③　塗料や有機溶剤が合成樹脂管等の合成樹脂管に浸透すると，**臭味**が発生することがある。

注意! ④　水源である河川の水温が上昇すると，**藍藻類**（らんそうるい）等の微生物が繁殖して**かび臭・墨汁臭**が発生することがある。

注意! ⑤　水道水は，無味無臭に近いものであるが，**塩辛い味，苦い味，渋い味**等が感じられる場合は，**クロスコネクション**のおそれがあるので，**直ちに飲用を中止**する。

注意! ⑥　工場排水，下水，薬品等が混入すると，**塩辛い味，渋い味，苦い味，酸味**等を感じることがある。この場合は**クロスコネクション**のおそれがあるので，**直ちに飲用を中止**する。

⑦　給水管に**鉄**，銅，**亜鉛**等の金属が使用されていると，**金気味，渋味**を感じる。この場合は，飲用前に一定時間**管内**の水を**排水**する。

2　異常な色

①　水道水が**白濁色**に見え，数分間で解消する場合は，空気の混入によることが考えられる。この場合は問題はない。

注意! ②　水道水が**赤褐色又は黒褐色**になる場合は，鋳鉄管，鋼管のさびが流速の変化，流水の方向変化等により流出したもので，使用時に一定時間排水すれば回復する。常時発生する場合は，管種変更等の措置が必要である。

③　衛生陶器で**青い色**に染まるような場合は，銅管等から出る**銅イオン**が脂肪酸と結びついてできる不溶性の銅石鹸が付着している状況で起こるものである。この現象は，通常，一定期間の使用で銅管の内面に亜酸化銅の被膜が生成し起こらなくなる。

3　異物の流出

重要① 　配水管や給水装置の工事の際に，**水道水に砂や鉄粉が混入**すると給水用具を損傷することがあるので，**水道メーターを取り外して**，管内からこれらを除去する。

重要② 　給水栓から**黒色**，**白色**，**緑色の微細片**が出るのは，止水栓，給水栓，湯水合水栓に使われているパッキンなどのゴムが劣化し，細かく砕けて流出してくるのが原因と考えられる。

2　出水の不良

重要① 　給水管に**亜鉛めっき鋼管**を使用していると，内部にスケール（**赤さび**）が発生しやすく，年月を経るとともに給水管断面が小さくなるので出水不良を起こす。管の**布設替え**が必要である。

重要② 　配水管の工事等により**断水した場合**，通水の際の水圧によりスケール等が水道メーターのストレーナに付着し出水不良となることがある。このような場合は**ストレーナを清掃**する。

3　汚水吸引

重要　埋設管が外力によってつぶれ小さな孔があいてしまった場合，給水時に**エジェクタ作用**によりこの孔から外部の**汚水や異物**を**吸引**することがある。この場合は，早急に指定給水装置工事事業者に依頼して修繕を行う。

問題① 1 水道法施行規則第 36 条第 1 項第 2 号の指定給水装置工事事業者における「事業の運営の基準」に関する次の記述の　　　　内に入る語句の組合せのうち，適当なものはどれか。

「適切に作業を行うことができる技能を有する者」とは，配水管への分水栓の取付け，配水管の　ア　，給水管の接合等の配水管から給水管を分岐する工事に係る作業及び当該分岐部から　イ　までの配管工事に係る作業について，当該　ウ　その他の地下埋設物に変形，破損その他の異常を生じさせることがないよう，適切な資機材，工法，地下埋設物の防護の方法を選択し，　エ　を実施できる者をいう。

	ア	イ	ウ	エ
(1)	点　検	止水栓	給水管	技術上の監理
(2)	点　検	水道メーター	給水管	正確な作業
(3)	穿　孔	止水栓	配水管	技術上の監理
(4)	穿　孔	水道メーター	給水管	技術上の監理
(5)	穿　孔	水道メーター	配水管	正確な作業

解説 (5) アは穿孔，イは水道メーター，ウは配水管，エは正確な作業である。

解答 ▶ **(5)**

問題② 2 配水管からの給水管の取出しに関する次の記述の正誤の組合せのうち，適当なものはどれか。

ア　配水管への取付口の位置は，他の給水装置の取付口から 30 cm 以上離し，また，給水管の口径は，当該給水装置による水の使用量に比し，著しく過大でないこと。

イ　異形管から給水管を取り出す場合は，外面に付着した土砂や外面被覆材を除去し，入念清掃したのち施工する。

ウ　不断水分岐作業の終了後は，水質確認（残留塩素の測定及び色，におい，濁り，味の確認）を行う。

エ　ダクタイル鋳鉄管の分岐穿孔に使用するサドル付分水栓用ドリルの先端角は，一般的にモルタルライニング管が 90〜100° で，エポキシ樹脂粉体塗装管が 118° である。

	ア	イ	ウ	エ
(1)	正	正	誤	正
(2)	誤	誤	正	誤
(3)	正	誤	正	誤
(4)	誤	正	誤	正
(5)	正	誤	正	正

解説 (3) ア，ウは，記述のとおり。

イ　異形管及び継手部からは，給水管を取り出すことはできない。

エ　ドリルの先端角は，モルタルライニング管が 118° で，エポキシ樹脂粉体塗装管が 90～100° である。
解答▶(3)

問題 ③　サドル付分水栓の穿孔施工に関する次の記述の正誤の組合せのうち，適当なものはどれか。

ア　サドル付分水栓を取り付ける前に，弁体が全閉状態になっているか，パッキンが正しく取り付けられているか，塗装面やねじ等に傷がないか等を確認する。

イ　サドル付分水栓は，配水管の管軸頂部にその中心線が来るように取り付け，給水管の取出し方向及びサドル付分水栓が管軸方向から見て傾きがないことを確認する。

ウ　穿孔中はハンドルの回転が軽く感じられる。穿孔の終了に近づくとハンドルの回転は重く感じられるが，最後まで回転させ，完全に穿孔する。

エ　電動穿孔機は，使用中に整流ブラシから火花を発し，また，スイッチのON・OFF 時にも火花を発するので，ガソリン，シンナー，ベンジン，都市ガス，LP ガス等引火性の危険物が存在する環境の場所では絶対に使用しない。

	ア	イ	ウ	エ
(1)	正	誤	誤	正
(2)	誤	正	正	誤
(3)	正	誤	正	誤
(4)	誤	正	誤	正

解説 (4) イ，エは記述のとおり。

ア　サドル付分水栓を取り付ける前に，弁体は**全開状態**になっていることを確認する。

ウ　穿孔中はハンドルの回転は**重く**感じられ，穿孔の終了に近づくとハンドルの回転は**軽く**感じられる。

解答▶(4)

問題④　配水管からの分岐穿孔に関する次の記述のうち，**不適当なものはどれか。**

(1)　割T字管は，配水管の管軸頂部にその中心線がくるように取り付け，給水管の取出し方向及び割T字管が管軸方向から見て傾きがないか確認する。

(2)　ダクタイル鋳鉄管からの分岐穿孔の場合，割T字管の取付け後，分岐部に水圧試験用治具を取り付けて加圧し，水圧試験を行う。負荷水圧は，常用圧力＋0.5 MPa以下とし，最大1.25 MPaとする。

(3)　割T字管を用いたダクタイル鋳鉄管からの分岐穿孔の場合，穿孔はストローク管理を確実に行う。また，穿孔中はハンドルの回転が重く感じ，センタードリルの穿孔が終了するとハンドルの回転は軽くなる。

(4)　割T字管を用いたダクタイル鋳鉄管からの分岐穿孔の場合，防食コアを穿孔した孔にセットしたら，拡張ナットをラチェットスパナで締め付ける。規定量締付け後，拡張ナットを緩める。

(5)　ダクタイル鋳鉄管に装着する防食コアの挿入機及び防食コアは，製造者及び機種等により取扱いが異なるので，必ず取扱説明書を読んで器具を使用する。

解説 (1) 割T字管は，配水管の**管軸水平部**にその中心線がくるように取り付け，給水管の取出し方向及び割T字管が**管水平方向**から見て傾きがないか確認する。

解答▶(1)

問題⑤　給水管の埋設深さ及び占用位置に関する次の記述の［　　］内に入る語句の組合せのうち，**正しいものはどれか。**

道路法施行令第11条の3第1項第2号ロでは，埋設深さについて「水管又はガス管の本線の頂部と路面との距離が［ ア ］（工事実施上やむを得ない場合にあっては［ イ ］）を超えていること」と規定されている。しかし，他の

埋設物との交差の関係等で，土被りを標準又は規定値まで取れない場合は， ウ と協議することとし，必要な防護措置を施す。

	ア	イ	ウ
(1)	1.5 m	0.9 m	道路管理者
(2)	1.2 m	0.9 m	水道事業者
(3)	1.2 m	0.6 m	道路管理者
(4)	1.5 m	0.6 m	水道事業者
(5)	1.2 m	0.9 m	道路管理者

解説 (3) アは 1.2 m，イは 0.6 m，ウは道路管理者である。　　　　**解答▶(3)**

問題❻　給水管の明示に関する次の記述のうち，**不適当なもの**はどれか。

(1)　道路部分に布設する口径 75 mm 以上の給水管に明示テープを設置する場合は，明示テープに埋設物の名称，管理者，埋設年度を表示しなければならない。

(2)　宅地部分に布設する給水管の位置については維持管理上必要がある場合には，明示杭等によりその位置を明示することが望ましい。

(3)　掘削機械による埋設物の毀損事故を防止するため，道路内に埋設する際は水道事業者の指示により，指定された仕様の明示シートを指示された位置に設置する。

(4)　水道事業者によっては，管の天端部に連続して明示テープを設置することを義務付けている場合がある。

(5)　明示テープの色は，水道管は青色，ガス管は黄色，下水道管は緑色とされている。

解説 (5) 明示テープの色は，水道管は青色，ガス管は緑色，下水道管は茶色とされている。　　　　**解答▶(5)**

問題❼　止水栓の設置及び給水管の防護に関する次の記述の正誤の組合せのうち，**適当なもの**はどれか。

ア　止水栓は，給水装置の維持管理上支障がないよう，メーターボックス（ます）又は専用の止水栓きょう内に収納する。

イ 給水管を建物の柱や壁等に添わせて配管する場合には，外力，自重，水圧などによる振動やたわみで損傷を受けやすいので，クリップ等のつかみ金具を使用し，管を 3〜4 m の間隔で建物に固定する。

ウ 給水管を構造物の基礎や壁を貫通させて設置する場合は，構造物の貫通部に配管スリーブ等を設け，スリーブとの間隔を弾性体で充填し，給水管の損傷を防止する。

エ 給水管が水路を横断する場所にあっては，原則として水路を上越しして設置し，さや管等による防護措置を講じる。

	ア	イ	ウ	エ
(1)	誤	正	誤	正
(2)	正	誤	誤	正
(3)	正	誤	正	誤
(4)	正	正	誤	誤
(5)	誤	正	正	誤

解説 (3) ア，ウは記述のとおり。

イ クリップ等のつかみ金具は，管を **1〜2 m** の間隔で建物に固定する。

エ 給水管が水路を横断する場所にあっては，なるべく**水路の下**にして設置し，さや管等による防護措置を講じる。 **解答▶(3)**

問題⑧ 水道メーターの設置に関する次の記述のうち，不適当なものはどれか。

(1) 水道メーターの設置にあたっては，水道メーターに表示されている流水方向の矢印を確認したうえで取り付ける。

(2) 水道メーターの設置は，原則として道路境界線に最も近接した宅地内で，水道メーターの計量及び取替作業が容易であり，かつ，水道メーターの損傷，凍結等のおそれがない位置とする。

(3) 呼び径が 50 mm 以上の水道メーターを収納するメーターボックス（ます）は，コンクリートブロック，現場打ちコンクリート，金属製等で，上部に鉄ぶたを設置した構造とするのが一般的である。

(4) 集合住宅等の複数戸に直結増圧式等で給水する建物の親メーターにおいては，ウォーターハンマーを回避するため，メーターバイパスユニットを設置する方法がある。

(5)　水道メーターは，傾斜して取り付けると，水道メーターの性能，計量精度や耐久性を低下させる原因となるので，水平に取り付けるが，電磁式のみ取付姿勢は自由である。

解説｛（4）集合住宅等の複数戸に直結増圧式等で給水する建物の親メーターにおいては，**メーター取替え時に断水による影響を回避するため**，メーターバイパスユニットを設置する方法がある。　　　　　　　　　　　　　　　　　　**解答▶(4)**

問題⑨　給水管の埋設深さに関する次の記述の　　　　内に入る語句の組合せのうち，**適当なものはどれか。**

公道下における給水管の埋設深さは，　ア　に規定されており，工事場所等により埋設条件が異なることから　イ　の　ウ　によるものとする。

また，宅地内における給水管の埋設深さは，荷重，衝撃等を考慮して　エ　を標準とする。

	ア	イ	ウ	エ
(1)	道路法施行令	道路管理者	道路占用許可	0.3 m 以上
(2)	水道法施行令	所轄警察署	道路使用許可	0.5 m 以上
(3)	水道法施行令	道路管理者	道路使用許可	0.3 m 以上
(4)	道路法施行令	所轄警察署	道路占用許可	0.5 m 以上

解説｛（1）アは道路法施行令，イは道路管理者，ウは道路占用許可，エは 0.3 m 以上である。　　　　　　　　　　　　　　　　　　　　　　　**解答▶(1)**

問題⑩　「給水装置の構造及び材質の基準に関する省令」に関する次の記述のうち，**不適当なものはどれか。**

(1)　家屋の主配管とは，口径や流量が最大の給水管を指し，配水管からの取出し管と同口径の部分の配管がこれに該当する。

(2)　家屋の主配管は，配管の経路について構造物の下の通過を避けることなどにより，漏水時の修理を容易に行うことができるようにしなければならない。

(3)　給水装置の接合箇所は，水圧に対する十分な耐力を確保するためにその構造及び材質に応じた適切な接合が行われているものでなければならない。

(4)　弁類は，耐久性能試験により10万回の開閉操作を繰り返した後，当該省令に規定する性能を有するものでなければならない。

(5)　熱交換器が給湯及び浴槽内の水等の加熱に兼用する構造の場合，加熱用の水路については，耐圧性能試験により1.75 MPaの静水圧を1分間加えたとき，水漏れ，変形，破損その他の異常を生じないこと。

解説　(1) 家屋の主配管とは，口径や流量が最大の給水管を指し，1階部分に布設された水道メーターと同口径の部分の配管がこれに該当する。　　　　**解答▶(1)**

問題⑪　水道メーターの設置に関する次の記述のうち，**不適当なものはどれか。**

(1)　水道メーターを地中に設置する場合は，メーターます又はメーター室の中に入れ，埋没や外部からの衝撃から防護するとともに，その位置を明らかにしておく。

(2)　水道メーターを集合住宅の配管スペース内等，外気の影響を受けやすい場所へ設置する場合は，凍結するおそれがあるので発泡スチロール等でカバーを施す等の防寒対策が必要である。

(3)　集合住宅等に設置される各戸メーターには，検定満期取替え時の漏水事故防止や取替え時間の短縮を図る等の目的に開発されたメーターユニットを使用することが多くなっている。

(4)　水道メーターの設置は，原則として給水管分岐部から最も遠い宅地内とし，メーターの検針や取替作業等が容易な場所で，かつ，メーターの損傷，凍結等のおそれがない位置とする。

解説　(4) 水道メーターの設置は，原則として道路境界線と給水管分岐部に最も近接した宅地内とし，……。　　　　**解答▶(4)**

問題⑫　給水管の接合に関する次の記述の正誤の組合せのうち，**適当なものはどれか。**

ア　水道用ポリエチレン二層管の金属継手による接合においては，管種（1〜3種）に適合したものを使用し，接合に際しては，金属継手を分解して，袋ナット，樹脂製リングの順序で管に部品を通し，樹脂製リングは割りのないほうを袋ナット側に向ける。

イ　硬質塩化ビニルライニング鋼管のねじ継手に外面樹脂被覆継手を使用する
　　場合は，埋設の際，防食テープを巻く等の防食処理等を施す必要がある。

ウ　ダクタイル鋳鉄管の接合に使用する滑剤は，継手用滑剤に適合するものを
　　使用し，グリース等の油剤類は使用しない。

エ　水道配水用ポリエチレン管の EF 継手による接合は，長尺の陸継ぎが可能
　　であり，異形管部分の離脱防止対策が不要である。

	ア	イ	ウ	エ
(1)	正	正	誤	誤
(2)	誤	正	正	誤
(3)	誤	正	誤	正
(4)	正	誤	誤	正
(5)	誤	誤	正	正

解説　(5) ウ，エは記述のとおり。

ア　水道用ポリエチレン二層管の金属継手による接合に際しては，金属継手を分解し
　　て，樹脂製リングは**割りのあるほう**を袋ナット側に向ける。

イ　硬質塩化ビニルライニング鋼管のねじ継手に**外面樹脂被覆継手を使用しない場合**
　　は，**防食テープ**を巻く等の防食処理等を施す。　　　　　　　　　**解答▶(5)**

問題⑬　給水管の配管工事に関する次の記述のうち，**不適当なものはどれ
か**。

(1)　日本ポリエチレンパイプシステム協会規格（JP K002：2020）の「水道
　　用ポリエチレン二層管」の曲げ半径は，管の外径の 25 倍以上とする。

(2)　水道配水用ポリエチレン管の曲げ半径は，長尺管の場合には外径の 30
　　倍以上，5 m 管と継手を組み合わせて施工の場合には外径の 75 倍以上と
　　する。

(3)　ステンレス鋼鋼管を曲げて配管するとき，継手の挿込み寸法等を考慮
　　して，曲がりの始点又は終点からそれぞれ 10 cm 以上の直管部分を確保
　　する。

(4)　ステンレス鋼鋼管を曲げて配管するときの曲げ半径は，管軸線上にお
　　いて，呼び径の 10 倍以上とする。

解説 (4) ステンレス鋼鋼管を曲げて配管するときの曲げ半径は，管軸線上において，呼び径の4倍以上とする。　　　　　　　　　　　　　　**解答▶(4)**

> **(注)** (1) 日本産業規格（JIS K 6762：2019）「水道用ポリエチレン二層管」の曲げ半径は，管の外径の20倍以上とする。

問題⑭ 配管工事の留意点に関する次の記述のうち，<u>不適当なものはどれか。</u>

(1) 水路の上越し部，鳥居配管となっている箇所等，空気だまりを生じるおそれがある場所にあっては空気弁を設置する。

(2) 高水圧が生じる場所としては，配水管の位置に対し著しく低い場所にある給水装置等があげられるが，そのような場所には逆止弁を設置する。

(3) 給水管は，将来の取替え，漏水修理等の維持管理を考慮して，できるだけ直線に配管する。

(4) 地階又は2階以上に配管する場合は，修理や改造工事に備えて，各階ごとに止水栓を設置する。

(5) 給水管の布設工事が1日で完了しない場合は，工事終了後必ずプラグ等で汚水やごみ等の侵入を防止する措置を講じておく。

解説 (2) 高水圧が生じる場所には，減圧弁を設置する。

解答▶(2)

問題⑮ 消防法の適用を受けるスプリンクラーに関する次の記述のうち，<u>不適当なものはどれか。</u>

(1) 平成19年の消防法改正により，一定規模以上のグループホーム等の小規模社会福祉施設にスプリンクラーの設置が義務付けられた。

(2) 水道直結式スプリンクラー設備の工事は，水道法に定める給水装置工事として指定給水装置工事事業者が施工する。

(3) 水道直結式スプリンクラー設備の設置で，分岐する配水管からスプリンクラーヘッドまでの水理計算及び給水管，給水用具の選定は，消防設備士が行う。

(4) 水道直結式スプリンクラー設備は，消防法令適合品を使用するとともに，給水装置の構造及び材質の基準に関する省令に適合した給水管，給水用具を用いる。

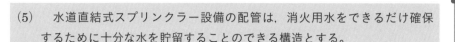

(5) 水道直結式スプリンクラー設備の配管は，消火用水をできるだけ確保するために十分な水を貯留することのできる構造とする。

解説 (5) 水道直結式スプリンクラー設備は，消火用水は不用で，停滞水が生じないような配管方式としなければならない。　　　　　　　　　　**解答▶(5)**

問題⑯　消防法の適用を受けるスプリンクラーに関する次の記述のうち，不適当なものはどれか。

(1)　水道直結式スプリンクラー設備は，消防法令に適合し，さらに給水装置の構造及び材質の基準に適合しなければならない。

(2)　災害その他正当な理由によって，一時的な断水や水圧低下等により水道直結式スプリンクラー設備の性能が十分発揮されない状況が生じても水道事業者に責任がない。

(3)　湿式配管による水道直結式スプリンクラー設備は，停滞水が生じないよう日常生活において常時使用する水洗便器や台所水栓等の末端給水栓までの配管途中に設置する。

(4)　乾式配管による水道直結式スプリンクラー設備は，給水管の分岐から電動弁までの間の停滞水をできるだけ少なくするため，給水管分岐部と電動弁との間を短くすることが望ましい。

(5)　水道直結式スプリンクラー設備の設置に当たり，分岐する配水管からスプリンクラーヘッドまでの水理計算及び給水管，給水用具の選定は，給水装置工事主任技術者が行う。

解説 (5) 水道直結式スプリンクラー設備の設置に当たり，分岐する配水管からスプリンクラーヘッドまでの水理計算及び給水管，給水用具の選定は，消防設備士が行う。　　　　　　　　　　　　　　　　　　　　　　　　　**解答▶(5)**

問題⑰　給水装置の維持管理に関する次の記述のうち，不適当なものはどれか。

(1)　給水装置工事主任技術者は，需要者が水道水の供給を受ける水道事業者の配水管からの分岐以降水道メーターまでの間の維持管理方法に関して，必要の都度需要者に情報提供する。

(2)　配水管からの分岐以降水道メーターまでの間で，水道事業者の負担で

漏水修繕する範囲は，水道事業者ごとに定められている。

(3)　水道メーターの下流側から末端給水用具までの間の維持管理は，すべて需要者の責任である。

(4)　需要者は，給水装置の維持管理に関する知識を有していない場合が多いので，給水装置工事主任技術者は，需要者から給水装置の異常を告げられたときには，漏水の見つけ方や漏水の予防方法等の情報を提供する。

(5)　指定給水装置工事事業者は，末端給水装置から供給された水道水の水質に関して異常があった場合には，まず給水用具等に異常がないか確認した後に水道事業者に報告しなければならない。

解説　(5) 指定給水装置工事事業者は，末端給水装置から供給された水道水の水質に関して異常があった場合には，<u>直ちに</u>水道事業者に連絡し水質検査を依頼する等，原因を究明するとともに，適切な対策を講じなければならない。　　**解答**▶**(5)**

問題⑱　**給水装置の異常現象に関する次の記述のうち，不適当なものはどれか。**

(1)　既設給水管に亜鉛めっき鋼管が使用されていると，内部に赤さびが発生しやすく，年月を経るとともに給水管断面が小さくなるので出水不良を起こすおそれがある。

(2)　水道水が赤褐色になる場合は，水道管内のさびがはく離・流出したものである。

(3)　配水管の工事等により断水すると，通水の際スケール等が水道メーターのストレーナに付着し出水不良となることがあるので，この場合はストレーナを清掃する。

(4)　配水管工事の際に水道水に砂や鉄粉が混入した場合，給水用具を損傷することもあるので，まず給水栓を取り外して，管内からこれらを除去する。

(5)　水道水から黒色の微細片が出る場合，止水栓や給水栓に使われているパッキンのゴムやフレキシブル管の内層部の樹脂等が劣化し，栓の開閉を行った際に細かく砕けて出てくるのが原因だと考えられる。

解説　(4) 配水管工事の際に水道水に砂や鉄粉が混入した場合，給水用具を損傷することもあるので，<u>水道メーター</u>を取り外して，管内からこれらを除去する。

問題⑲ 給水装置の異常現象に関する次の記述の正誤の組合せのうち，**適当なものはどれか。**

ア 給水管に硬質塩化ビニルライニング鋼管を使用していると，亜鉛めっき鋼管に比べて，内部にスケール（赤さび）が発生しやすく，年月を経るとともに給水管断面が小さくなるので出水不良を起こす。

イ 水道水は，無味無臭に近いものであるが，塩辛い味，苦い味，渋い味等が感じられる場合は，クロスコネクションのおそれがあるので，飲用前に一定時間管内の水を排水しなければならない。

ウ 埋設管が外力によってつぶれ小さな孔があいてしまった場合，給水時にエジェクタ作用によりこの孔から外部の汚水や異物を吸引することがある。

エ 給水装置工事主任技術者は，需要者から給水装置の異常を告げられ，依頼があった場合は，これらを調査し，原因究明とその改善を実施する。

	ア	イ	ウ	エ
(1)	誤	正	誤	正
(2)	正	正	誤	誤
(3)	誤	誤	正	正
(4)	正	誤	正	誤

解説 (3) ウ，エは記述のとおり。

ア 給水管に亜鉛めっき鋼管を使用していると，硬質塩化ビニルライニング鋼管に比べて，内部にスケール（赤さび）が発生しやすく，年月を経るとともに給水管断面が小さくなるので出水不良を起こす。この場合は，**配管の布設替え**が必要である。

イ 水道水は，無味無臭に近いものであるが，塩辛い味，苦い味，渋い味等が感じられる場合は，クロスコネクションのおそれがあるので，**直ちに飲用を停止**する。

解答▶(3)

問題解法のテクニック！ 少し慣れてきたところで，次の問題を例にとって問題解法のテクニックを考えてみましょう。

問題 ① 給水管の配管に当たっての留意事項に関する次の記述のうち，適当なものはどれか。
(1) 高水圧を生じるおそれのある場所には減圧弁を，貯湯湯沸器にあっては減圧弁及び定流量弁を設置する。
(2)〜(4) （略）

テクニック―その 1 まず，この問題は「適当なものはどれか。」を解答しなさいということです。検定試験は長丁場です。疲れのために，思い過ごしや不注意のために，始めから誤った方向で問題を読んでしまうことがあります。何を解答したらよいのかを十分に確認しましょう。

テクニック―その 2 設問をよく読んで，何度も読んで，キーワードを探しましょう。ここでは，「高水圧」と「減圧弁」，「貯湯湯沸器」と「減圧弁及び定流量弁」の関係が考えられます。

テクニック―その 3 キーワードの定義や意味が正しいかどうかを考えます。
「高水圧を生じるおそれのある場所には減圧弁を設置する」は，正しい。
「貯湯湯沸器にあっては減圧弁及び安全弁を設置する」が正しい記述です。

テクニック―その 4 ここでは 3 個のキーワードがありますが，1 個だけでも誤った記述があると設問にある「適当なもの」には該当しません。したがって，(1) は誤った記述になります。

テクニック―その 5 この作業を設問の (1)〜(4) まで繰り返し，問題の解答とします。慣ればスピードアップしてきます。がんばりましょう。

補足のテクニック 本書では前半の箇所は 3 章で，後半の箇所は 7 章で扱っています。このように複数の科目にまたがった出題もありますのでご注意を！

アドバイス

4章

給水装置の構造及び性能

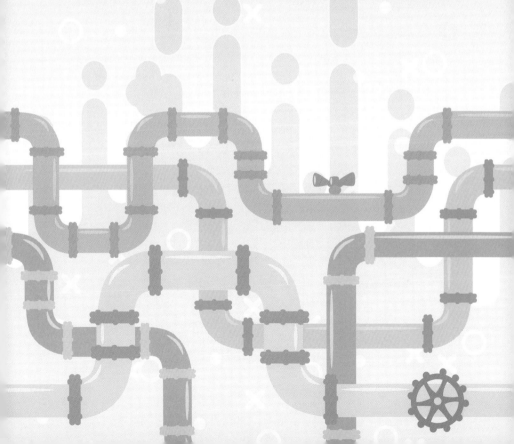

合格への道しるべ

　給水装置の構造及び性能からの出題数は 10 問で，合格最低基準は 4 問です。この科目は，検定試験の重要な柱となるものです。

❹・①「給水装置の構造及び材質の基準」の概要

- **水道法の規定**では，給水契約の拒否，給水の停止，指定給水装置工事事業者の指定等，重要な案件が出題されています。

❹・② 給水管及び給水用具の性能基準

- 給水装置の構造及び性能の 7 基準（耐圧性能基準，浸出性能基準，水撃限界性能基準，逆流防止性能基準，負圧破壊性能基準，耐寒性能基準，耐久性能基準）について，その目的，適用対象，適用対象除外，基準の内容などを十分に理解しておきましょう。七つの基準項目のなかから 3〜4 項目が毎年必ず出題されていますので，最重要項目としてマークしておきましょう。受験準備には念には念を入れて，高得点を目標にがんばってください。

❹・③ 給水装置のシステム基準

　「給水装置のシステム基準」として 6〜7 問題が出題されています。当然，範囲も広くなりますが，内容的には難解というほどでもありませんので，準備を怠らずに試験に臨めば得点ゲットの大きなチャンスです。がんばりましょう。

- 配管工事後の耐圧試験は，基本的な内容からの出題です。
- 水の汚染防止，水撃防止は最重要項目です。細目のすべてを暗記するほどの価値があります。ここも得点ゲットの大きなチャンスです。
- 侵食防止は，あまり勉強する機会の少なかった分野でしょう。範囲も広く少し手こずるかもしれませんが，実務と関連する内容も含まれていますので，さらに一歩前に進むつもりでがんばってみましょう。
- クロスコネクション禁止，逆流防止は，給水装置において最も注意しなければならない課題です。防止措置の方法，施工の留意点等からの出題があります。最重要項目です。
- 吐水口空間の確保による逆流防止措置は，「よく出る問題」を中心に準備を重ねてください。

4·1 「給水装置の構造及び材質の基準」の概要

1 「給水装置の構造及び材質」の趣旨

注意! ① 「給水装置の構造及び材質の基準」は，水道法16条に基づく水道事業者による**給水契約の拒否**や**給水停止**の権限を発動するか否かの判断に用いるためのものであるから，給水装置が有するべき**必要最小限**の要件を基準化している。

注意! ② 基準省令の技術的細目には，水道水の安全等を確保するために，耐圧，浸出，水撃限界，防食，逆流防止，耐寒，耐久の**7項目**の性能に係る基準が定められている。

注意! ③ 基準省令は，**性能基準**と**システム基準**からなる。

   a. **性能基準**は，個々の給水管及び給水用具が満たすべき性能及びその定量的な**判断基準**である。

   b. **システム基準**は，給水装置工事が適正に施行されたか否かの**判断基準**である。

④ 給水装置の構造及び材質の基準は**試験方法**まで含めて明確化されている。

重要 ⑤ ②の**性能基準**は，**耐圧，浸出，水撃限界，逆流防止**[*]**，負圧破壊**[*]**，耐寒及び耐久の7項目の性能に係る基準が定められている**。なお，これらの性能項目は，性能項目ごとに，その性能確保が不可欠な給水管や各給水用具に限定して適用される。

   [*] ②に示す逆流防止に関する基準である。

⑥ 給水装置工事は，給水装置の構造及び材質の基準に適合した（認証を受けた）製品を使用しなければならない。しかし，これらを使用していれば自動的に給水装置全体が基準に**適合する**ということではない。**給水システム全体**としての逆流防止，凍結防止，防食等の機能が必要である。

2 水道法の規定 （法第16条，法第16条の2）

重要 ① 水道事業者は，当該水道によって水の供給を受ける者の**給水装置の構造及び材質**が，**政令**で定める**基準に適合していない**ときは，**供給規程**の定め

るところにより，その者の**給水契約**の申込を**拒むこと**ができ，又はその者が給水装置をその**基準に適合**させるまでの間その者に対する**給水を停止**することができる。

重要 ② **水道事業者**は，当該水道によって水の供給を受ける者の**給水装置**が給水装置の構造及び材質の**基準に適合**することを確保するため，当該水道事業者の給水区域において給水装置工事を適正に施行することができると認められる者（**指定給水装置工事事業者**）**の指定**をすることができる。

③ **水道事業者**は，給水装置工事を適正に施行することができると認められる者の**指定**をしたときは，供給規程の定めるところにより，当該水道によって**水の供給を受ける者**の給水装置が当該水道事業者又は当該指定を受けた者（以下，「指定給水装置工事事業者」という）の施行した給水装置工事に係るものであることを**供給条件**とすることができる。

重要 ④ 水道事業者は，給水を受ける者の給水装置が，**指定給水装置工事事業者の施行**した**給水装置工事に係るものでない場合**には，**給水契約の申込みを拒み**，又はその者に対する**給水を停止する**ことができる。

⑤ 水道事業者は，既設の給水装置で，**構造材質基準に適合**しているか否か不明の場合でも，**需要者**が立証すること等により構造材質の基準に**適合**していることが確認されたときは，給水拒否等の措置を講ずる必要はない。

重要 （注）：給水装置が指定給水装置工事事業者の施行した給水装置工事**でない場合**も同様である。

⑥ 国土交通省令で定める給水装置の**軽微な変更**[けいび]*の場合も，給水拒否等の措置を講ずる必要はない。

 * 単独水栓の取替え及び補修並びにこま，パッキン等給水装置の末端に設置される給水用具の取替えとする。ただし，配管を伴わないものに限る。

③ 給水装置の検査 （法第 17 条）

重要 ① 水道事業者は，**日出後日没前に限り**，その職員をして，当該水道によって水の供給を受ける者の土地又は建物に立ち入り，給水装置を検査させることができる。

② ただし，人の看守し，若しくは人の住居に使用する建物又は**閉鎖された門内**に立ち入るときは，その看守者，居住者又はこれに代わるべき者の**同意**を得なければならない。

重要 ③　水道事業者は，**使用中の給水装置**について現場立入検査を行うことができる。

重要 ④　水道事業者は，水道管理技術者本人又はその者の監督の下，給水装置工事終了後の**竣工検査**を実施しなければならない。

4 「給水装置の構造及び材質」の基準（法施行令第6条第1項）出題ランク ★★☆☆☆

法施行令第6条で定める基準は次のとおりである。

重要 ①　配水管の取付口の位置は，他の給水装置の取付口から**30 cm**以上離れていること。

重要 ②　配水管への取付口における給水管の口径は，水の使用量に比し，**著しく過大でない**こと。

③　配水管の**水圧**に影響を及ぼすおそれのある**ポンプに直結されていない**こと。

④　**水圧**，**土圧**その他の荷重に対して**十分な耐力を有し**，かつ，水が汚染され，又は漏れるおそれがないこと。

⑤　凍結，破壊，**侵食**等を防止するための措置が講じられていること。

⑥　当該給水装置以外の水管その他の設備に**直接連結されていないこと**。

重要 ⑦　水槽，プール，流しその他水を入れ，又は受ける器具，施設等の給水する装置では，水の**逆流を防止**するための適当な措置が講じられていること*。

＊　p.114, 5「吐水口空間の確保による逆流防止措置」を参照。

4・2 給水管及び給水用具の性能基準

1 給水管及び給水用具の性能基準の適用

重要 ① 給水管及び給水用具の性能基準は，基準省令に定められている個々の給水管及び給水用具が満たすべき性能基準である。

注意! ② 給水管及び給水用具の性能基準の適用を表4・1に示す。

重要 ③ **給水管**は，**耐圧性能**と**浸出性能**の基準を満たす必要がある。

注意! ④ **逆止弁**（減圧式逆流防止器を除く）は，**耐圧性能**，**逆流防止性能**及び**耐久性能**の基準を満たす必要がある。

⑤ **浄水器**は，**耐圧性能**，**浸出性能**及び**逆流防止性能**の基準を満たす必要がある。

⮟ 表4・1　給水管及び給水用具に適用される性能基準

性能基準 / 給水管及び給水用具	耐 圧	浸 出	水撃限界	逆流防止	負圧破壊	耐 寒	耐 久
給　水　管	●	●	—	—	—	—	—
給水栓・ボールタップ	●	○	○	○	○	○	—
バ　ル　ブ	●	○	○	—	—	○	○
継　　　手	●	○	—	—	—	—	—
浄　水　器	○	●	—	○	—	—	—
湯　沸　器	○	○	○	○	○	○	—
逆　止　弁	●	○	—	●	○	—	●
ユニット化装置（流し台，洗面台，浴槽，便器等）	●	○	○	○	○	○	—
自動食器洗い機，ウォータクーラ，洗浄便座等	●	○	○	○	○	○	—

（凡例）● : 常に適用される性能基準

　　　　○ : 給水用具の種類，用途，設置場所により適用される性能基準

　　　　— : 適用外

② 耐圧性能基準

1 基準の目的

 　耐圧性能基準は，水道の水圧により給水装置に水漏れ，破損等が生じることを防止するためのものである。

2 適用対象

① **すべての給水管**及び**給水用具**が対象である。

重要② 　①において，**最終の止水機構**の**流出側**に設置される給水用具は，最終の止水機構を**閉止**することにより漏水等を防止できること，**高水圧**が加わらないこと等から耐圧性能基準の適用対象から**除外**されている。

3 適用対象除外

注意!① 　**大気圧式バキュームブレーカ**，**シャワーヘッド**等は，前述②の理由により適用対象から除外されている。

② 　止水機構を有する器具（**水栓のカラン等**）で，器具の流出側が大気に開口されているものの二次側の部分については，耐圧性能基準は適用されない。

4 耐圧に関する基準

重要① 　**給水装置**[*1]は，厚生労働大臣が定める耐圧性能試験により **1.75 MPa**[*2]の**静水圧を 1 分間**加えたとき，水漏れ，変形，破損その他の異常を生じないこと。

　*1　次の②に規定する給水用具及び③に規定する加熱用の水路を除く。
　*2　「メガパスカル」と読み，圧力の単位を表す。

注意!② 　**加圧装置**及び当該加圧装置の下流側に設置されている給水用具（次に掲げる要件を満たすものに限る[*]）は，耐圧性能試験により当該加圧装置の**最大吐出圧力の静水圧を 1 分間**加えたとき，水漏れ，変形，破損その他の異常を生じないこと。

　*　a．当該加圧装置を内蔵するもの
　　b．減圧弁が設置されているもの
　　c．b．の減圧弁の下流側に当該加圧装置が設置されているもの
　　d．当該加圧装置の下流側に設置されている給水用具について，b．の減圧弁を通さない水との接続がない構造のもの

③ 「熱交換器が給湯及び浴槽内の水等の加熱に兼用する構造の場合」については，p.66, 3・1 節「10 配管工事」を参照。

重要 ④ **パッキンを水圧で圧縮**することにより水密性を確保する構造の給水用具は，耐圧性能試験により **1.75 MPa** の静水圧を **1 分間**加えたとき，水漏れ，変形，破損その他の異常を生じない性能を有するとともに，**20 kPa***の**静水圧を 1 分間**加えたとき，水漏れ，変形，破損その他の異常を生じないこととされている。

　　＊ 「キロパスカル」と読み，**1 MPa＝1,000 kPa** を表す。

③ 浸出性能基準

1 基準の目的

重要　浸出性能基準は，給水装置から金属などが浸出し，**飲用**に供される水が汚染されることを防止するためのものである。

2 適用対象

重要 ① 浸出性能基準の適用対象は，通常の使用状態において**飲用に供する水が接触**する可能性がある給水管及び給水用具に**限定**される。

② 浸出性能基準の適用対象は，次のとおりである。

注意! a. **給水管**

注意! b. **末端給水用具以外の給水用具（継手類，バルブ類，受水槽用ボールタップ**，先止め式瞬間湯沸器，貯湯湯沸器）

注意! c. **末端給水用具（**台所や**洗面所用の水栓，元止め式瞬間湯沸器**，貯蔵湯沸器，浄水器*，自動販売機，ウォータークーラー）

　　＊ 先止め式及び元止め式で浄水器と水栓が一体として製造・販売されているもの

3 適用対象除外

重要 ① **ふろ用の水栓，洗髪用の水栓，食器洗浄用の水栓，水洗便所のロータンク用ボールタップ，散水栓，温水洗浄便座，洗浄弁，ふろ給湯専用の給湯機**及びふろがま，**自動食器洗い機**は，浸出性能基準の適用対象外である。

② 浄水器で浄水器単独で製造・販売され，消費者が取り付けるものは，浸出性能基準の適用対象外である。

③　営業用として使用される**自動販売機**や**製氷機**は，給水管との接続口から給水用具内の吐水口までの間の部分について評価を行えばよい。

 ④　浸出性能試験では，最終製品で行う**器具試験**のほか，**部品試験や材料試験も選択できる**。ただし，**金属材料については材料試験を行うことはできない**。

（4）水撃限界性能基準

出題ランク ★★★★★

1 基準の目的

　　水撃限界性能基準は，給水用具の止水機構が急閉止する際に生じる**水撃作用**により，給水装置に**破壊**などが生じることを防止するためのものである。

2 適用対象

　　水撃限界性能基準の適用対象は，水撃作用*を生じるおそれのある給水用具をいい，**水栓（主にシングルレバー水栓）**，**ボールタップ**，**電磁弁**（電磁弁内蔵の全自動洗濯機，食器洗い機等），**元止め式瞬間湯沸器**等がこれに該当する。

*　止水機構を急に閉じた際に管路内に生じる圧力の急激な変動作用をいう。

3 適用対象除外

 ①　水撃限界性能基準は，水撃発生防止仕様の給水用具であるか否かを判断する基準である。水撃作用を生じるおそれのある給水用具は，すべてこの基準を満たしていなければならないわけではない。

 ②　水撃限界性能基準を満たしていない給水用具を使用する場合は，別途この基準を満たした**水撃防止器具**（エアチャンバ等）を当該給水用具の**上流側**に近接して設置すれば，全体として水撃限界性能基準を満たしているものとみなされる。

4 水撃限界に関する基準

重要 ① 水撃作用を生じるおそれのある給水用具は，給水用具内の流速 **2 m/秒** ＊ 又は**動水圧を 0.15 MPa** とする条件において，給水用具の**止水機構**を急閉止したとき，その**水撃作用**により上昇する水圧が **1.5 MPa** 以下でなければならない。

　＊ 「メートル毎秒（まいびょう）」と読み，流速を表す。

重要 ② 湯水混合水栓は，同一仕様の止水機構が水側及び湯側に付いている場合は，**いずれか一方**の**止水機構**について**試験を行えばよい**。

5 逆流防止性能基準

出題ランク ★★★★★

1 基準の目的

重要 逆流防止性能基準は，給水装置を通じての汚水の逆流により，水道水の汚染や公衆衛生上の問題が生じることを防止するものである。

2 適用対象

注意! ① 逆流防止性能基準の適用対象は，**逆止弁**，**減圧式逆流防止器**及び**逆流防止装置を内部に備えた給水用具**である。

注意! ② 減圧式逆流防止器は，厚生労働大臣が定める**逆流防止性能試験**及び**負圧破壊性能試験**により所定の性能を有するもので，**信頼性の高い**逆流防止器である。

3 逆流防止に関する基準

① 次の②〜④に掲げる逆流を防止するための性能を有する給水用具が，水の逆流を防止することができる適切な箇所に設置されていること。

重要 ② **減圧式逆流防止器**は，**逆流防止性能試験**により **3 kPa** 及び **1.5 MPa** の静水圧を **1 分間**加えたとき，水漏れ，変形，破損その他の異常を生じないとともに，**負圧破壊性能試験**により**流入側から −54 kPa** の圧力を加えたとき，減圧式逆流防止器に接続した透明管内の水位の上昇が **3 mm** を超えないこと。

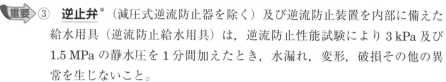

重要 ③ **逆止弁***（減圧式逆流防止器を除く）及び逆流防止装置を内部に備えた給水用具（逆流防止給水用具）は，逆流防止性能試験により 3 kPa 及び 1.5 MPa の静水圧を 1 分間加えたとき，水漏れ，変形，破損その他の異常を生じないこと。

重要 * 逆止弁等は，一次側と二次側の圧力差がほとんどないときも，二次側から水撃圧等の高水圧が加わったときも，ともに水の逆流を防止できるものとする。

④ 水が逆流するおそれのある箇所では，**逆流防止性能**基準若しくは**負圧破壊性能**基準，又は規定の**吐水口空間**（とすいこう）の確保のいずれかが要求されている。この要求を満たしたうえで，本試験を行っていない逆止弁等を付加することは支障がない。

次項の「負圧破壊性能基準」においても同様である。

6 負圧破壊性能基準

出題ランク ★★★★★

1 適用対象

注意！ ① 負圧破壊性能基準の適用対象は，**バキュームブレーカ**，負圧破壊装置を内部に備えた給水用具及び吐水口一体型給水用具である。

注意！ ② **バキュームブレーカ**とは，器具単独で販売され，水受け容器からの取付けの高さが施工時に変更可能なものをいい，圧力式と大気圧式がある。

③ **負圧破壊装置を内部に備えた給水用具**は，給水用具自体に負圧破壊装置が組み込まれ，製品の仕様として**負圧破壊装置**の位置は一定に**固定**されている。**吐水口水没型ボールタップ**，大便器洗浄弁等がある。

注意！ ④ **吐水口一体型給水用具**は，水受け部と吐水口が一体の構造で，かつ，水受け部の**越流面**と**吐水口**の間が**分離**されていることによって水の逆流を防止するものである。**ボールタップ付ロータンク**，**貯蔵湯沸器**，自動販売機，冷水機等がある。

2 負圧破壊に関する基準

重要 ① **バキュームブレーカ**は，負圧破壊性能試験により**流入側**から **−54 kPa** の圧力を加えたとき，バキュームブレーカに接続した透明管内の水位の上昇が **75 mm** を超えないこと。

注意! ② バキュームブレーカとは，器具単独で販売され，水受け容器からの取付け高さが施工時に変更可能なものをいう。

重要 ③ バキュームブレーカ（水受け容器）は，その越流面の上方 150 mm 以上の位置に設置されていること。

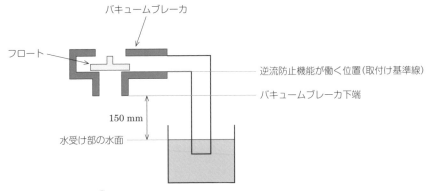

フロート

バキュームブレーカ

逆流防止機能が働く位置（取付け基準線）

バキュームブレーカ下端

150 mm

水受け部の水面

◇ 図 4・1　バキュームブレーカの負圧破壊性能試験

注意! ④ **負圧破壊装置を内部に備えた給水用具***は，負圧破壊性能試験により**流入側**から**−54 kPa** の圧力を加えたとき，当該給水用具に接続した透明管内の水位の上昇が次のとおりとする。

　＊　負圧破壊装置を給水用具から取り外して試験を行っても差し支えない。

注意! a. **バキュームブレーカ**を内部に備えた給水用具においては逆流防止機能が働く位置から水受け部の水面までの**垂直距離の 1/2** を超えないこと。

b. **バキュームブレーカ以外**の負圧破壊装置を内部に備えた給水用具においては吸気口に接続している管と流入管の接続部分の最下端又は吸気口の最下端のうちいずれか低い点から水面までの**垂直距離の 1/2***を超えないこと。

　＊　試験では，吸気口に接続している管と流入管の接続部分の最下端又は吸気口の最下端のうち，いずれか低い点から水面までの距離を判断基準とする。

注意! ⑤ **吐水口一体型給水用具**は，負圧破壊性能試験により**流入側**から**−54 kPa** の圧力を加えたとき，吐水口から水を引き込まないこと。

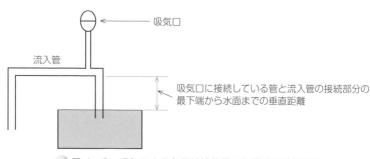

流入管

吸気口

吸気口に接続している管と流入管の接続部分の
最下端から水面までの垂直距離

▲ 図4・2　吸気による負圧破壊装置の負圧破壊性能試験

（7）耐寒性能基準

出題ランク
★★★★★

1　基準の目的

注意！　　耐寒性能基準は，給水用具内の水が凍結し，**給水用具に破壊**等が生じる
ことを防止するためのものである。

2　適用対象

　耐寒性能基準の適用対象は，凍結のおそれのある場所に設置されている**減圧
弁，逃し弁，逆止弁，空気弁，電磁弁**がある。

3　耐寒に関する基準

重要 ①　屋外で気温が著しく低下しやすい場所，その他**凍結のおそれのある場所**
に設置する給水装置のうち，**減圧弁，逃し弁，逆止弁，空気弁及び電磁弁**
（以下「**弁類**[*]」という）は，**耐久性能試験**により **10 万回の開閉操作**を繰
り返し，かつ，**耐寒性能試験**により**−20±2 ℃の温度で 1 時間保持**した
のち通水したとき，当該給水装置に係る**耐圧性能，水撃限界性能，逆流防
止性能**及び**負圧破壊性能**を有するものでなければならない。

②　上記の**弁類以外**[*]の給水装置は，耐寒性能試験により−20±2 ℃の温度
で 1 時間保持したのち通水したとき，当該給水装置に係る耐圧性能，水
撃防止性能，逆流防止性能及び負圧破壊性能を有するものでなければなら
ない。耐久性能試験は必要がない。

＊　①の**弁類**と②の**弁類以外**の違いは，**弁類**は**耐寒性能試験**の**前**に**耐久性能試験**を実施するこ
とである。

重要 ③ 耐寒性能基準は，寒冷地仕様の給水用具であるか否かの判断基準となる
ものであるが，凍結のおそれのある場所に設置される給水用具が**すべて耐
寒性能基準を満たしている必要はない**。

注意! ④ 凍結のおそれのある場所に設置する給水用具で，耐寒性能基準を満たし
ていない場合は，**断熱材**で被覆する等の**凍結防止措置**を講じる。

重要 ⑤ 耐寒性能基準で，凍結防止の方法は，**水抜きに限定されて**いない。**ヒー
タで加熱する等の方法**も認められている。

重要 ⑥ 低温に暴露した後に確認すべき性能基準項目から**浸出性能を除いた**の
は，低温暴露により材質等が変化することは考えられず，浸出性能に変化
が生じることはないと考えられることによる。

8 耐久性能基準

1 基準の目的

注意! 　**耐久性能基準**は，頻繁な作動を繰り返すうちに弁類が故障し，その結
果，給水装置の耐圧性，逆流防止等に支障が生じることを防止するための
ものである。

2 耐久に関する基準

重要 ① **弁類**（耐寒性能が求められるものは除く）は，**耐久性能試験**により**10
万回の開閉操作**を繰り返した後，**耐圧性能**，**水撃限界性能**，**逆流防止性
能**，**負圧破壊性能**を有するものでなければならない。

② 10万回の開閉操作後確認すべき性能基準項目から**浸出性能を除いた**の
は，開閉作動により材質等が変化することは考えられず，浸出性能に変化
が生じることはないと考えられることによる。

重要 ③ 開閉回数は，弁の「開」及び「閉」の動作をもって1回と数える。

3 適用対象

重要 ① 耐久性能基準の**適用対象**は，弁類のうち機械的，自動的に頻繁に作動
し，かつ通常消費者が自らの**意思で選択，又は設置や交換しないような弁
類**である。ただし，耐寒性能が求められるものを除く*。

　* 耐寒性能基準には耐久性能基準が規定されているため，重複を排除している。

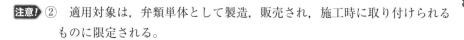

注意! ② 適用対象は，弁類単体として製造，販売され，施工時に取り付けられるものに限定される。

4 適用対象除外

注意! 　**水栓**や**ボールタップ**は，通常故障が発見しやすい箇所に設置されており，耐久の度合いに基づく製品の選択は消費者に委ねることができることから，適用対象とならない。

4·3 給水装置のシステム基準

出題ランク
★★★★★

① 配管工事後の耐圧試験

注意! ① 給水装置の**接合箇所**は，水圧に対する十分な耐力を確保するためにその構造及び材質に応じた**適切**な**接合**が行われていなければならない。

重要 ② 配管工事後の耐圧試験の試験水圧は**定量的な基準はなく**，**水道事業者**が給水区域内の**実情**を考慮し，試験水圧を定めることができる。

注意! ③ 新設工事の場合は，試験水圧 **1.75 MPa**，**保持時間 1 分**の耐圧試験を行うことが望ましい。

重要 ④ 給水管の布設後に行う耐圧試験は，加圧圧力や加圧時間を適切な大きさ，長さにしなくてはならない。過大にすると柔軟性のある合成樹脂管や分水栓等の給水用具を損傷するおそれがある。

注意! ⑤ 水道給水用ポリエチレン二層管，架橋ポリエチレン管，ポリブテン管は柔軟性があるので，1.75 MPa の水圧をかけると，管が膨張し圧力が低下する*ことに注意しなければならない。

  ＊ これは管の特性であり，気温，水温等で圧力低下の状況が異なる。

重要 ⑥ 止水栓や分水栓の耐圧性能は，弁を「**開**」の状態にしたときの性能で，止水性能を確認するための試験ではない。

② 水の汚染防止

出題ランク
★★★★★

注意! ① **飲用**に供する水を供給する給水装置は，**浸出性能基準**に適合していなければならない。

重要 ② 鉛製給水管が残存している給水装置において変更工事を行うときは，併せて鉛製給水管の**布設替え**を行う。

重要 ③ 末端部が行止まりとなる給水管は，停滞水が生じ，水質が悪化するおそれがあるため極力避ける。構造上やむを得ず行止まり管となる場合は，末端部に**排水機構**を設置する。

  a. **排水機構**は，給水管の末端から分岐し，止水用具，逆止弁，排水ますを設置し，ます内に吐水口空間を設けて**間接排水**とする。

  b. 排水量を把握できる**流量計**を設けることが望ましい。

c. 排水ますからは，下水又は側溝に排水する。

注意! ④ **学校等**のように一時的，季節的に使用されないことのある給水装置は，給水管内に長期間水の停滞を生じることがあるため，適量の水を適時飲用以外で使用することにより，その水の衛生性を確保する。

重要 ⑤ 給水管路の途中に**シアン，六価クロム等の有毒薬品置場**，有害物の取扱い場，汚水槽等の汚染源がある場合は，**汚染源から給水管が汚染されないところまで離して**給水管を配管する。

注意! ⑥ **鉱油類（ガソリン等），有機溶剤油類（塗料，シンナー等）**等が浸透するおそれのある場所*に設置されている給水装置には，次に示すような適切な**防護措置**を施す。

＊ ガソリンスタンド，自動車整備工場，有機溶剤取扱所

a. 当該油類が浸透するおそれのない鋼管，ステンレス鋼管，銅管等の**金属管**を使用する。

重要 b. 硬質ポリ塩化ビニル管，ポリエチレン二層管，水道用ポリエチレン管，架橋ポリエチレン管，ポリブテン管等の**合成樹脂管は使用しない**。やむを得ず合成樹脂管を使用する場合は，**さや管**を用いる。

重要 ⑦ 給水管の接合作業の際に，接着剤，切削油，シール材等の使用が不適切な場合は水道水から油臭，薬品臭等が発生することがあるので，必要最小限の材料を使用し，適切な接合作業を行う。

3 水撃防止

出題ランク ★★★★★

1 水撃作用の発生

重要 ① **水撃作用**（ウォータハンマ）とは，給水用具の止水機構を急に閉止した際に管路内に生じる**圧力**の**急激**な**変動作用**をいう。

注意! ② 水撃作用が発生すると配管に**振動**や**異常音**がおこり，頻繁に発生すると管の破損や継手に緩みが生じて**漏水の原因**となる。

注意! ③ 水栓，ボールタップ，電磁弁，元止め式瞬間湯沸器等の給水用具は，水撃作用が発生しやすい。

④ **管内圧力**が高いところ，**空気**が抜けにくい鳥居配管等のように屈折の多い箇所は水撃作用が増幅しやすい。

2　水撃作用の防止措置

注意! ①　水撃作用の衝撃圧は**流速に比例**するので，給水管内の**流速**を **1.5～2.0 m/秒以下**とする。

注意! ②　水撃作用が発生するおそれのある場所には，**減圧弁**や**定流量弁**を設置し，必要に応じて**その手前**に近接して水撃防止器具（**エアチャンバ等**）を設置する。

注意! ③　ボールタップは，複式，親子 2 球式，副弁付き定水位弁等を用いる。

重要 ④　水槽にボールタップで給水する場合は，**波立ち防止板**を設置する。

④　侵食防止

出題ランク
★★★★

1　侵食防止の基本

①　**酸**又は**アルカリ**によって侵食されるおそれのある場所に設置されている給水装置は，酸又はアルカリに対する**耐食性**を有する材質のもの又は**防食材**で被覆する。

注意! ②　**漏洩電流**により侵食されるおそれのある場所に設置されている給水装置は，**非金属製**の材質のもの又は**絶縁材**で被覆する。

2　侵食の種類

1　侵食現象

①　侵食（腐食）は，金属が環境により化学的に侵食される現象である。

②　腐食の形態には全面腐食と局部腐食とがあるが，局部腐食のほうが漏水の発生が早い。

侵食
- 電気侵食
  - 漏洩電流による侵食
  - 干渉による侵食
- 自然侵食
  - マクロセル侵食
    - 異種金属接触侵食
    - コンクリート／土壌系侵食
    - 通気差侵食
  - ミクロセル侵食
    - 一般土壌侵食
    - バクテリア侵食
    - 大気中の侵食

図 4・3　侵食の種類

③ 侵食には，電気侵食（電食）と自然侵食がある。

2 電気侵食（電食）

① **電気侵食**には，漏洩電流による侵食と干渉による侵食がある。

重要 ② **漏洩電流**による侵食は，金属管が鉄道，変電所等に近接して埋設されている場合に，漏洩電流による電気分解作用により侵食を受ける。このとき**電流**が金属管から**流出する部分**に侵食が起きる。これを**電食**という。

注意! ③ **干渉**による侵食は，埋設金属体に外部電源装置，排流器によって電気防食をしたとき，これに近接する他の埋設金属体に防食電流が流入し，**流出するところ**に侵食が発生する侵食をいう。

3 自然腐食

① **自然腐食**には，マクロセル腐食とミクロセル腐食がある。

重要 ② **マクロセル侵食**とは，埋設状態にある金属材質，土壌，乾湿，通気性，pH 値，溶解成分の違い等の異種環境での**電池作用**による侵食をいう。

③ マクロセル腐食には，異種金属接触腐食，コンクリート/土壌系腐食，通気差腐食等がある。

重要 ④ **異種金属接触腐食**は，埋設された金属管が異なった金属の管や継手，ボルト等と接続されているときに発生する腐食をいい，次のような特徴がある（図 4・4 参照）。

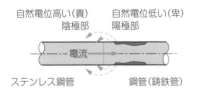
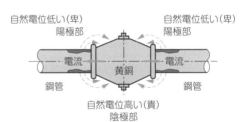

❤ 図 4・4　異種金属接触による侵食

重要 a. **イオン化傾向の大きな**金属（**自然電位が低い**）とイオン化傾向の小さい金属（自然電位が高い）が接続されていると，電池が形成され**自然電位の低い金属**が**陽極**となり**腐食**する。

b. イオン化傾向の**大きな金属**を**卑**な金属，イオン化傾向の**小さい金属**を**貴**な金属という。

注意! c. 鉄とステンレス鋼では鉄が卑の金属となり腐食する。鋼（鉄）と黄銅では鋼が卑な金属となり腐食する。

d. 異なった**二つの金属**の**電位差**が**大きい**ほど，**自然電位**の**低い金属**に比べ**自然電位の高い金属の表面積**が**大きい**ほど侵食が促進される。

重要⑤ **コンクリート/土壌系腐食**は，地中に埋設した**鋼管**が部分的に**コンクリート**と**接触**している場合，アルカリ性のコンクリートに**接している部分**の電位が，コンクリートと**接触していない部分**より**高く**なって腐食電池が形成され，**コンクリート**と**接触していない部分**（土壌部分）が**侵食**される（図4・5参照）。

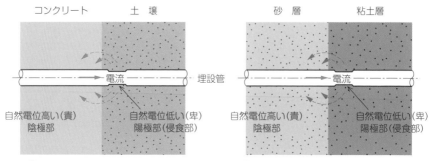

図4・5 コンクリート/土壌系腐食 　　　　図4・6 異種土壌による通気差腐食

注意！⑥ **通気差腐食**は，空気の通気性の良い土壌と悪い土壌にまたがっている配管に起こる腐食をいう。電位の低いほうが侵食する。また，埋設深さの差，湿潤状態の差，地表の遮断物による通気差が起因して発生する場合がある（図4・6参照）。

注意！⑦ **ミクロセル腐食**は，**腐食性**の高い土壌，**バクテリア**等によって起こる腐食である。

3 防食工

1 電食防止措置

① **電気的絶縁物により管を被覆する方法**は，ポリウレタン等のプラスチックで外面を被覆し，漏洩電流の流出入を防止する。

注意！② **絶縁物による遮蔽による方法**は，軌条と管との間にアスファルトコンクリート板又はその他の**絶縁物**を介在させ，軌条からの漏洩電流の通路を遮蔽し，漏洩電流の流出入を防ぐ方法である。

③ **絶縁接続法**は，管路に電気的絶縁継手を挿入し，管の**電気的抵抗を大きくし**，漏洩電流を減少させる。

2 　管内面の防食工

注意! ①　鋳鉄管からサドル付分水栓等により穿孔，分岐した通水口には**防食コア**を挿入する。

②　鋳鉄管の切管には，切り口面に**ダクタイル管補修用塗料**を塗布する。

③　鋼管のねじ**継手**には，**管端防食継手**を使用する。

3 　管外面の防食工

注意! ①　管外面の防食工には，ポリエチレンスリーブ，防食テープ，防食塗料を用いる方法のほか，外面被覆管を使用する方法がある。

注意! ②　**ポリエチレンスリーブによる方法**は，管外面をポリエチレンスリーブで被覆し，粘着テープ等で密着及び固定する。このとき，管継手部の凹凸にスリーブがなじむように十分なた·る·み·を持たせ，埋戻し時に継手の形状に無理なく密着するように施工する。

5 クロスコネクションの禁止

①　**クロスコネクション**とは，給水装置を当該給水装置以外の水管，その他の設備に直接連結することをいう。

重要 ②　クロスコネクションは，水圧状況によって**給水装置内**に工業用水，排水，化学薬品，ガス等が**逆流**するとともに，配水管を経由して他の需要者にまでその汚染が拡大する非常に**危険な配管**であるので，**絶対に避けなければならない。**

重要 ③　次のような場合は，給水装置と当該給水装置以外の水管とを**仕切弁**，**逆流防止装置（逆止弁）**を介して接続しても**クロスコネクション**となる。また，**一時的な仮設**であってもこれらを直接連結してはならない。

重要 a.　給水装置と**井戸水**，**工業用水**，**事業活動で用いられている液体の管**を接続すること。

重要 b.　**給水装置と受水槽以下の配管**を接続すること。

c.　給水装置と冷温水**補給水管**，冷却水**補給水管**を接続すること。

d.　湯水混合水栓に給水装置と**温泉水**を接続すること。

④　工業用水，再生利用水，受水槽以下の管等を給水装置と近接して配管する場合は，誤接合を防止するため管の外面にその用途が識別できる表示をする。

6 逆流防止

1 逆サイホン作用

① 給水装置は，通常は**有圧**で給水しているため外部から水が流入することはない。しかし，断水，漏水等により逆圧又は**負圧**が生じた場合は，**逆サイホン作用**により貯留水等が**逆流**するおそれがある。

② 水が逆流するおそれのある箇所では，末端の給水用具又は末端給水用具の直近の**上流側**において，次のいずれかの方法をとり汚染を防止する。

　重要　a. **逆流防止性能**基準に適合する給水用具を設置する。

　重要　b. **負圧破壊性能**基準に適合する給水用具を設置する。

　重要　c. 規定の**吐水口空間**を確保する。

　　　　d. 減圧式逆流防止器を設置する。

2 逆流防止性能及び負圧破壊性能による逆流防止措置

給水装置の末端に水受け容器と給水装置をユニット化した製品＊を設置する場合は，**自己認証**又は**第三者認証制度**によって，その製品が逆流防止性能又は負圧破壊性能を有していることを確認する。

> ＊ 浴槽に直結し自動給湯する給湯機及び給湯付きふろがま，食器洗い機，温水洗浄便座，コーヒー・清涼飲料水等の自動販売機，製氷機等の電気機器類等。

3 バキュームブレーカによる逆流防止措置

　重要　① 負圧破壊性能を有するバキュームブレーカの下端又は逆流防止機能が働く位置（取付基準線）と**水受け容器**の**越流面上方**との間隔は **150 mm** 以上確保する（図4·7参照）。

　注意！　② 大気圧式バキュームブレーカは，最終の止水機構の**下流側**で，水受け容器の越流面から **150 mm** 以上高い位置に設置する（図4·7（a）参照）。

　重要　③ 圧力式バキュームブレーカは，最終の止水機構の**上流側**で，水受け容器の越流面から **150 mm** 以上高い位置に設置する。なお，バキュームブレーカに**逆圧**（背圧）**がかかるところには設置できない**（図4·7（b）参照）。

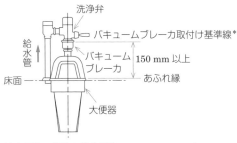

(空気調和・衛生工学会規格 SHASE-S206-2019)
(給排水衛生設備規準・同解説)

(a) 大気圧式

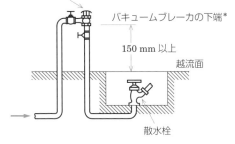

(b) 圧力式

* 取付け基準線が明確なバキュームブレーカは，取付
け基準線から水受け容器の越流面との間隔を 150
mm 以上確保する.

⌃ 図4・7 バキュームブレーカの設置位置[*g]

4 逆止弁による逆流防止措置

重要 ① 逆止弁は，逆圧により逆止弁の二次側の水が一次側に逆流するのを防止
する給水用具である。

② ばねや自重で弁体を弁座に密着させ逆流を防止する逆止弁は，シール部
分に夾雑物が挟まったり，また，シール材の摩耗や劣化により逆流防止性
能を失うおそれがあるので，**使用を避けるべき**である。

③ 減圧式逆流防止器は，構造が複雑であり，機能を良好な状態に確保する
ためにはテストコックを用いた定期的な性能確認及び維持管理が必要であ
る。

5 吐水口空間の確保による逆流防止措置

1 吐水口空間の基本

注意 ① **吐水口空間**とは，吐水口の**最下端**から越流面までの垂直距離及び近接壁[*1]から吐水口の中心[*2]までの水平距離をいう。

> *1 吐水口と水を受ける水槽の壁が近接していると，壁に沿った空気の流れによって壁を伝わって水が逆流する。これを防止するため吐水口と壁からの距離を確保する必要がある。
>
> *2 25 mm を超える場合は吐水口の最下端

注意 ② **越流面**とは，洗面器等の場合は当該水受け容器の上端をいう。
また，水槽等の場合は，**立取出しでは越流管の上端，横取出しでは越流管の中心をいう**。

③ **吐水口空間の確保**は，水の逆流防止に**最も確実**な手段であり，給水用具の内部で確保してもよい。

④ 吐水口空間を図 4·8 に示す。

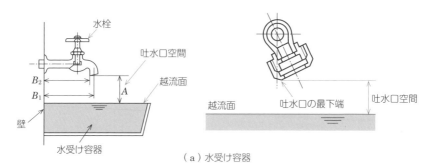

（a）水受け容器

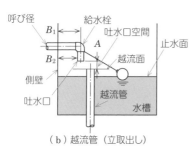

（b）越流管（立取出し）

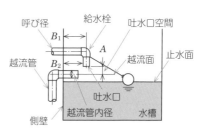

（c）越流管（横取出し）

（注） 図中の B_1 は呼び径 **25 mm 以下**の場合，B_2 は呼び径 **25 mm を超える**場合を示す。

▲ 図 4·8 吐水口空間

2 呼び径 25 mm 以下の吐水口空間

① 呼び径 25 mm 以下の吐水口空間を表 4・2 に示す。

注意! ② 給水管の呼び径が **20 mm を超え 25 mm 以下**の場合，近接壁から吐水口の中心までの水平距離（B_1）及び越流面から吐水口の最下端までの垂直距離（A）は 50 mm 以上とする（表 4・2 参照）。

表 4・2　吐水口空間（呼び径 25 mm 以下の場合）

呼び径の区分	近接壁から吐水口の中心までの水平距離 B_1	越流面から吐水口の最下端までの垂直距離 A
13 mm 以下	25 mm 以上	25 mm 以上
13 mm を超え 20 mm 以下	40 mm 以上	40 mm 以上
20 mm を超え 25 mm 以下	50 mm 以上	50 mm 以上

重要 ③ 吐水口を有する給水装置から**浴槽***に給水する場合は，越流面からの吐水口空間は **50 mm** 以上を確保する。

*　吐水口一体型給水用具を除く。

重要 ④ 吐水口を有する給水装置から**プール**のように水面が波立ちやすい水槽，洗剤や薬品を扱う水槽に給水する給水装置*は，**200 mm** 以上の吐水口空間を設ける。

*　吐水口一体型給水用具を除く。

3 呼び径 25 mm を超える吐水口空間

① 呼び径が 25 mm を超える場合は，近接壁の影響がある場合と，影響がない場合によって異なる。

② 双方とも，有効開口の内径 d' を次のように算出する。

③ 有効開口の内径 d' は，「吐水口の内径 d」，「こま押さえ部分の内径」，「給水栓の接続管の内径」，の三つのうちの**最小内径**を用いる。

④ 吐水口の断面が長方形の場合は，**長辺**を d とする。

⑤ 吐水口空間の値は，近接壁の影響の度合い，有効開口の内径，吐水口の内径 d の何倍かによって求めることができる。

6 有害物質を扱う工場等の給水装置

重要 　事業活動に伴い，化学薬品工場，めっき工場，クリーニング店等，水を汚染するおそれのある**有害物質を扱う場所**の給水装置は，**受水槽式**として水の汚染を防止する。

7 寒冷地対策

1 凍結防止の基本

① 　凍結のおそれのある場所の**屋外配管**は，次のような凍結防止対策をとる。

注意! 　a. 屋外配管は，原則として土中に埋設し，凍結深度より**深く**埋設する。

注意! 　b. 凍結深度は，**地中**温度が0℃になるまでの地表からの深さをいう。気象条件，**土質や含水率**によって支配される。

注意! 　c. 下水道管等の**地下埋設物**の関係で，やむを得ず凍結深度より**浅く**布設する場合，又は擁壁，側溝，水路等の側壁からの離隔が十分に取れない場合等，凍結深度内に給水装置を設置する場合は**保温材**（発泡スチロール等）で適切な**防寒措置**を講じる。

　d. 屋外の露出配管は，保温材で適切な防寒措置を施すか，又は水抜き用の給水用具を設置する。

② 　凍結のおそれのある場所の**屋内配管**は，保温材で適切な防寒措置を施すか，又は管内の水を容易に排出できる位置に**水抜き用の給水用具**[*]（不凍栓類）を設置する。

　* 　配管の途中に設置し，流出側配管の水を地中に排出して凍結を防止する給水用具である。

③ 　凍結のおそれのある給水装置には，**保温材**で適切な防寒措置を講じる。

実戦力アップの ツボ　　　　　　水の汚染防止と逆流防止

　次の2か所に記述されている内容は，混同しやすいので細心の注意をもって確認してください！
・4・3節2項「水の汚染防止」の⑤と⑥（p.107）の記述
・4・3節6項「逆流防止」6「有害物質を扱う工場等の給水装置」（上記）の記述

2 水抜き用給水用具の設置

重要 ① 水抜き用の給水用具は，**水道メーター下流**で屋内立上がり管の間に設置する。

注意! ② 汚水ます等に直接接続せず，間接排水とする。

③ 排水口は凍結深度より深くする。

注意! ④ 排水口付近には，水抜き用浸透ますを設置するか，又は排水口付近を切込砂利等により埋め戻し，排水を容易にする。

重要 ⑤ 水抜き用の給水用具以降の配管は，できるだけ鳥居配管やU字形の配管を避け，水抜き栓から先上がりの配管とする。

注意! ⑥ ⑤の先上がり配管・埋設配管は，**1/300以上**の勾配とし，露出の横走り配管は**1/100以上**の勾配とする。

注意! ⑦ 水抜き用の給水用具以降の配管は，配管が長い場合には，万一凍結した際に，解氷作業の便を図るため，取外し可能な**ユニオン，フランジ**等を適切な箇所に設置する。

注意! ⑧ 水抜きバルブは，**屋内**又は**ピット内**に露出で設置する。

3 凍結事故の対策

① 凍結が発生した場合，凍結範囲が拡大することを防ぐため，速やかに処置する必要がある。

② 凍結した給水管の解氷には，**温水**による解氷，**蒸気**による解氷，**電気**による解氷がある。

③ **蒸気**を耐熱ホースで凍結管に注入する解氷方法は，硬質ポリ塩化ビニル管，ポリエチレン二層管の**合成樹脂管**に対する凍結解氷に有効である。

④ **異種の配管材料**が混在しているユニット化装置，ステンレス鋼鋼管等においては，局部的に異常な加熱部が生じることがあるので**電気**による**解氷**は**避ける**。

⑤ 電気解氷による場合，給水管がガス管，その他金属管と接触していないことを確認する必要がある。

⑥ ライニング鋼管をトーチランプの直火によって解氷することは，通水障害や火災の危険がある。

問題 ① 　水道法の規定に関する次の記述のうち，<u>不適当なもの</u>はどれか。

(1) 　水道事業者は，当該水道によって水の供給を受ける者の給水装置の構造及び材質が，政令で定める基準に適合していないときは，その基準に適合させるまでの間その者に対する給水を停止することができる。

(2) 　給水装置の構造及び材質の基準は，水道法16条に基づく水道事業者による給水契約の拒否や給水停止の権限を発動するか否かの判断に用いるためのものであるから，給水装置が有するべき必要最小限の要件を基準化している。

(3) 　水道事業者は，給水装置工事を適正に施行することができると認められる者の指定をしたときは，供給規程の定めるところにより，当該水道によって水の供給を受ける者の給水装置が当該水道事業者又は当該指定を受けた者（以下，「指定給水装置工事事業者」という）の施行した給水装置工事に係るものであることを供給条件とすることができる。

(4) 　水道事業者は，当該給水装置の構造及び材質が政令で定める基準に適合していることが確認されたとしても，給水装置が指定給水装置工事事業者の施行した給水装置工事に係るものでないときは，給水を停止することができる。

解説 (4) 設問の文章の続きに，「ただし，軽微な変更であるとき，又は当該給水装置の構造及び材質が政令で定める基準に適合していることが確認できる場合は，給水拒否の措置はできない」とある。

（注） 法規に関する問題では，「但し書き」の箇所が解答になる場合がある。このような場合は，他の設問の正誤を十分に吟味してから解答する必要がある。

解答 ▶ (4)

問題 ② 　水道法第17条（給水装置の検査）の次の記述において ☐ 内に入る語句の組合せのうち，<u>正しいもの</u>はどれか。

　水道事業者は，| ア |，その職員をして，当該水道によって水の供給を受ける者の土地又は建物に立ち入り，給水装置を検査させることができる。ただし，人の看守し，若しくは人の住居に使用する建物又は| イ |に立ち入るときは，その看守者，居住者又は| ウ |の同意を得なければならない。

	ア	イ	ウ
(1)	年末年始以外に限り	閉鎖された門内	土地又は建物の所有者
(2)	日出後日没前に限り	施錠された門内	土地又は建物の所有者
(3)	年末年始以外に限り	施錠された門内	これらに代わるべき者
(4)	日出後日没前に限り	閉鎖された門内	これらに代わるべき者

解説 (4) アは**日出後日没前に限り**，イは**閉鎖された門内**，ウは**これらに代わるべき者**である。　　　　　　　　**解答▶(4)**

問題❸ 給水管及び給水用具の耐圧，浸出以外に適用される性能基準に関する次の組合せのうち，**適当なもの**はどれか。

(1) 給水管：耐　久，　　耐　　寒，　　逆流防止
(2) 継　手：耐　久，　　耐　　寒，　　逆流防止
(3) 浄水器：耐　寒，　　逆流防止，　　負圧破壊
(4) 逆止弁：耐　久，　　逆流防止，　　負圧破壊

解説 (4) 表4・1より，逆止弁は耐圧，浸出，逆流防止，負圧破壊，耐久性能が適用される。　　　　　　　　**解答▶(4)**

問題❹ 給水装置の構造及び材質の基準に定める耐圧に関する基準（以下，本問においては「耐圧性能基準」という）及び厚生労働大臣が定める耐圧に関する試験（以下，本問においては「耐圧性能試験」という）に関する次の記述のうち，**不適当なもの**はどれか。

(1) 給水装置は，耐圧性能試験により1.75 MPaの静水圧を1分間加えたとき，水漏れ，変形，破損その他の異常を生じないこととされている。

(2) 耐圧性能基準の適用対象は，原則としてすべての給水管及び給水用具であるが，大気圧式バキュームブレーカ，シャワーヘッド等のように最終の止水機構の流出側に設置される給水用具は，高水圧が加わらないこと等から適用対象から除外されている。

(3) 加圧装置は，耐圧性能試験により1.75 MPaの静水圧を1分間加えたとき，水漏れ，変形，破損その他の異常を生じないこととされている。

(4) パッキンを水圧で圧縮することにより水密性を確保する構造の給水用具は，耐圧性能試験により1.75 MPaの静水圧を1分間加えたとき，水漏

れ，変形，破損その他の異常を生じない性能を有するとともに，20 kPa
の静水圧を 1 分間加えたとき，水漏れ，変形，破損その他の異常を生じ
ないこととされている。

解説 (3) 加圧装置は，当該加圧装置の最大吐出圧力の圧力の静水圧を 1 分間加え
たとき，水漏れ，変形，破損その他の異常を生じないこととされている。

解答▶(3)

問題⑤ 給水装置の浸出性能基準に関する次の記述の正誤の組合せのうち，適当なものはどれか。

ア　浸出性能基準は，給水装置から金属等が浸出し，飲用に供される水が汚染されることを防止するためのものである。
イ　金属材料の浸出性能試験は，最終製品で行う器具試験のほか，部品試験や材料試験も選択することができる。
ウ　浸出性能基準の適用対象外の給水用具の例として，ふろ用の水栓，洗浄便座，ふろ給湯専用の給湯機があげられる。
エ　営業用として使用される製氷機は，給水管との接続口から給水用具内の水受け部への吐水口までの間の部分について評価を行えばよい。

	ア	イ	ウ	エ
(1)	正	正	誤	正
(2)	正	誤	正	正
(3)	誤	誤	誤	正
(4)	正	正	正	誤
(5)	誤	正	誤	誤

解説 (2) ア，ウ，エは記述のとおり。
イ　金属材料は，材料試験を行うことができない。

解答▶(2)

問題⑥ 給水装置の水撃限界性能基準に関する次の記述のうち，**不適当なもの**はどれか。

(1)　水撃限界性能基準は，水撃作用により給水装置に破壊等が生じることを防止するためのものである。

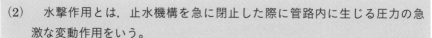

(2)水撃作用とは，止水機構を急に閉止した際に管路内に生じる圧力の急激な変動作用をいう。

(3)　水撃限界性能基準は，水撃発生防止仕様の給水用具であるか否かを判断する基準であり，水撃作用を生じるおそれのある給水用具はすべてこの基準を満たしていなければならない。

(4)　水撃限界性能基準の適用対象の給水用具には，シングルレバー式水栓，ボールタップ，電磁弁（電磁弁内蔵の全自動洗濯機，食器洗い機等），元止め式瞬間湯沸器がある。

(5)　水撃限界に関する試験により，流速 2 m/秒又は動水圧を 0.15 MPa とする条件において給水用具の止水機構の急閉止をしたとき，その水撃作用により上昇する圧力が 1.5 MPa 以下である性能を有する必要がある。

解説 (3) 水撃作用を生じるおそれのある給水用具は，すべてこの基準を満たしていなければならないわけではない。水撃作用を生じるおそれがあり，水撃限界性能基準を満たしていない器具を設置する場合は，別途，水撃防止器具を設置すればよい。

解答 ▶ (3)

問題 ❼　給水装置の構造及び材質の基準に定める逆流防止に関する基準に関する次の記述の正誤の組合せのうち，適当なものはどれか。

ア　減圧式逆流防止器は，厚生労働大臣が定める逆流防止に関する試験（以下，「逆流防止性能試験」という）により 3 kPa 及び 1.5 MPa の静水圧を 1 分間加えたとき，水漏れ，変形，破損その他の異常を生じないことが必要である。

イ　逆止弁及び逆流防止装置を内部に備えた給水用具は，逆流防止性能試験により 3 kPa 及び 1.5 MPa の静水圧を 1 分間加えたとき，水漏れ，変形，破損その他の異常を生じないこと。

ウ　減圧式逆流防止器は，厚生労働大臣が定める負圧破壊に関する試験（以下，「負圧破壊性能試験」という）により流出側から −54 kPa の圧力を加えたとき，減圧式逆流防止器に接続した透明管内の水位の上昇が 75 mm を超えないことが必要である。

エ　バキュームブレーカは，負圧破壊性能試験により流出側から −54 kPa の圧力を加えたとき，バキュームブレーカに接続した透明管内の水位の上昇が 3 mm を超えないこととされている。

4章 給水装置の構造及び性能 ｜ よく出る問題

	ア	イ	ウ	エ
(1)	正	正	誤	誤
(2)	誤	誤	正	正
(3)	誤	正	正	誤
(4)	正	誤	誤	正

解説 (1) ア，イは記述のとおり。

ウ 厚生労働大臣が定める**負圧破壊性能試験***は，**流入側から－54 kPa** の圧力を加え，透明管内の水位の上昇が**3 mm 以下**であることを確認する必要である。

> * 減圧式逆流防止器の基準は，p.100 に述べられているように，逆流防止性能と負圧破壊性能の双方が求められている。設問では「ア」に前者が正しいものとして，「ウ」に後者が誤ったものとして出題されている。念には念を入れた判断が求められる問題である。

エ **バキュームブレーカ**は，負圧破壊性能試験により**流入側から－54 kPa** の圧力を加えたとき，バキュームブレーカに接続した透明管内の水位の上昇が**75 mm** を超えないこととされている。 **解答▶(1)**

問題8 負圧破壊性能基準に関する次の記述のうち，**不適当なものはどれか。**

(1) バキュームブレーカとは，器具単独で販売され，水受け容器からの取付け高さが施工時に変更可能なものをいう。

(2) バキュームブレーカは，負圧破壊性能試験により流入側から－54 kPa の圧力を加えたとき，バキュームブレーカに接続した透明管内の水位の上昇が 75 mm を超えないこととされている。

(3) 負圧破壊装置を内部に備えた給水用具とは，製品の仕様として負圧破壊装置の位置が施工時に変更可能なものをいう。

(4) 水受け部と吐水口が一体の構造であり，かつ水受け部の越流面と吐水口の間が分離されていることにより水の逆流を防止する構造の給水用具は，負圧破壊性能試験により流入側から－54 kPa の圧力を加えたとき，吐水口から水を引き込まないこととされている。

解説 (3) 負圧破壊装置を内部に備えた給水用具とは，吐水口水没型のボールタップのように，製品の仕様として負圧破壊装置の位置が一定に固定されているものをいう。 **解答▶(3)**

問題 ⑨ 給水装置の耐寒に関する基準に関する次の記述において，□□ 内に入る数値の組合せのうち，**正しいもの**はどれか。

　屋外で気温が著しく低下しやすい場所その他凍結のおそれのある場所に設置されている給水装置のうち，減圧弁，逃し弁，逆止弁，空気弁及び電磁弁にあっては，厚生労働大臣が定める耐久に関する試験により　ア　万回の開閉操作を繰り返し，かつ，厚生労働大臣が定める耐寒に関する試験により　イ　度± ウ 度の温度で エ 時間保持した後通水したとき，当該給水装置に係る耐圧性能，水撃限界性能，逆流防止性能及び負圧破壊性能を有するものでなければならないとされている。

	ア	イ	ウ	エ
(1)	1	0	5	1
(2)	1	− 20	2	2
(3)	10	− 20	2	1
(4)	10	0	2	2
(5)	10	0	5	1

解説　(3) アは 10，イは − 20，ウは 2，エは 1 である。　　　　　**解答 ▶ (3)**

問題 ⑩ 給水装置の耐久性能基準に関する次の記述のうち，**不適当なもの**はどれか。

(1)　耐久性能基準は，頻繁な作動を繰り返すうちに弁類が故障し，その結果，給水装置の耐圧性，逆流防止等に支障が生じることを防止するためのものである。

(2)　耐久性能基準は，制御弁類のうち機械的・自動的に頻繁に作動し，かつ通常消費者が自らの意思で選択し，又は設置・交換できるような弁類に適用される。

(3)　耐久性能試験に用いる弁類の開閉回数は 10 万回（弁の開及び閉の動作をもって 1 回と数える）である。

(4)　耐久性能基準の適用対象は，弁類単体として製造・販売され，施工時に取り付けられるものに限られる。

解説 (2) 耐久性能基準は，制御弁類のうち機械的・自動的に頻繁に作動し，かつ通常消費者が自らの意思で選択し，又は設置・交換しないような弁類に適用される。

解答▶(2)

問題⑪ **配管工事後の耐圧試験に関する次の記述のうち，不適当なものはどれか。**

(1) 配管工事後の耐圧試験の水圧は，水道事業者が給水区域内の実情を考慮し，定めることができる。

(2) 給水装置の接合箇所は，水圧に対する十分な耐力を確保するためにその構造及び材質に応じた適切な接合が行われているものでなければならない。

(3) 水道用ポリエチレン二層管，水道給水用ポリエチレン管，架橋ポリエチレン管，ポリブテン管の配管工事後の耐圧試験を実施する際は，管が膨張し圧力が低下することに注意しなければならない。

(4) 配管工事後の耐圧試験を実施する際は，分水栓，止水栓等止水機能のある給水用具の弁はすべて「閉」状態で実施する。

(5) 配管工事後の耐圧試験を実施する際は，加圧圧力や加圧時間を適切な大きさ，長さにしなくてはならない。過大にすると柔軟性のある合成樹脂管や分水栓等の給水用具を損傷するおそれがある。

解説 (4) 配管工事後の耐圧試験を実施する際は，分水栓，止水栓等止水機能のある給水用具の弁はすべて「開」状態で実施する。

解答▶(4)

問題⑫ **水の汚染防止に関する次の記述のうち，不適当なものはどれか。**

(1) 配管接合用シール材又は接着剤等は水道用途に適したものを使用し，接合作業において接着剤，切削油，シール材等の使用量が不適当な場合，これらの物質が水道水に混入し，油臭，薬品臭等が発生する場合があるので必要最小限の材料を使用する。

(2) 末端部が行止まりの給水装置は，停滞水が生じ，水質が悪化するおそれがあるため極力避ける。やむを得ず行止まり管となる場合は，末端部に排水機構を設置する。

(3) 洗浄弁，洗浄装置付便座，水洗便器のロータンク用ボールタップは，浸出性能基準の適用対象となる給水用具である。

（4）　一時的，季節的に使用されない給水装置には，給水管内に長期間水の
停滞を生じることがあるため，まず適量の水を飲用以外で使用すること
により，その水の衛生性を確保する。

（5）　分岐工事や漏水修理等で鉛製給水管を発見したときは，速やかに水道
事業者に報告する。

解説　(3) 浸出性能基準の適用対象となる給水用具は，**飲用に供される水**が接触する給水用具である。洗浄弁，洗浄装置付便座，水洗便器のロータンク用ボールタップは，浸出性能基準の適用対象とはならない。　　　　　　　　　**解答▶(3)**

問題⑬　飲用に供する水の汚染防止に関する次の記述の正誤の組合せのうち，**適当なものはどれか。**

ア　末端部が行止まりとなる配管が生じたため，その末端部に排水機構を設置した。

イ　シアンを扱う施設に近接した場所であったため，ライニング鋼管を用いて配管した。

ウ　有機溶剤が浸透するおそれのある場所であったため，硬質ポリ塩化ビニル管を使用した。

エ　配管接合用シール材又は接着剤は，これらの物質が水道水に混入し，油臭，薬品臭等が発生する場合があるので，必要最小限の量を使用した。

	ア	イ	ウ	エ
(1)	誤	誤	正	誤
(2)	誤	正	正	誤
(3)	正	誤	正	正
(4)	正	誤	誤	正
(5)	正	正	誤	正

解説　(4) ア，エは記述のとおり。

イ　給水装置は，シアンを扱う施設に近接した場所に**設置してはならない**。

ウ　有機溶剤が浸透するおそれのある場所には，硬質ポリ塩化ビニル管等の合成樹脂管を使用してはならない。**金属管**を使用するか，やむを得ず合成樹脂管を使用する場合は，**さや管**等で防護措置を施す。　　　　　　　　　**解答▶(4)**

問題⑭　水撃防止に関する次の記述の正誤の組合せのうち，適当なものはどれか。

ア　給水管におけるウォータハンマを防止するには，基本的に管内流速を速くする必要がある。

イ　ウォータハンマが発生するおそれのある箇所には，その手前に近接して水撃防止器具を設置する。

ウ　複式ボールタップは単式ボールタップに比べてウォータハンマが発生しやすくなる傾向があり，注意が必要である。

エ　水槽にボールタップで給水する場合は，必要に応じて波立ち防止板等を設置する。

	ア	イ	ウ	エ
(1)	正	誤	正	誤
(2)	誤	正	誤	正
(3)	誤	正	正	誤
(4)	正	誤	誤	正

解説（2）イ，エは記述のとおり。

ア　給水管におけるウォータハンマを防止するには，基本的に管内流速を遅くする必要がある。

ウ　複式ボールタップは，単式ボールタップに比べてウォータハンマが発生しにくい。

解答▶（2）

問題⑮　金属管の侵食に関する次の記述のうち，不適当なものはどれか。

(1)　マクロセル侵食とは，埋設状態にある金属材質，土壌，乾湿，通気性，pH，溶解成分の違い等の異種環境での電池作用による侵食をいう。

(2)　金属管が鉄道，変電所等に近接して埋設されている場合に，漏洩電流による電気分解作用により侵食を受ける。このとき，電流が金属管から流出する部分に侵食が起きる。

(3)　通気差侵食は，土壌の空気の通りやすさの違いにより発生するもののほかに，埋設深さの差，湿潤状態の差，地表の遮断物による通気差が起因して発生するものがある。

(4)　地中に埋設した鋼管が部分的にコンクリートと接触している場合，アルカリ性のコンクリートに接していない部分の電位が，コンクリートと

接触している部分より高くなって腐食電池が形成され，コンクリートと接触している部分が侵食される。

(5)　埋設された金属管が異種金属の管や継手，ボルト等と接触していると，自然電位の低い金属と自然電位の高い金属との間に電池が形成され，自然電位の低い金属が侵食される。

解説　(4) 地中に埋設した鋼管が部分的にコンクリートと接触している場合，アルカリ性のコンクリートに接している部分の電位が，コンクリートと接触していない部分より高くなって腐食電池が形成され，土壌に接触している部分が侵食される。

解答▶(4)

問題⑯ クロスコネクションに関する次の記述の正誤の組合せのうち，適当なものはどれか。

ア　クロスコネクションは，水圧状況によって給水装置内に工業用水，排水，ガス等が逆流するとともに，配水管を経由して他の需要者にまでその汚染が拡大する非常に危険な配管である。

イ　給水管と井戸水配管の間に逆流を防止するための逆止弁を設置すれば直接連結してもよい。

ウ　給水装置と受水槽以下の配管との接続はクロスコネクションではない。

エ　一時的な仮設であれば，給水装置とそれ以外の水管を直接連結することができる。

	ア	イ	ウ	エ
(1)	正	誤	誤	正
(2)	誤	正	正	正
(3)	正	誤	正	誤
(4)	誤	正	正	誤
(5)	正	誤	誤	誤

解説　(5) アは記述のとおり。

イ　給水管と井戸水配管の間に逆止弁を設置してもクロスコネクションとなる。

ウ　給水装置と受水槽以下の配管との接続はクロスコネクションとなる。

エ　一時的な仮設であっても，給水装置とそれ以外の水管を直接連結することはクロスコネクションとなる。

解答▶(5)

問題⑰ 逆流防止に関する次の記述の ☐ 内に入る語句の組合せのうち，適当なものはどれか。

呼び径が 25 mm を超える吐水口の場合，確保しなければならない越流面から吐水口の ア までの垂直距離の満たすべき条件は，近接壁の影響がある場合，近接壁の面数と壁からの離れによって区分される。この区分は吐水口の内径 d の何倍かによって決まる。吐水口の断面が長方形の場合は， イ を d とする。

なお，上述の垂直距離の満たすべき条件は，有効開口の内径 d' によって定められるが，この d' とは「吐水口の内径 d」，「こま押さえ部分の内径」，「給水栓の接続管の内径」，の三つのうちの ウ のことである。

	ア	イ	ウ
(1)	中央	短辺	最小内径
(2)	最下端	短辺	最大内径
(3)	中央	長辺	最大内径
(4)	最下端	長辺	最小内径

解説 (4) アは最下端，イは長辺，ウは最小内径である。 **解答▶(4)**

問題⑱ 給水装置の逆流防止に関する次の記述のうち，**不適当なものはどれか。**

(1) 水が逆流するおそれのある場所に，給水装置の構造及び材質の基準に関する省令に適合したバキュームブレーカを設置する場合は，水受け容器の越流面の上方 150 mm 以上の位置に設置する。

(2) 吐水口を有する給水装置から浴槽に給水する場合は，越流面からの吐水口空間は 50 mm 以上を確保する。

(3) 吐水口を有する給水装置からプール等の波立ちやすい水槽に給水する場合は，越流面からの吐水口空間は 100 mm 以上を確保する。

(4) 逆止弁は，逆圧により逆止弁の二次側の水が一次側に逆流するのを防止する給水用具である。

解説 (3) 吐水口を有する給水装置からプール等の波立ちやすい水槽に給水する場合は，越流面からの吐水口空間は 200 mm 以上を確保する。 **解答▶(3)**

問題⑲　呼び径 20 mm の給水管から水受け容器に給水する場合，逆流防止のために確保しなければならない吐水口空間について，下図に示す水平距離（*A*，*B*）と垂直距離（*C*，*D*）の組合せのうち，適当なものはどれか。

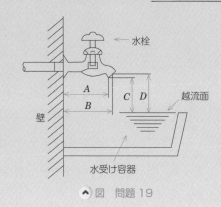

⌃図　問題 19

(1) *A* と *C*

(2) *A* と *D*

(3) *B* と *C*

(4) *B* と *D*

解説（3）呼び径が 20 mm 以下であるから，図 4・8 の *A* 値，B_1 値は，設問の図では *B* と *C* である。
　　　　　　　　　　　　　　　　　　　　　　　　　　　　　　　　　　解答▶(3)

　[**参考**]　呼び径が 25 mm 以上の場合は，図 4・8 の B_2 値，*C* 値は，設問の図では *A* と *C* である。

問題⑳　給水装置の逆流防止のために圧力式バキュームブレーカを図のように設置する場合，バキュームブレーカの下端から確保しなければならない区間とその距離との組合せのうち，適当なものはどれか。

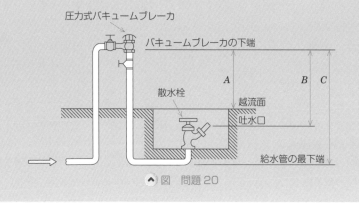

⌃図　問題 20

	〔確保しなければならない区間〕	〔確保しなければならない距離〕
(1)	A	100 mm 以上
(2)	A	150 mm 以上
(3)	B	150 mm 以上
(4)	B	200 mm 以上
(5)	C	200 mm 以上

解説 (2) 確保しなければならない区間は A, 確保しなければならない距離は 150 mm 以上である。

解答▶(2)

問題 ㉑ 下図のように, 呼び径 φ20 mm の給水管からボールタップを通して水槽に給水している。この水槽を利用するときの確保すべき吐水口空間に関する次の記述の, <u>適当なもの</u>はどれか。

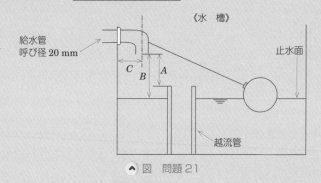

◉ 図 問題 21

(1) 図中の距離 A を 25 mm 以上, 距離 C を 25 mm 以上確保する。

(2) 図中の距離 B を 40 mm 以上, 距離 C を 40 mm 以上確保する。

(3) 図中の距離 A を 40 mm 以上, 距離 C を 40 mm 以上確保する。

(4) 図中の距離 B を 50 mm 以上, 距離 C を 50 mm 以上確保する。

解説 (3) 表 4・2 及び図 4・8 (b) を用いる。

a. 給水管の呼び径は 20 mm であるので, 表 4・2 において「呼び径の区分」は「13 mm を超え 20 mm 以下」の欄を用いる。

b. 設問の図において A は, 図 4・8 (b) では A である。表 4・2 の A は「越流面から吐水口の最下端までの垂直距離」であるので, $A = 40$ mm となる。

c. 設問の図において C は, 図 4・8 (b) では B_1 である。表 4・2 の B_1 は「近接壁か

ら吐水口の中心までの水平距離」であるので，$B_1 = 40\,\text{mm}$ となる。　　解答▶(3)

問題㉒　給水装置の逆流防止に関する次の記述の [　　] 内に入る語句の組合せのうち，適当なものはどれか。

呼び径が 20 mm を超え 25 mm 以下のものについては，[ア] から吐水口の中心までの水平距離を [イ] mm 以上とし，[ウ] から吐水口の [エ] までの垂直距離は [オ] mm 以上とする。

	ア	イ	ウ	エ	オ
(1)	近接壁	100	越流面	最下端	100
(2)	越流面	50	近接壁	中心	100
(3)	近接壁	50	越流面	最下端	50
(4)	越流面	100	近接壁	中心	50

解説 (3) 表4·2より，アは近接壁，イは50，ウは越流面，エは最下端，オは50である。　　解答▶(3)

問題㉓　寒冷地における凍結防止対策として設置する水抜き用の給水用具の設置に関する次の記述のうち，不適当なものはどれか。

(1)　水抜き用の給水用具は水道メーター上流側に設置する。
(2)　水抜き用の給水用具の排水口付近には，水抜き用浸透ますの設置又は切込砂利等により埋め戻し，排水を容易にする。
(3)　汚水ます等に直接接続せず，間接排水とする。
(4)　水抜き用の給水用具以降の配管は，できるだけ鳥居配管やU字形の配管を避ける。
(5)　水抜き用の給水用具以降の配管が長い場合には，取外し可能なユニオン，フランジ等を適切な箇所に設置する。

解説 (1) 水抜き用の給水用具は水道メーター下流側に設置する。　　解答▶(1)

給水装置工事主任技術者試験の最大のテーマの一つは「給水装置の構造及び材質」でしょう。このテーマの名称について，法律の側面から確認すると，次のようになります。

★1　水道法第16条に「給水装置の構造及び材質」

★2　政令第5条に「給水装置の構造及び材質の基準」

★3　省令（厚生労働省告示14号）に「給水装置の構造及び材質の基準に関する省令」

★4　省令（厚生労働省告示111号）に「給水装置の構造及び材質の基準に係わる試験」

★5　省令のうち，個々の給水管及び給水用具が満たすべき性能基準については，通知として「給水管及び給水用具の性能基準の解説」。

これらの名称は文字数が多いので短縮して，★2は「構造及び材質基準」，★3及び★4は「基準省令」と呼ぶのが一般的でしょう。

さて，検定試験ではどのような用語が出てくるのでしょうか。類似の用語が飛び交うと混乱することがありますが，次の内容を一つの拠り所として活用してください。なお，本書では類似の表現に慣れていただくため，用語の統一は行いませんでした。

☆　「給水装置の構造及び材質」に関しては，給水装置の構造及び材質の基準，基準省令，構造・材質基準などが使用されています。

☆　「給水管及び給水用具の性能基準」に関しては，基準省令の性能基準，性能基準等が使用されています。

☆　「給水管及び給水用具の性能基準の適合品」の場合は，給水装置の構造及び材質の基準適合品，構造・材質基準適合品，基準適合品，性能基準適合品等が使用されています。

アドバイス

給水装置計画論

合格への道しるべ

　給水装置計画論からの出題数は 6 問で，このうち計算問題が 2〜3 問あります。合格最低基準は 2 問ですから，計算問題が 0 点の場合は合格ラインをクリアすることが厳しくなります。解答の手順やポイントを理解して必ず正解が導けるようにしましょう。出題は，給水装置の計画や設計に関する内容です。貴重な 1 点に加算できるようにがんばってください。

5・① 給水装置の基本計画

- 給水方式の決定は，出題率の高い分野で全体的な注意が必要ですが，特に受水槽式については，すべてを暗記するまで理解を深めておきましょう。

5・② 計画使用水量の決定

- 直結式給水の計画使用水量は，計算問題が出題されます。計算問題の中では比較的簡単な問題ですので，計算に苦手意識を持っている受験者も，必ず正解が得られるまで準備し，自信を持って試験に臨みましょう。特に集合住宅，事務所ビルの同時使用水量の算定は最重要項目です。
- 受水槽の容量計算も最重要項目です。得点ゲットのチャンスです。
- 管路内の流量，連続の法則は，新しく出題されてきた問題です。ここでは，「ウラ技」を紹介しておきましたので，参考にしてください。

5・③ 給水管の口径決定

- 直結直圧式は，本格的な計算問題で，最重要項目です。
  損失水頭，動水勾配では，**摩擦損失の計算**，**動水勾配**等の計算問題が解けるようにしましょう。このあとに続く計算問題の基礎となります。
  流量図を用いた計算問題は，**摩擦損失水頭**，**余裕水頭**，**流量**等を求める本格的な計算問題です。計算の筋道を理解し，流量図や各種線図を正確に読み取り，正しく計算ができるまで，何度も何度もトライすることが大切です。1 問解くのにも，かなりの時間がかかるはずです。この計算問題を切り抜けることが合格への第一歩になるでしょう。最重要項目です。けっして諦めないで！
  例題 5-9〜例題 5-11 と例題 5-13 は過去の出題のうちの代表的な問題で，どの問題から手を付けても大丈夫。やさしく解説してあります。1 問でも解ければ OK。
  次のステップにつながります。

① 基本調査

出題ランク ★☆☆☆☆

注意! ① 給水装置の基本計画は，基本調査，給水方式の決定，計画使用水量及び給水管口径等の決定からなっており，極めて重要である。

注意! ② 基本調査は，計画・施工の基礎となるものであり，調査の結果は計画の策定，施工，さらには給水装置の機能にも影響する重要な作業である。

③ 基本調査は，工事申込者に確認するもの，水道事業者に確認するもの，現地調査により確認するものがある。

注意! ④ 工事申込者への調査項目には，工事場所，使用水量，既設給水装置の有無，工事に関する同意承諾の取得確認等がある。

⑤ 水道事業者への調査項目には，既設給水装置の有無，屋外配管，供給条件，配水管の布設状況等がある。

注意! ⑥ 現地調査により確認するものには，道路管理者への道路状況の調査，埋設物管理者への下水道管，ガス管，電気ケーブル，電話ケーブルの口径や布設位置等がある。また，既設給水装置から分岐する場合は，所有者に給水戸数や布設年月等を確認する。

② 給水方式の決定

出題ランク ★★★★★

1 給水方式

重要 ① 給水方式には，**直結式**，**受水槽式**及び**直結・受水槽併用式**があり，その方式は給水する高さ，所要水量，使用用途及び維持管理面を考慮し決定する。

重要 ② 水道事業者ごとに，水圧状況，配水管整備状況等により給水方式の取扱いが異なるため，その決定にあたっては，設計に先立ち，**水道事業者**に確認する必要がある。

2 直結給水システム

重要 ① **直結給水方式**は，配水管から需要者の設置した給水装置の末端まで**有圧**

で直接給水する方式で，水質管理がなされた**安全な水**を需要者に直接供給することができる。

重要 ② 直結式給水は，配水管の水圧で直接給水する方式（**直結直圧式**）と，給水管の途中に直結加圧形ポンプユニットを設置して給水する方式（**直結増圧式**）がある。

図5・1　給水方式

1 直結直圧式

注意! ① 直結直圧式は，配水管の**動水圧**により直接給水する方式である。図5・2に直結直圧式を示す。

注意! ② 直結給水システムの給水形態は，階高が**4階程度以上**の建築物の場合は基本的には直結増圧式給水であるが，配水管の水圧等に余力がある場合は，特例として直結直圧式で給水することができる。

注意! ③ 直結直圧式の範囲拡大の取組みとして水道事業者は，現状における配水管からの水圧等の供給能力及び配水管の整備計画と整合させ，逐次その対象範囲の拡大を図っており，**5階を超える建物**をその対象としている水道事業者もある。

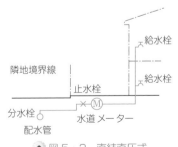

図5・2　直結直圧式

2 直結増圧式

注意! ① 直結増圧式は，給水管の途中に**直結加圧形ポンプユニット**を設置し，圧力を増して直結給水する方式である。

注意! ② 直結増圧式による各戸への給水方法として，給水栓まで直接給水する**直送式**と，高所に置かれた受水槽にいったん給水し，そこから給水栓まで自然流下させる**高置水槽式**がある。図5・3に直結増圧式を示す。

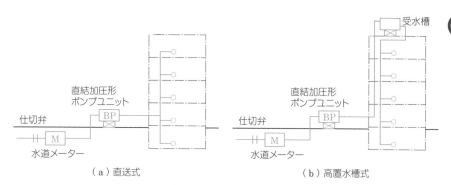

（a）直送式　　　　　　　　　（b）高置水槽式

⌃ 図5・3　直結増圧式

注意! ③ 直結加圧形ポンプユニットによる中高層建物への直結給水範囲の拡大により，受水槽における**衛生上の問題**の解消や**設置スペース**の有効利用等を図ることができる。

注意! ④ 直結増圧式は，配水管が断水したときに給水装置からの逆圧が大きいことから直結加圧形ポンプユニットに近接して有効な逆止弁（一般には**減圧式逆流防止器**）を設置する。

3 受水槽式

1 受水槽式の特徴

重要 ① 受水槽式は，**配水管**からの**水を**いったん**受水槽に受け**，この受水槽から建物内に給水する方式である。**受水槽入口**で配水系統と縁が切れる。

② 配水管の水圧が変動しても受水槽以下の設備は**給水圧**，**給水量**を一定の変動幅に**保持**でき，一時に**多量**の水が使用できる。

③ 断水が起こっても一定量の給水が可能である。

④ 受水槽は，定期的な点検や清掃が必要である。

2 受水槽式の適用条件

注意! ① 病院や行政機関の庁舎等において，災害時や配水施設の事故等による水道の断減水時にも，給水の確保が必要な場合。

重要 ② 一次に多量の水を使用するとき，又は，使用水量の変動が大きいとき等に配水管の水圧低下を起こす場合。

重要 ③ 配水管の水圧変動にかかわらず，常時一定の水量，水圧を必要とする場合。

重要 ④ 有毒薬品を使用する工場等事業活動に伴い，水を汚染するおそれのある場所，施設等に給水する場合。

3 受水槽式の種類

注意! ① 受水槽式には，**ポンプ直送式**，**高置水槽式**，**圧力水槽式**がある。図5·4に受水槽式を示す。

重要 ② **ポンプ直送式**は，受水槽に受水したのち，使用水量に応じて**ポンプ**の**運転台数の変更**や**回転数制御**によって給水する方式である。小規模の中層建物に多く使用されている。

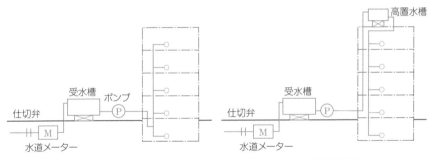

（a）ポンプ直送式 （b）高置水槽式

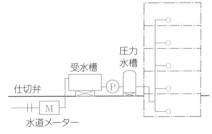

（c）圧力水槽式

◥図5·4 受水槽式

③ **高置水槽式**は，受水槽に受水したのち，ポンプでさらに**高置水槽**へくみ上げ，**自然流下**により給水する方式である。次のような特徴がある。

重要 a. 一つの高置水槽から適切な水圧で給水できる高さの範囲は，10階程度である。

重要 b. 高層建築物では，高置水槽や**減圧弁**をその高さに応じて多段に設置して**ゾーニング**する必要がある。

重要 ④ **圧力水槽式**は，受水槽に受水したのち，ポンプで圧力水槽に貯え，その**内部圧力**によって給水する方式である。小規模の中層建物に使用されている。

4 **受水槽の容量，配水管の水圧**

注意! ① **受水槽の容量**は，**計画1日使用水量**によって定める。

② 配水管の口径に比べ単位時間当たりの受水量が大きい場合には，配水管の水圧が低下し，付近の給水に支障を及ぼすことがある。このような場合には，**定流量弁**を設けたり，**タイムスイッチ付電動弁**を取り付けて水圧が高い時間帯に限って受水することもある。

重要 ③ 配水管の水圧が高いときは，受水槽への流入時に給水管を流れる流量が過大となって，水道メーターの性能，耐久性に支障を与えることがある。このような場合には，**減圧弁**，**定流量弁**を設ける。

4 直結・受水槽併用式

重要 **直結・受水槽併用式**は，一つの建物で，直結式と受水槽式の給水方式を併用する方式である。

③ 直結給水システムの技術基準
出題ランク ★★★★

1 事前協議

重要 給水装置工事主任技術者は，既設建物の給水設備を**受水槽式**から**直結式**に**切り替える工事**を行う場合は，当該水道事業者の担当部署に建物規模や給水計画等の情報を持参して協議する。

2 給水装置の計画・設計

重要 ① 給水システムの計画・設計は，当該**水道事業者**の**直結給水システムの基**

準に従い，同時使用水量の算定，給水管の口径決定，直結加圧形ポンプユニットの揚程の決定等を行う。

注意! ② 直結加圧形ポンプユニットに近接して設置する**逆流防止器の形式**は，当該水道事業者の直結給水システムの基準等による。

重要 ③ 直結加圧形ポンプユニットは，算定した同時使用水量が給水装置に流れたとき，その末端最高位の給水用具に一定の**余裕水頭**を加えた高さまで水位を確保する能力を持ち，**安定**かつ**効率的**な性能の機種を選定しなければならない。

重要 ④ 給水装置は，給水装置内が**負圧**になっても給水装置から水を受ける容器等に吐出した水が給水装置内に**逆流**しないよう，末端の給水用具又は末端給水用具の直近の**上流側**において，**負圧破壊性能**又は**逆流防止性能**を有する給水用具の設置，あるいは**吐水口空間**を確保しなければならない。

5・2 計画使用水量の決定

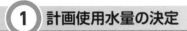

1 計画使用水量の決定

1 用語の定義

① **計画使用水量**とは，給水装置に給水される水量をいい，**給水管口径**等の給水系統の主要諸元を計画する際の基礎となるものである。建物の用途及び水の使用用途，使用人数，給水栓の数等を考慮したうえで決定する。

② **同時使用水量**とは，給水装置に設置されている末端給水用具のうち，いくつかの末端給水用具が同時に使用された場合の使用水量をいい，**瞬時**（1分間当たりの水量）の最大使用水量に相当する。

③ **計画1日使用水量**は，1日当たりに給水装置に給水される水量をいい，受水槽式給水の**受水槽容量**の決定等の基礎となる。

2 直結式給水の計画使用水量

　直結式給水における計画使用水量〔L/分〕は，各種算定方法の特徴を踏まえ，末端給水用具の同時使用の割合を十分考慮して使用実態に合った水量を設定する。

1 1戸建て等の同時使用水量の算定

1 標準化した同時使用水量により計算する方法

重要 ① この方法による**計画使用水量**は，次の式で求められる。

$$Q_P = \frac{\Sigma q \cdot n}{\Sigma n} \cdot p \qquad (5 \cdot 1)$$

ここに，Q_P：同時使用水量〔L/分〕

$\quad \Sigma q \cdot n$：末端給水用具の全使用水量〔L/分〕

$\quad \Sigma n$　：末端給水用具の総数

$\quad q$　：給水用具別使用水量〔L/分〕

$\quad n$　：器具の個数

$\quad p$　：同時使用水量比

② 種類別吐水量と対応する末端給水用具の呼び径を表 5·1，末端給水用具数と器具同時使用水量比を表 5·2 に示す。

▼ 表 5·1　種類別吐水量と対応する末端給水用具の呼び径

給水用具	使用水量〔L/分〕	対応する末端給水用具の呼び径〔mm〕
台所流し	12〜40	13〜20
洗濯流し	12〜40	13〜20
洗面器	8〜15	13
浴槽（和式）	20〜40	13〜20
浴槽（洋式）	30〜60	20〜25
シャワー	8〜15	13
小便器（洗浄タンク）	12〜20	13
小便器（洗浄弁）[*1]	15〜30	13
大便器（洗浄タンク）	12〜20	13
大便器（洗浄弁）[*2]	70〜130	25
手洗器	5〜10	13

*1　1回（4〜6秒）の吐水量：2〜3 L
*2　1回（8〜12秒）の吐水量：13.5〜16.5 L

▼ 表 5·2　末端給水用具数と器具同時使用水量比

総末端給水用具数	1	2	3	4	5	6	7	8	9	10	15	20	30
器具同時使用水量比	1	1.4	1.7	2.0	2.2	2.4	2.6	2.8	2.9	3.0	3.5	4.0	5.0

例題 5·01

重要 下表の給水器具が設置されている戸建て住宅の同時使用水量を，標準化した同時使用水量により計算する方法によって求めよ。

▼ 表　例題 5·1

給水用具	個数	使用水量〔L/分〕
台所流し	1	30
洗濯流し	1	25
洗面器	1	15
浴槽（和式）	1	35
大便器（洗浄タンク）	1	20
手洗器	1	10

解説　同時使用水量比は，末端給水用具数が6個であるから，表5・2より $p=2.4$ となる。同時使用水量は，式（5・1）より，

$$Q_P = \frac{\sum q \cdot n}{\sum n} \cdot p$$

$$= \frac{30 \times 1 + 25 \times 1 + 15 \times 1 + 35 \times 1 + 20 \times 1 + 10 \times 1}{6} \times 2.4$$

$$= 54 \text{ L/分}$$

2 **同時に使用する末端給水栓を設定して計算する方法**

　　表5・3から，任意に同時に使用する末端給水栓数を設定する。設定された末端給水用具の使用水量を表5・1から求め，これらを合計して同時使用水量とする。

▼表5・3　同時使用率を考慮した末端給水用具数

総末端給水用具数	1	2～4	5～10	11～15	16～20	21～30
同時に使用する 末端給水用具数	1	2	3	4	5	6

例題 5・02

重要　下図の給水器具が設置されている戸建て住宅の同時使用水量を，同時に使用する末端給水栓を設定して計算する方法によって求めよ。

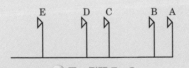

⌃図　例題5・2

▼表　例題5・2

給水用具	給水栓呼び径〔mm〕	使用水量〔L/分〕
A：台所流し	20	20
B：洗濯流し	13	13
C：浴槽（和式）	20	20
D：洗面器	13	13
E：大便器（洗浄弁）	13	25

解説 同時に使用する末端給水用具数は，総末端給水用具数が5である
から，表5・3より3となる。この3個の末端給水栓について，同時使
用の有無を下表のように設定し，A：台所流し，C：浴槽（和式），E：
大便器（洗浄弁）とした。

❤ 表 例題5・2の解

給水用具	給水栓呼び径〔mm〕	同時使用の有無	計画使用水量〔L/分〕
A：台所流し	20	使　用	20
B：洗濯流し	13	―	13
C：浴槽（和式）	20	使　用	20
D：洗面器	13	―	13
E：大便器（洗浄弁）	13	使　用	25

したがって，同時使用流量は，

$$Q_P = 20 + 20 + 25 = 65 \text{ L/分}$$

2 集合住宅の同時使用水量の算定

① 集合住宅の同時使用水量の算定には，各戸使用水量と給水戸数の同時使
用率による方法，戸数から予測する方法，居住人員から予測する方法がある。

重要 ② **各戸使用水量と給水戸数の同時使用率による算定方法**は次のとおりであ
る。

a. 1戸当たりの使用水量は，前述の**1**又は**2**の方法で求める。**集合住宅
全体の同時使用水量**は次の式で求める。

$$Q_P' = Q_P \cdot N \cdot r \qquad (5 \cdot 2)$$

ここに，

Q_P'：集合住宅の同時使用水量〔L/分〕

Q_P：1戸当たりの同時使用水量〔L/分〕

N　：戸数

r　：同時使用戸数率

b. 表5・4に給水戸数と同時使用戸数率を示す。

❤ 表5・4　給水戸数と同時使用戸数率

戸　数	1～3	4～10	11～20	21～30	31～40	41～60	61～80	81～100
同時使用戸数率〔％〕	100	90	80	70	65	60	55	50

例題 5·03

重要 直結式給水による 15 戸の集合住宅での同時使用水量を求めよ。

ただし，同時使用水量は，標準化した同時使用水量により計算する方法に
よるものとし，1 戸当たりの末端給水用具の個数と使用水量は下表のとおり
とする。末端給水用具数と同時使用水量比の関係，集合住宅の給水戸数と同
時使用戸数率は，それぞれ表 5·2，表 5·4 のとおりとする。

表　例題 5·3　1 戸当たりの末端給水用具の個数と使用水量

給水用具	個数	使用水量〔L/分〕
台所流し	1	25
洗濯流し	1	25
洗面器	1	10
浴槽（洋式）	1	40
大便器（洗浄タンク）	1	15
手洗器	1	5

解説　同時使用水量比は，末端給水用具数が 6 であるので，表 5·2 より p
$=2.4$ となる。1 戸当たりの同時使用水量は，式（5·1）より，

$$Q_P = \frac{\Sigma q \cdot n}{\Sigma n} \cdot p$$

$$= \frac{25 \times 1 + 25 \times 1 + 10 \times 1 + 40 \times 1 + 15 \times 1 + 5 \times 1}{6} \times 2.4$$

$$\fallingdotseq \mathbf{48 \,(L/分)}$$

戸数は $N=15$，同時使用戸数率は表 5·4 より戸数 15 であるので $r=$
$80\% = 0.8$ となる。したがって，集合住宅の同時使用水量は，式（5·2）
より

$$Q_P{}' = Q_P \cdot N \cdot r = 48 \times 15 \times 0.8 = 576 \,(L/分) \fallingdotseq 580 \,(L/分)$$

3　事務所ビル等の同時使用水量の算定

① **給水用具給水負荷単位**（FU）は，給水用具の種類による使用頻度，使
　用時間及び多数の器具による同時使用を考慮した負荷率を見込んだもので
　ある。表 5·5 に給水用具給水負荷単位を示す。

重要 ② 　同時使用流量は，求めようとする区間の給水用具給水負荷単位を累計
　$\Sigma(FU)$ し，図 5·5 から求める。

▼ 表5・5　給水用具給水負荷単位

器具名	給水用具給水負荷単位		器具名	給水用具給水負荷単位	
	公衆用	私室用		公衆用	私室用
大便器（洗浄弁）	10	6	湯沸し器	2	
大便器（洗浄タンク）	5	3	台所流し		3
小便器（洗浄弁）	5		料理場流し	4	2
小便器（洗浄タンク）	3		浴槽	4	2
洗面器	2	1	シャワー	4	2
事務室用流し	3		掃除用流し	4	3

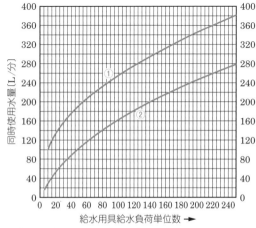

（注）　この図の曲線①は大便器洗浄弁の多い場合，曲線②は大便器洗浄タンク（ロータンク方式大便器など）の多い場合に用いる。

⬆ 図5・5　給水用具給水負荷単位による同時使用水量

例題 5・04

重要 次図に示す事務所ビル全体（6事務所）の同時使用水量を給水用具給水負荷単位により求めよ。

　　ここで，6つの事務所には，それぞれ大便器（洗浄弁），小便器（洗浄弁），洗面器，事務室用流し，掃除用流しが1栓ずつ設置されているものとし，各給水用具の給水負荷単位及び同時使用水量との関係は，表5・5及び図5・5を用いるものとする。

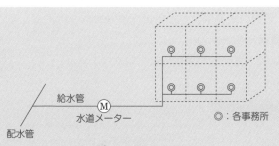

図　例題5・4

解説　各事務所の給水用具給水負荷単位を表5・5より求める。ここで，事務所では不特定多数の者が使用するので，表中の公衆用を用いる。

表　例題5・4の解

給水用具名	水　栓	給水用具給水負荷単位
		公　衆　用
大　便　器	洗　浄　弁	10
小　便　器	洗　浄　弁	5
洗　面　器	給　水　栓	2
事務室用流し	給　水　栓	3
掃除用流し	給　水　栓	4
合　　計		24

　1戸当たりの給水用具給水負荷単位は，上表より $FU=24$ である。したがって，事務所ビル全体の給水用具給水負荷単位の合計は，

　　$\sum(FU)=24\times6=144$ となる。

同時使用水量 Q_P は，図5・5の横軸 $\sum(FU)=144$ と曲線①（設問では大便器，小便器は洗浄弁である）の交点を結び，この点の縦軸の値となる。したがって，事務所ビル全体の同時使用水量 Q_P は，図5・5より $Q_P=300$〔L/分〕となる。

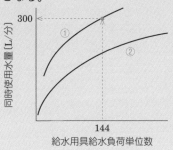

図　例題5・4の解

[参考] 設問の大便器及び小便器が洗浄タンクであった場合は，**器具給水負荷単位**がそれぞれ5と3になるのに注意する。また，同時使用流量は図5・5の**曲線②**を用いればよい。

3 直結増圧式の同時使用水量

注意! 　直結増圧式（直送式）は，**同時使用水量**を適正に設定することが，適切な**配管口径**の決定及び**直結加圧形ポンプユニット**の適正容量（吐出量及び揚程）の決定に不可欠である。

4 受水槽式給水法の容量

1　計画1日使用水量

注意! ① 　受水槽への給水量は，受水槽の容量と使用水量の時間的変化とを考慮して定める。一般には，1日当たりの計画使用水量を使用時間で除した水量とする。

② 　計画1日使用水量は，建物種類別単位給水量・使用時間・人員を基に算定し，当該施設の規模と内容，給水区域内における他の使用実態等を考慮して設定する。

重要 ③ 　**計画1日使用水量の算定**は，次の式で求められる。

$$Q_d = N \cdot q \tag{5・3}$$

ここに，Q_d：計画1日使用水量〔L/日〕　　N：人数

　　　　q　：建物種類別単位給水量〔L/人〕（表5・6）

◆ 表5・6　建物種類別単位給水量

建物種類	単位給水量 （1日当たり）	使用時間 （h/日）	注　記	有効面積 当たりの人員	備　考
戸建て住宅	200〜400 L/人	10	居住者 1人当たり	0.16 人/m²	
集合住宅	200〜350 L/人				
官公庁 事務所	60〜100 L/人	9	在勤者 1人当たり	0.2 人/m²	男子50 L/人，女子100 L/人 社員食堂・テナント等は， 別途加算
ホテル全体	500〜6,000 L/床	12			設備内容により検討
ホテル客室部	350〜450 L/床	12			客室部のみ

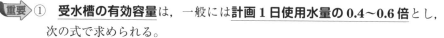

2 受水槽の容量

重要 ① **受水槽の有効容量**は，一般には**計画 1 日使用水量の 0.4～0.6 倍**とし，次の式で求められる。

$$V = (0.4 \sim 0.6) \cdot Q_d \tag{5・4}$$

ここに，V：受水槽の有効容量〔L，m^3〕

② 受水槽への給水量（揚水ポンプの吐出量）は，受水槽の容量と使用水量の時間的変化を考慮して定める。

例題 5・05

重要 受水槽式による総戸数 100 戸（2LDK が 40 戸，3LDK が 60 戸）の集合住宅 1 棟の標準的な受水槽容量を求めよ。

ただし，2LDK 1 戸当たりの居住人員は 3 人，3LDK 1 戸当たりの居住人員は 4 人とし，1 人 1 日当たりの使用水量は 250 L とする。

解説 計画 1 日使用水量は，式（5・3）より，2LDK 及び 3LDK の人数をそれぞれ N_1，N_2 とすると，

$$Q_d = (N_1 + N_2) \cdot q \tag{5・5}$$
$$= (40 \times 3 + 60 \times 4) \times 250 = 90,000 \, \text{L/日} = 90 \, \text{m}^3/\text{日}$$

受水槽の有効容量は，式（5・4）より，

$$V = (0.4 \sim 0.6) \times Q_d = (0.4 \sim 0.6) \times 90 = (36 \sim 54) \, \text{〔m}^3\text{〕}$$

（5）管路内の流量

出題ランク
★★★

1 管路内の流量

① 水平に置かれた管路内を流れる流量は，次の式で表される。

$$Q = Av = \frac{\pi D^2}{4} v \tag{5・6}$$

ここに，Q：流量〔m^3/秒〕

　　　　A：管の断面積〔m^2〕

　　　　D：管の直径〔m〕

　　　　v：流速〔m/秒〕

② 流量，断面積，流速の間には，式（5・6）より次の関係がある。

$$Q = A \cdot v \ [\text{m}^3/秒] = 3{,}600A \cdot v \ [\text{m}^3/\text{h}] \tag{5・7}$$

ここに，Q：流量〔$\text{m}^3/$秒，m^3/h〕

例題 5・06

注意！ 容量 $100 \ \text{m}^3$ の受水槽に，口径 75 mm の給水管で給水する場合の所要時間を求めよ。ただし，給水管の管内流速は 2 m/秒，断面積は $0.004 \ \text{m}^2$ とする。

解説 流量は，式（5・7）より

$$Q = 3{,}600A \cdot v = 3{,}600 \times 0.004 \times 2 = 28.8 \ [\text{m}^3/\text{h}]$$

受水槽の容量を V〔m^3〕，所要時間を t〔h〕とすると，

$$t = \frac{V}{Q} = \frac{100}{28.8} \fallingdotseq 3.5 \ [\text{h}]$$

したがって，約 3 時間 30 分必要である。

2 連続の法則

① 管内を流れる流体の流量は，任意の断面を単位時間に通過する流体の質量流量は一定である。これを**連続の法則**といい，次の式で表される。

$$Q = A_1 \rho_1 v_1 = A_2 \rho_2 v_2 \tag{5・8}$$

ここに，Q：流量〔$\text{m}^3/$秒〕

A_1，A_2：断面①②の断面積〔m^2〕

ρ_1，ρ_2：断面①②を流れる流体の密度〔kg/m^3〕

v_1，v_2：断面①②の流速〔m/秒〕

② 非圧縮性流体では $\rho_1 = \rho_2$ であるから，上の式は次のように表される。

重要

$$Q = A_1 v_1 = A_2 v_2 \tag{5・9}$$

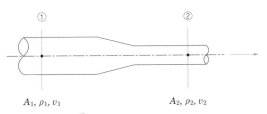

① ②

A_1, ρ_1, v_1　　　　A_2, ρ_2, v_2

▲図5・6　連続の法則

例題 5・07

重要 下図に示す管路において，流速 v_2 の値を求めよ。ただし，口径 $D_1 = 40$ mm，$D_2 = 25$ mm，流速 $v_1 = 1.0$ m/秒とする。

$v_1 = 1.0$ m/s
$v_2 \longrightarrow$
口径 $D_1 = 40$ mm
口径 $D_2 = 25$ mm

⌃図 例題 5・7

解説 式（5・6），式（5・9）より，

$$\frac{\pi D_1^{\,2}}{4} v_1 = \frac{\pi D_2^{\,2}}{4} v_2 \tag{5・10}$$

式（5・10）に $D_1 = 40$ mm $= 0.04$ m，$D_2 = 25$ mm $= 0.025$ m，$v_1 = 1.0$ m/s を代入すると，

$$\frac{\pi \times 0.04^2}{4} \times 1.0 = \frac{\pi \times 0.025^2}{4} \times v_2$$

$$\therefore \quad v_2 = \frac{0.04^2}{0.025^2} = 2.56 \ [\mathrm{m/s}]$$

（注） 式（5・6）の直径の単位はメートル〔m〕で表されている。しかし，設問ではミリメートル〔mm〕の単位が用いられている。このため，1 m＝1,000 mm を用いて，〔mm〕を〔m〕の単位に換算しなければならない。

実戦力アップのツボ　　　　　　　　　　　　　ウラ技登場!!

$0.04^2 = 0.0016$，$0.025^2 = 0.000625$ ですが，これを用いて計算しますか？ これは，大変だ！

そこで **ウラ技** です。

$$\frac{0.04^2}{0.025^2} = \left(\frac{0.04}{0.025}\right)^2 = \left(\frac{40}{25}\right)^2 = 1.6^2 = 2.56$$

条件によって必ずしも，このようになるとは限りませんが……。

5・3 給水管の口径決定

1 口径決定の基本原則

1 口径決定の概要

① 給水管の口径は，水道事業者が定める配水管の水圧（**計画最小動水圧**）において，計画使用水量を十分に供給できるもので，かつ，**経済性**も考慮した合理的な大きさとする。

② 給水管の口径は，**給水用具の立上がり高さ**と，**計画使用水量**に対する**総損失水頭**を加えたものが，給水管を取り出す配水管の**計画最小動水圧**の水頭以下となるように定める。

③ 将来の使用水量の増加，配水管の水圧変動等の圧力水頭を考慮して，ある程度の**余裕水頭**を確保しておく。

2 口径決定の手順

① 給水用具の**所要水量**を設定する。

② 同時に使用する給水用具を設定し，管路の各区間に流れる**流量**を求める。

③ **口径**を仮定し，その**口径**で給水装置全体の**所要水頭**が，配水管の**計画最小動水圧の水頭**以下であるかどうかを確かめる。

④ 仮定した口径が，**所要水頭＜計画最小動水圧の水頭**の条件を満足した口径が求める口径となる。

2 直結直圧式

1 直結直圧式給水の動水勾配線図

① 配水管から分岐した水は，分水栓，止水栓，水道メーター等を経由して給水栓から吐水される。このとき，給水管の摩擦損失や各種栓類の局部抵抗によって圧力が失われる。この圧力の大きさは水頭（長さの単位：m）で表される。

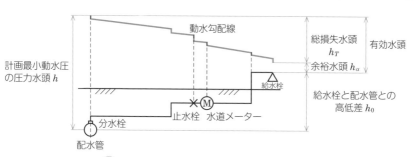

△ 図5・7　直結直圧式給水の動水勾配線図

② 図5・7に**直結直圧式給水の動水勾配線図**を示す。

③ **配水管内の水頭**は，次のように表される。

$$h = h_T + h_\alpha + h_0 \tag{5・11}$$

ここに，h：配水管内の水頭（**計画最小動水圧の水頭**）〔m〕

h_T：**総損失水頭**〔m〕

h_α：**余裕水頭**〔m〕

h_0：**給水栓と配水管の高低差**〔m〕

［**参考**］圧力$p ≒ 0.1$ MPaは，水頭$h ≒ 10$ mに相当する。

2　損失水頭

① **総損失水頭**は，式（5・12）～式（5・14）で求めることができる。

$$h_T = h_f + h_L \tag{5・12}$$
$$= h_f + (h_分 + h_給 + h_止 + h_メ + h_曲) \tag{5・13}$$

ここに，h_T：**総損失水頭**〔m〕

h_f：給水管の摩擦損失水頭〔m〕

h_L：給水管以外の損失水頭〔m〕

$h_分$：分水栓の損失水頭〔m〕

$h_給$：給水栓の損失水頭〔m〕

$h_止$：止水栓の損失水頭〔m〕

$h_メ$：水道メーターの損失水頭〔m〕

$h_曲$：曲がりや口径縮小などの損失水頭〔m〕

$$h_T = \frac{i \cdot (L + L_e)}{1,000} \tag{5・14}$$

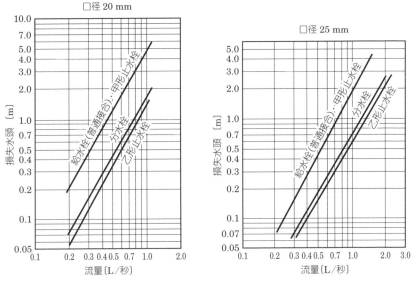

▲ 図5・8　水栓類の損失水頭（給水栓，止水栓，分水栓）

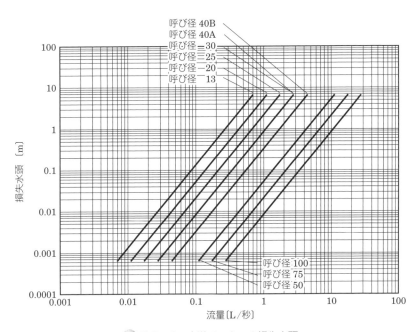

▲ 図5・9　水道メーターの損失水頭

ここに，i ：動水勾配〔‰〕（「パーミリ」と読み，1,000 分率を表す）

$\quad\quad L$ ：給水管の長さ〔m〕

$\quad\quad L_e$ ：直管換算長〔m〕

② **直管換算長**とは，水栓類，水道メーター，管継手部等による圧力損失が，これと同口径の直管の何 m 分の圧力損失に相当するかを**直管の長さ**で表したものである。

③ **給水管の摩擦損失水頭**h_f は，式（5·14）において $L_e=0$ として，次式より求めることができる。

重要
$$h_f = \frac{i \cdot L}{1,000} \tag{5・15}$$

重要 ④ **水栓類の損失水頭**（**給水栓**，**止水栓**，**分水栓**）は図 5·8，**水道メーターの損失水頭**は図 5·9 を用いて求める。

3 動水勾配

重要 単位長さ当たりの摩擦損失を**動水勾配**i といい，次の式で求めることができる。

$$i = \frac{h_T}{(L + L_e)} \times 1,000, \quad i = \frac{h_f}{L} \times 1,000 \tag{5・16}$$

例題 5·08

重要 配管の長さ **20 m** に対して損失水頭が **1 m** であったときの動水勾配を求めよ。ただし，直管換算長は考慮しないものとする。

解説 動水勾配は，式（5·16）より

$$i = \frac{h_T}{(L + L_e)} \times 1,000 = \frac{1}{20 + 0} \times 1,000 = 50 \text{〔‰〕}$$

4 流量図を用いた計算問題

重要 ① 流量図は，縦軸に流量，横軸に動水勾配をとり，口径と流速の関係を表した線図である。図 5·10 に流量図を示す。

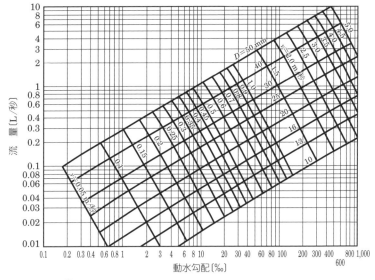

実戦力アップのツボ　　　　　　　　　　　　　　　　流量図の見方

　流量図や損失水頭線図は，縦軸，横軸ともに対数目盛になっているので等間隔ではありません。このため，読み方を誤ると，計算結果に大きな誤差を生じます。

　対数グラフでは目盛り上の 0.1〜0.2，1.0〜2.0，10〜20，100〜200 はそれぞれ同じ長さで作られています。

　同様に，0.2〜0.3，2.0〜3.0，20〜30，200〜300 もそれぞれ同じ長さで作られています。

　以下同様に 0.3〜0.4，3.0〜4.0，30〜40，300〜400 もそれぞれ同じ長さで作られています。

　しかし，これらの長さは順に短くなっています。

　特に，目盛りの距離の長い 0.1〜0.2，1.0〜2.0，10〜20，100〜200 の間は正確に読み取ることが必要です。中間点は，およそ目盛り間の長さの 60％ の点と考えてください。

　例えば，0.1〜0.2 の長さが 7 mm で作られていたら，7×0.6＝4.2〔mm〕の位置が 0.15 を表すものとして読んでください。

　また，縦軸と横軸の長さが同じように作られているとは限りません。

　流量図では，流速 v を表す線がありますが，斜線間の直角方向の距離を同様に読み取ります。

例題 **5·09**

重要 下図に示す給水管（口径 25 mm）において，A から F に向かって 48 L/min の水を流した場合，管路 A〜F 間の総損失水頭を求めよ。

ただし，総損失水頭は管の摩擦損失水頭と高低差のみの合計とし，水道メーター，給水用具類は配管内になく，管の曲がりによる損失水頭は考慮しない。

また，給水管の水量と動水勾配の関係は，図 5·10 を用いて求めるものとする。なお，A〜B，C〜D，E〜F は水平方向に，B〜C，D〜E は鉛直方向に配管されている。

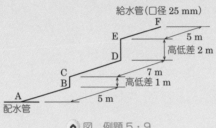

△ 図　例題 5·9

解説

i）**給水管の総損失水頭の合計** h は，給水管の摩擦損失水頭を h_f，高低差を h_0 とすると，次式で表される（給水管以外の損失水頭は題意により無視する）。

$$h = h_f + h_0 \tag{5·17}$$

ii）**摩擦損失水頭** h_f は，式（5·15）より求めることができる。

$$h_f = \frac{i \cdot L}{1,000} \tag{5·18}$$

・動水勾配 i は，図 5·10 の流量図から求める。流量 Q は，

$$Q = 48 \ (\text{L/min}) = \frac{48}{60} \ (\text{L/s}) = 0.8 \ (\text{L/s})$$

流量図の縦軸に 0.8 L/s をとり，口径を表す左下がりの直線 $D = 25$ mm との交点を求め，この点の横軸の値が動水勾配 $i = 150‰$ を表す。

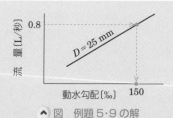

◎図 例題5・9の解

・給水管の長さ L は，$L=5+1+7+2+5=20$〔m〕
・したがって，給水管の摩擦損失水頭 h_f は，式（5・18）に $i=150‰$，$L=20$ m を代入すると，

$$h_f = \frac{150 \times 20}{1,000} = 3.0 \ \text{(m)}$$

iii）**高低差** h_0 は，$h_0 = 1+2=3$〔m〕
iv）給水管の**摩擦損失水頭と高低差の合計** h は，式（5・17）より

$$h = h_f + h_0 = 3+3 = \textbf{6 (m)}$$

例題 5・10

重要 下図に示す給水装置において，B 地点の余裕水頭が 5 m の場合の給水栓からの流出量（吐水量）を求めよ。

なお，計算に用いる数値条件は次のとおりとし，給水管の流量と動水勾配の関係は，図 5・10 を用いて求めるものとする。

① A–B 間の給水管の口径：**20 mm**
② 分水栓，甲形止水栓，水道メーター及び給水栓並びに管の曲がりによる損失水頭：**合計 8 m**
③ A 地点における配水管の水圧：水頭として **20 m**

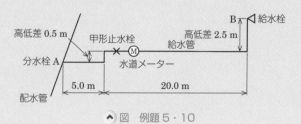

◎図 例題5・10

解説

i)　流出量は流量図から求められるが，これには口径と動水勾配が必要である。

ii)　**口径**は，条件より $D = 20\,mm$ である。

iii)　**動水勾配**は，式（5・18）より

$$i = \frac{h_f}{L} \times 1,000$$

iv)　**給水管の摩擦損失水頭** h_f は，式（5・11）及び式（5・13）より

$$h_f = h - h_\alpha - h_0 - (h_分 + h_給 + h_止 + h_メ + h_曲) \qquad (5 \cdot 19)$$

・A 地点における配水管の水圧は水頭として，$h = 20\,m$

・B 地点の余裕水頭は，$h_\alpha = 5\,m$

・**給水栓と配水管の高低差**は，$h_0 = 0.5 + 2.5 = 3\,(m)$

・分水栓，甲形止水栓，水道メーター及び給水栓並びに管の曲がりによる損失水頭は，$(h_分 + h_給 + h_止 + h_メ + h_曲) = 8\,m$

・したがって，**給水管の摩擦損失水頭** h_f は式（5・19）より，

　　　$h_f = 20 - 5 - 3 - 8 = 4\,(m)$

v)　給水管の**長さ** L は，$L = 5 + 0.5 + 20 + 2.5 = 28\,(m)$

vi)　**動水勾配** i は，式（5・16）に，$h_f = 4\,m$，$L = 28\,m$ を代入すると，

$$i = \frac{4}{28} \times 1,000 ≒ 143\,(‰)$$

vii)　**流出量**は，図 5・10 より $i = 143‰$ と $D = 20\,mm$ の交点を縦軸にとると，$Q = 0.45\,L/秒 = 0.45 \times 60\,(L/分) = $ **27（L/分）** となる。

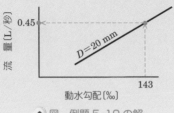

▲図　例題 5・10 の解

重要 下図に示す給水装置における B 点の余裕水頭を求めよ。

ただし，計算にあたって A–B 間の給水管の摩擦損失水頭，分水栓，甲形止水栓，水道メーター及び給水栓の損失水頭は考慮するが，曲がりによる損失水頭は考慮しないものとする。また，損失水頭等は，図 5·8～図 5·10 を使用して求めるものとし，計算に用いる数値条件は次のとおりとする。

① A 点における配水管の水圧：水頭として 20 m

② 給水栓の使用水量：0.6 L/s

③ A-B 間の給水管，分水栓，甲形止水栓，水道メーター及び給水栓の口径：20 mm

◆図 例題 5·11

解説

ⅰ） **余裕水頭** h_α は，式 (5·11) 及び式 (5·13) より，次の式で求められる。

$$h_\alpha = h - h_0 - (h_f + h_分 + h_給 + h_止 + h_メ + h_曲) \qquad (5·20)$$

ⅱ） **A 地点における配水管の水圧**は水頭として，$h = 20$ m

ⅲ） **給水栓と配水管の高低差** h_0 は，$h_0 = 1 + 3 = 4$ 〔m〕

ⅳ） **給水管の摩擦損失水頭** h_f は，式 (5·18) より求めることができる。

$$h_f = \frac{i \cdot L}{1,000}$$

・上式中の動水勾配 i は，図 5·10 の流量図から求める。流量図の縦軸に $Q = 0.6$ L/秒をとり，口径を表す左下がりの直線 $D = 20$ mm との交点を求め，この点の横軸の値が動水勾配 $i = 240$‰を表す（図 例題 5·11 の解 (a)）。

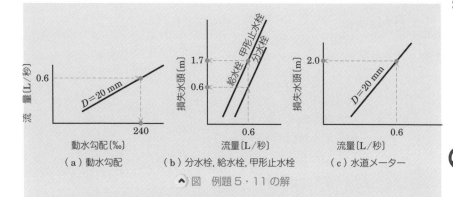

(a)動水勾配 (b)分水栓, 給水栓, 甲形止水栓 (c)水道メーター

⌃ 図　例題 5・11 の解

- 直管の長さ L は，$L = 4 + 1 + 12 + 3 = 20$〔m〕
- したがって，**給水管の摩擦損失水頭** h_f は式（5・18）に，$i = 240$‰，$L = 20$ m を代入すると

$$h_f = \frac{240 \times 20}{1,000} = 4.8 \text{〔m〕}$$

v）**分水栓の損失水頭** $h_分$ は，図 5・8 の口径 20 mm の線図を用い，流量 $Q = 0.6$ L/秒と分水栓との交点から $h_分 = 0.6$〔m〕（図 5・13（b））

vi）**給水栓**の損失水頭 $h_給$ は，図 5・8 の口径 20 mm の線図を用い，流量 $Q = 0.6$ L/秒と給水栓との交点から $h_給 = 1.7$〔m〕（図例題 5・11 の解（b））

vii）**甲形止水栓**の損失水頭 $h_止$ は，給水栓と同じ値となるので $h_止 = 1.7$〔m〕（図例題 5・11 の解（b））

viii）**水道メーター** $h_メ$ の損失水頭は，図 5・9 の呼び径 20 mm の線と流量 $Q = 0.6$ L/秒との交点から $h_メ = 2.0$〔m〕（図 例題 5・11 の解（c））

ix）曲がりによる損失水頭 $h_曲$ は，条件により，$h_曲 = 0$ m である。

x）**余裕水頭**は式（5・20）より，

$$h_\alpha = 20 - 4 - (4.8 + 0.6 + 1.7 + 1.7 + 2.0 + 0) = 5.2 \text{〔m〕}$$

5 章　給水装置計画論 ── 5・3　給水管の口径決定

161

5 口径の決定

重要 許容動水勾配は，次の式で求められる。

$$i = \frac{h - h_0 - h_\alpha}{L + L_e} \times 1{,}000 \tag{5・21}$$

ここに，i ：許容動水勾配〔‰〕

　　　　h ：配水管内の水頭〔m〕

　　　　h_0：配水管から給水栓までの垂直高さ〔m〕

　　　　h_α：余裕水頭〔m〕

　　　　L ：給水管の長さ〔m〕

　　　　L_e：分水栓，止水栓，水道メーター，給水栓等の直管換算長〔m〕

例題 5・12

重要 下図に示す給水装置における A–B 間で最低限必要な給水管口径を求めよ。

ただし，A–B 間の口径は同一で，損失水頭は給水管の損失水頭と総給水用具の損失水頭とし，給水管の流量と動水勾配の関係は図 5・10 を用い，管の曲がりによる損失水頭は考慮しないものとする。

また，計算に用いる数値条件は次のとおりとする。

① 配水管水圧：水頭として 20 m

② 給水管の使用水量：33 L/分

③ 余裕水頭：10 m

④ A–B 間の総給水用具（分水栓，甲形止水栓，水道メーター及び給水栓）の損失水頭：直管換算長として 25 m

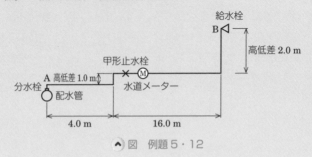

▲図　例題 5・12

解説

i ）給水管口径は，流量図を用い，流量と式（5・21）の許容動水勾配から求めることができる。

ii ）**流量 Q は**，

$$Q = 33\,\text{L/分} = \frac{33}{60}\,\text{〔L/秒〕} = 0.55\,\text{〔L/秒〕}$$

iii ）**許容動水勾配** i **は**，式（5・21）より

$$i = \frac{h - h_0 - h_\alpha}{(L + L_e)} \times 1{,}000$$

・A 地点における配水管の水圧は水頭として，$h = 20\,\text{m}$

・**給水栓と配水管の高低差** h_0 は，$h_0 = 1 + 2 = 3$ 〔m〕

・**余裕水頭** h_α は，$h_\alpha = 10\,\text{m}$

・直管の長さ L は，$L = 4 + 1 + 16 + 2 = 23$ 〔m〕

・A-B 間の総給水用具（分水栓，甲形止水栓，水道メーター及び給水栓）の損失水頭は，直管換算長 L_e として，$L_e = 25\,\text{m}$

（注）設問では損失水頭ではなく，**直管換算長として与えられていることに注意**！

・したがって，**許容動水勾配**は，

$$i = \frac{20 - 3 - 10}{(23 + 25)} \times 1{,}000 \fallingdotseq 146\,\text{〔‰〕}$$

iv ）**給水管の口径**は，流量図（図 5・10）の縦軸に流量 $Q = 0.55\,\text{L/秒}$ をとり，横軸に許容動水勾配 146‰をとり，その交点を求める。しかし，図 例題 5・12 の解に示すように，交点となるところに口径は存在しない。すなわち，管材の直径は $D = 10\,\text{mm}$，$13\,\text{mm}$，$16\,\text{mm}$，$20\,\text{mm}$，$25\,\text{mm}$……というように，段階的である。一般的に，口径は許容動水勾配以下となる口径とする。

また，ウォーターハンマを防止するため，管内流速を $2\,\text{m/秒}$ 以下となるように口径を決定する。この場合，口径を $D = 25\,\text{mm}$ とすると，流速は $v \fallingdotseq 1.2\,\text{m/秒}$ となる。

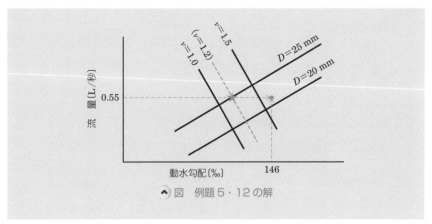

図　例題 5・12 の解

③ 直結増圧式の動水勾配線図

出題ランク
★★★☆☆

① 直結増圧式給水の動水勾配線図を図 5・11 に示す。

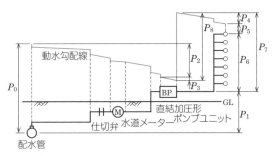

図 5・11　直結増圧式給水の動水勾配線図

P_0：配水管の水頭〔m〕

P_1：配水管と直結加圧形ポンプユニットとの**高低差**〔m〕

P_2：直結加圧形ポンプユニットの上流側の給水管及び給水用具の**圧力損失**〔m〕

P_3：直結加圧形ポンプユニットの**圧力損失**〔m〕

P_4：直結加圧形ポンプユニットの下流側の給水管及び給水用具の**圧力損失**〔m〕

P_5：末端最高位の給水用具を使用するために必要な圧力〔m〕

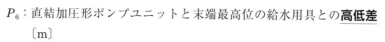

P_6：直結加圧形ポンプユニットと末端最高位の給水用具との**高低差**〔m〕

P_7：直結加圧形ポンプユニットの**吐水圧**〔m〕

P_8：直結加圧形ポンプユニットの加圧ポンプの全揚程〔m〕

注意! ② 直結加圧形ポンプユニットの**吐水圧の設定値**（P_7）は次式で表され，直結加圧形ポンプユニットの下流側の給水管及び給水用具の**圧力損失**（P_4），**末端最高位**の給水用具を使用するために**必要な水圧**（P_5），及び直結加圧形ポンプユニットと末端最高位の給水用具との**高低差**（P_6）の合計となる。

$$P_7 = P_4 + P_5 + P_6 \tag{5・22}$$

注意! ③ 直送式の直結加圧形ポンプユニットの吐水圧は，末端最高位の給水用具を使用するために必要な圧力を確保できるよう設定する。

例題 5・13

注意! 下図に示す給水装置における直結加圧形ポンプユニットの吐水圧（圧力水頭）を求めよ。

ただし，給水管の摩擦損失水頭と逆止弁による損失水頭は考慮するが，管の曲がりによる損失水頭は考慮しないものとし，給水管の流量と動水勾配の関係は，図 5・10 を用いるものとする。また，計算に用いる数値条件は次のとおりとする。

① 給水栓の使用水量：120 L/分

② 給水管及び給水用具の口径：40 mm

③ 給水栓を使用するために必要な圧力：水頭として 5 m

④ 逆止弁の損失水頭：10 m

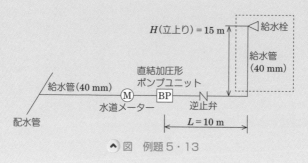

▲ 図 例題 5・13

解説

i) 直結加圧形ポンプユニットの吐水圧 P_7 は，式（5・22）で求めることができる。

$$P_7 = P_4 + P_5 + P_6$$

ii) P_4 は，条件により給水管の摩擦損失水頭 h_f と逆止弁の損失水頭 $h_逆$ を加えたもので，

$$P_4 = h_f + h_逆 \tag{5・23}$$

iii) **給水管の摩擦損失水頭** h_f は，式（5・18）より

$$h_f = \frac{i \cdot L}{1,000}$$

・上式中の**動水勾配** i は，図5・10の流量図から求める。流量図の縦軸に流量 $Q = 60\,\text{L/分} = 120/60\,〔\text{L/秒}〕= 2\,〔\text{L/秒}〕$ をとり，口径を表す左下がりの直線 $D = 40\,\text{mm}$ との交点を求め，この点の横軸の値が動水勾配 $i ≒ 90‰$ を表す。

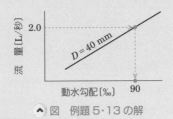

⌃図　例題5・13の解

・**直管の長さ** L は，$L = 10 + 15 = 25\,〔\text{m}〕$
・**摩擦損失水頭** h_f は，式（5・18）に $i = 90‰$，$L = 25\,\text{m}$ を代入すると，

$$h_f = \frac{90 \times 25}{1,000} = 2.25\,〔\text{m}〕$$

iv) **逆止弁の損失水頭**は，$h_逆 = 10\,\text{m}$

v) したがって，$P_4 = h_f + h_逆 = 2.25 + 10 = 12.25\,〔\text{m}〕$

vi) 末端最高位の給水用具を使用するために必要な圧力 P_5 は，条件より $P_5 = 5\,〔\text{m}〕$

vii）直結加圧形ポンプユニットと末端最高位の給水用具との**高低差** P_6 は，条件より $P_6 = 15\ \text{m}$

（**注**）　図 5・11 では P_6，設問の図では $H = 15\ \text{m}$ と表示されているが，$P_6 = H$ と考える。

viii）したがって，**直結加圧形ポンプユニットの吐水圧** P_7 は，式（5・22）より，

$$P_7 = P_4 + P_5 + P_6 = 12.25 + 5 + 15 = 32.25 \fallingdotseq 32\ \text{(m)}$$

実戦力アップの　ツボ　　　　　　　　　　**計算問題解法の秘訣**

① 　まず，問題を読んで，何を求めるのかを確認します。一般的に 1〜2 行目に書かれています。

② 　解答を導き出すための公式を確認します。その数は，検定試験では数種類に限定されます。

③ 　与えられている条件を確認します。単位の換算が必要な場合は，換算しておきます。

④ 　②の公式の中に③の条件を入れます。

⑤ 　④の空欄になっている項の値を，公式，図表等から算出します。計算は誤りのないように，線図の値はできるだけ正確に読み取りましょう。

⑥ 　②の公式に⑤の値を入れて，解答を求めます。

☀ 　図 5・8，図 5・9，図 5・10 は，約 1.5 倍程度に拡大コピーして，練習用として準備しましょう！

5·4 | 図面作成

1 平面図と立面図の関係

① 図5·12に平面図，図5·13に立面図を示す。

　　ただし，管種，口径及び延長は省略し，給水管及び給水用具の図式記号は考慮していない。

② 平面図と立面図の給水栓の設置個数が同じであること，配管の向きが正しく表示されていること，立上り部が立面図では高い位置に表示されていること等に注意する。

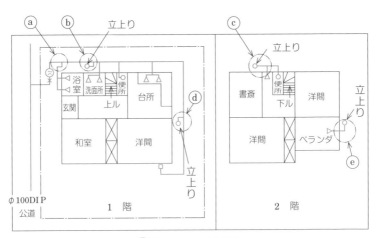

⌄図5·12　平面図

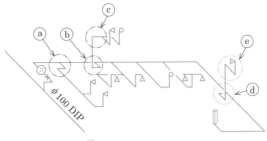

⌄図5·13　立面図

③ ⓐ部で分岐し，分岐後は西側に配管されている。

④ ⓑ部で分岐し，分岐後は西側に配管されている。立面図では立上り管として上部に配管されている。

⑤ ⓒ部では2階に立ち上がった後，東側に配管されている。

⑥ ⓓ部で分岐し，分岐後は南側に配管されている。立面図では立上り管として上部に配管されている。

⑦ ⓔ部では2階に立ち上がった後，さらに南側に配管されている。

問題① 給水装置工事の基本計画に関する次の記述の正誤の組合せのうち，適当なものはどれか。

ア　給水装置の基本計画は，基本調査，給水方式の決定，計画使用水量及び給水管口径等の決定からなっており，極めて重要である。

イ　給水装置工事の依頼を受けた場合は，現場の状況を把握するために必要な調査を行う。

ウ　基本調査のうち，下水道管，ガス管，電気ケーブル，電話ケーブルの口径，布設位置については，水道事業者への確認が必要である。

エ　基本調査は，計画・施工の基礎となるものであり，調査の結果は計画の策定，施工，さらには給水装置の機能にも影響する重要な作業である。

	ア	イ	ウ	エ
(1)	誤	正	正	誤
(2)	正	誤	誤	正
(3)	正	正	誤	正
(4)	正	正	誤	誤
(5)	誤	誤	正	正

解説 (3) ア，イ，エは記述のとおり。
ウ　基本調査のうち，下水道管，ガス管，電気ケーブル，電話ケーブルの口径，布設位置については，<u>埋設物管理者</u>への確認が必要である。　　　　**解答▶(3)**

問題② 給水方式に関する次の記述の正誤の組合せのうち，適当なものはどれか。

ア　直結式給水は，配水管の水圧で直結給水する方式（直結直圧式）と，給水管の途中に圧力水槽を設置して給水する方式（直結増圧式）がある。

イ　直結式給水は，配水管から給水装置の末端まで水質管理がなされた安全な水を需要者に直接供給することができる。

ウ　受水槽式給水は，配水管から分岐し受水槽に受け，この受水槽から給水する方式であり，受水槽流入口までが給水装置である。

エ　直結・受水槽併用式給水は，一つの建築物内で直結式，受水槽式の両方の給水方式を併用するものである。

	ア	イ	ウ	エ
(1)	正	正	誤	誤
(2)	正	誤	誤	正
(3)	正	誤	正	誤
(4)	誤	誤	正	正
(5)	誤	正	正	正

解説 (5) イ，ウ，エは記述のとおり。

ア 直結式給水は，配水管の水圧で直結給水する方式（直結直圧式）と，給水管の途中に**直結加圧形ポンプ**を設置して給水する方式（直結増圧式）がある。

解答▶(5)

問題③ 給水方式の決定に関する次の記述のうち，**不適当なものはどれか。**

(1) 直結直圧式の範囲拡大の取組みとして水道事業者は，現状における配水管からの水圧等の供給能力及び配水管の整備計画と整合させ，逐次その対象範囲の拡大を図っており，5階を超える建物をその対象としている水道事業者もある。

(2) 圧力水槽式は，小規模の中層建物に多く使用されている方式で，受水槽を設置せずにポンプで圧力水槽に貯え，その内部圧力によって給水する方式である。

(3) 直結増圧式による各戸への給水方法として，給水栓まで直接給水する直送式と，高所に置かれた受水槽にいったん給水し，そこから給水栓まで自然流下させる高置水槽式がある。

(4) 直結・受水槽併用式は，一つの建物内で直結式及び受水槽式の両方の給水方式を併用するものである。

(5) 直結給水方式は，配水管から需要者の設置した給水装置の末端まで有圧で直接給水する方式で，水質管理がなされた安全な水を需要者に直接供給することができる。

解説 (2) 圧力水槽式は，小規模の中層建物に多く使用されている方式で，**受水槽にいったん入水した後**，ポンプで圧力水槽に貯え，その内部圧力によって給水する方式である。

解答▶(2)

問題④ 給水方式の決定に関する次の記述の正誤の組合せのうち，**適当なものはどれか。**

ア　直結式給水は，配水管の水圧で直接給水する方式（直結直圧式）と，直結形ポンプユニットを設置して給水する方式（直結増圧式）がある。

イ　受水槽式給水は，配水管から分岐し受水槽に受け，この受水槽から給水する方式であり，受水槽出口で配水系統と縁が切れる。

ウ　水道事業者ごとに，水圧状況，配水管整備状況等により給水方式の取扱いが異なるため，その決定にあたっては，設計に先立ち，水道事業者に確認する必要がある。

エ　給水方式には，直結式，受水槽式及び直結・受水槽併用式があり，その方式は給水する高さ，所要水量，使用用途及び維持管理面を考慮し決定する。

	ア	イ	ウ	エ
(1)	誤	正	正	誤
(2)	正	誤	誤	正
(3)	正	誤	正	正
(4)	正	正	誤	誤

解説 (3) ア，ウ，エは記述のとおり。
イ　受水槽式給水は，配水管から分岐し受水槽に受け，この受水槽から給水する方式であり，受水槽入口で配水系統と縁が切れる。　　　　　　　　**解答▶(3)**

問題⑤ 受水槽式給水に関する次の記述のうち，**不適当なものはどれか。**

(1)　ポンプ直送式は，受水槽に受水したのち，使用水量に応じてポンプの運転台数の変更や回転数制御によって給水する方式である。

(2)　圧力水槽式は，受水槽に受水したのち，ポンプで圧力水槽に貯え，その内部圧力によって給水する方式である。

(3)　配水管の水圧が高いときは，受水槽への流入時に給水管を流れる流量が過大となるため，逆止弁を設置することが必要である。

(4)　受水槽式は，配水管の水圧が変動しても受水槽以降では給水圧，給水量を一定の変動幅に保持できる。

解説 (3) 配水管の水圧が高いときは，受水槽への流入時に給水管を流れる流量が過大となるため，減圧弁，低流量弁を設置することが必要である。　　**解答▶(3)**

問題⑥　直結給水システムの計画・設計に関する次の記述のうち，**不適当なものはどれか。**

(1)　給水システムの計画・設計は，当該水道事業者の直結給水システムの基準に従い，同時使用水量の算定，給水管の口径決定，ポンプ揚程の決定等を行う。

(2)　給水装置工事主任技術者は，既設建物の給水設備を受水槽式から直結式に切り替える工事を行う場合は，当該水道事業者の担当部署に建物規模や給水計画等の情報を持参して協議する。

(3)　直結加圧形ポンプユニットは，末端最高位の給水用具に一定の余裕水頭を加えた高さまで水位を確保する能力を持ち，安定かつ効率的な性能の機種を選定しなければならない。

(4)　給水装置は，給水装置内が負圧になっても給水装置から水を受ける容器等に吐出した水が給水装置内に逆流しないよう，末端の給水用具又は末端給水用具の直近の上流側において，吸排気弁の設置が義務付けられている。

(5)　直結増圧式は，配水管が断水したときに給水装置からの逆圧が大きいことから直結加圧形ポンプユニットに近接して減圧式逆流防止器を設置しなければならない。

解説　(4) 給水装置は，給水装置内が負圧になっても給水装置から水を受ける容器などに吐出した水が給水装置内に逆流しないよう，末端の給水用具又は末端給水用具の直近の上流側において，負圧破壊性能又は逆流防止性能を有する給水装置の設置，あるいは吐水口空間の確保が義務付けられている。　　　　**解答▶(4)**

問題⑦　下図に示す直結式給水による 2 階建て戸建て住宅で，**全所要水頭として適当なものはどれか。**

なお，計画使用水量は同時使用率を考慮して表-1 により算出するものとし，器具の損失水頭は器具ごとの使用水量において表-2 により，給水管の動水勾配は表-3 によるものとする。

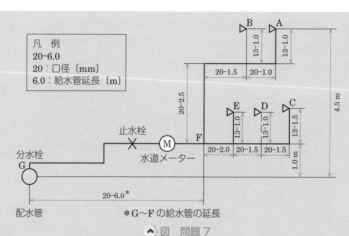

凡 例
20-6.0
20：口径〔mm〕
6.0：給水管延長〔m〕

止水栓
分水栓
G
水道メーター
F
配水管
20-6.0*
*G～F の給水管の延長

◆図 問題7

(1) 9.9 m

(2) 12.6 m

(3) 14.4 m

(4) 15.1 m

▼表-1 計画使用水量		
給水用具名	同時使用の有無	計画使用水量
A 台所流し	使用	12（L/分）
B 洗面器	―	8（L/分）
C 浴槽	使用	20（L/分）
D 洗面器	―	8（L/分）
E 大便器	使用	12（L/分）

▼表-2 器具の損失水頭	
給水用具等	損失水頭
給水栓 A（台所流し）	0.8（m）
給水栓 C（浴槽）	2.3（m）
給水栓 E（大便器）	0.8（m）
水道メーター	3.0（m）
止水栓	2.7（m）
分水栓	0.9（m）

▼表-3 給水管の動水勾配		
	13 mm	20 mm
12（L/分）	200（‰）	40（‰）
20（L/分）	600（‰）	100（‰）
32（L/分）	1,300（‰）	200（‰）
44（L/分）	2,300（‰）	350（‰）
60（L/分）	4,000（‰）	600（‰）

解説 **1. 区間 A-F の損失水頭**

⭐ 解答のヒント1：**分水栓 G から末端給水栓までの経路は，G-F-A と G-F-C の二つの系統がある。**

　設問の総所要水頭は，この二つの系統のうち総損失水頭が大きい値となる系統の値である。計算は下流から行い，区間 A-F，区間 C-F，区間 F-G の順に進めていく。

A–F の総損失水頭：表-1 の計画使用水量によると，給水栓 B は同時使用から外されているので管内を流れる流量は無視してよい。したがって，この区間の流量は給水栓 A（台所流し）の $Q = 12$ L/分のみとなる。

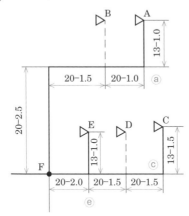

 図　問題 7 の解

(1) 給水栓 A（台所流し）の損失水頭
表-2 より，$h_L = 0.8$〔m〕

(2) A-ⓐの損失水頭
- 管径は $d = 13$ mm，流量 q は $q = 12$ L/分である。
- 動水勾配は表-3 から，$i = 200$‰である。
- 給水管の長さは，$L = 1.0$ m である。
- 損失水頭は，式（5・18）より，

$$h_f = \frac{i \cdot L}{1,000} = \frac{200 \times 1.0}{1,000} = 0.2 〔m〕$$

- 立上げ高さは，$h_0 = 1.0$〔m〕
- **A-ⓐの損失水頭**は，$0.2 + 1.0 = 1.2$〔m〕

(3) ⓐ-F の損失水頭
- 管径は，$d = 20$ mm,，流量は $q = 12$ L/分である。
- 動水勾配は表-3 から，$i = 40$‰である。
- 給水管の長さは，$L = 1.0 + 1.5 + 2.5 = 5.0$〔m〕である。
- 損失水頭は，式（5・18）より，

$$h_f = \frac{i \cdot L}{1,000} = \frac{40 \times 5.0}{1,000} = 0.2 〔m〕$$

- 立上げ高さは，$h_0 = 2.5$〔m〕
- **ⓐ-F の損失水頭**は，$0.2 + 2.5 = 2.7$〔m〕

（4）**A-F の損失水頭の合計**

・式（5・12）より，$h_T = h_f + h_L = 0.8 + (1.2 + 2.7) = 4.7$〔m〕

表 問題 7 の解-(1) 区間 A-F（A-ⓐ，ⓐ-F）の損失水頭

	管 径 〔mm〕	流 量 〔L/分〕	動水勾配 〔‰〕	給水管の 長さ 〔m〕	摩擦損失 水頭 ①〔m〕	器具の 損失水頭 ②〔m〕	立上げ 高さ ③〔m〕	損失水頭の 合計 ①+②+③〔m〕
A：台所流し						0.8		0.8
区間 A-ⓐ	13	12	200	1.0	0.2		1.0	1.2
区間ⓐ-F	20	12	40	5.0	0.2		2.5	2.7
合 計								**4.7**

2. 区間 C-F，E-F の損失水頭

解答のヒント 2：ⓔ点では，ⓔ-E とⓔ-C に分岐すると考える。

したがって，この区間は，C-F（C-ⓒ，ⓒ-ⓔ，ⓔ-F）と E-F（E-ⓔ，ⓔ-F）に分けて計算する。

ここでの所要水頭は

この二つの系統のうち，損失水頭が大きい値となる系統の値である。

・表-1 の計画使用水量によると，洗面器 D は同時使用から外されているので管内を流れる流量は無視してよい。

・区間 C-F の損失水頭（表 問題 7 の解-(2)）は，5.4 m である。

・区間 E-F の損失水頭（表 問題 7 の解-(3)）は，2.4 m である。

・したがって，大きいほうの区間 C-F の損失水頭 **5.4 m** が所要水頭となる。

表 問題 7 の解-(2) 区間 C-F（C-ⓒ，ⓒ-ⓔ，ⓔ-F）の損失水頭

	管 径 〔mm〕	流 量 〔L/秒〕	動水勾配 〔‰〕	給水管の 長さ 〔m〕	摩擦損失 水頭 ①〔m〕	器具の 損失水頭 ②〔m〕	立上げ 高さ ③〔m〕	損失水頭の 合計 ①+②+③〔m〕
C：浴槽						2.3		2.3
区間 C-ⓒ	13	20	600	1.5	0.9		1.5	2.4
区間ⓒ-ⓔ	20	20	100	3.0	0.3			0.3
区間ⓔ-F	20	20+12	200	2.0	0.4			0.4
合 計								**5.4**

▼表　問題 7 の解-(3)　区間 E-F（E-ⓔ, ⓔ-F）の損失水頭

	管　径（mm）	流　量（L/秒）	動水勾配（‰）	給水管の長さ（m）	摩擦損失水頭①（m）	器具の損失水頭②（m）	立上げ高さ③（m）	損失水頭の合計①+②+③（m）
E：大便器						0.8		0.8
区間 E-ⓔ	13	12	200	1.0	0.2		1.0	1.2
区間ⓔ-F	20	20＋12	200	2.0	0.4			0.4
合　計								**2.4**

3．分岐点 F の所要水頭

・分岐点 F の所要水頭は，区間 A-F の損失水頭と区間 C-F の損失水頭を比較し，大きいほうの値とする。

・区間 A-F の損失水頭（4.7 m）＜区間 C-F の損失水頭（5.4 m）となるので，後者の **5.4 m** を分岐点 F の所要水頭とする。

4．区間 F-G の損失水頭

・区間 F-G の損失水頭を表 問題 7 の解-(4) に示す。これより，損失水頭は **9.7 m** であることがわかる。

▼表　問題 7 の解-(4)　区間 F-G の損失水頭

	管　径（mm）	流　量（L/分）	動水勾配（‰）	給水管の長さ（m）	摩擦損失水頭①（m）	器具の損失水頭②（m）	立上げ高さ③（m）	損失水頭の合計①+②+③（m）
水道メーター	20					3.0		3.0
止水栓	20					2.7		2.7
分水栓	20					0.9		0.9
区間 F-G	20	12＋20＋12	350	6.0	2.1		1.0	3.1
合　計								**9.7**

5．設問の全所要水頭

・したがって，設問の全所要水頭は，区間 C-F の損失水頭 5.4 m と区間 F-G の損失水頭 9.7 m を合計した値となる。

・全所要水頭＝9.7＋5.4＝**15.1**〔m〕

6．解答は，(4) 15.1 m である。

解答▶（4）

圧力の単位について！

圧力の単位はパスカル〔Pa〕で表示されます。1 Pa は 1 m² 当たりに 1 N（ニュートン）の力が作用する大きさをいいます。しかし，給水の分野で用いられる圧力はパスカルの単位では大きな数字になりますので，接頭語を付けた次の単位が用いられます。MPa はメガパスカル，kPa はキロパスカルと読みます。

$$1\,\text{MPa} = 1{,}000\,\text{kPa} \qquad 1\,\text{kPa} = 1{,}000\,\text{Pa} \qquad 1\,\text{MPa} = 1{,}000{,}000\,\text{Pa}$$

ちなみに，気象情報で使われる大気圧はヘクトパスカル〔hPa〕で表されますが，1 hPa = 100 Pa のことです。

圧力と水頭について！

給水の分野では，水頭という用語が用いられます。圧力と水頭の関係を確認しておきましょう。

いま，高さが 10 m の配管（直径は小さくても，大きくてもかまいません，断面の形状も問いません）を垂直に立て，この配管に水を満たします。この配管の最低部の圧力は，水の密度 $\rho = 1{,}000\,\text{kg/m}^3$，重力の加速度 $g = 9.8\,\text{m/s}^2$，$h = 10\,\text{m}$ とすると，

$$p = \rho \cdot g \cdot h = 1{,}000 \times 9.8 \times 10 = 98{,}000\ \text{〔Pa〕} \fallingdotseq 100{,}000\ \text{〔Pa〕}$$

したがって，100,000 Pa = 100 kPa = 0.1 MPa となります。

すなわち，10 m の高さまで水を持ち上げるためには約 100 kPa（0.1 MPa）の圧力が必要になります。また，0.1 MPa の圧力は，水頭で表すと約 10.2 m になります。

動水勾配の単位〔‰〕について！

動水勾配の単位〔‰〕はパーミルと読み，1,000 分率を表します。%（パーセント）は 100 分率，すなわち 100 に対する割合を表します。これに対し，1,000 分率は 1,000 に対する割合を表しています。

10 進法と 60 進法について！

1 時間は 60 分，すなわち 60 進法で表されます。60 進法を 10 進法に換算するときは 60 で割ります。

例えば 15 分は 15/60 = 0.25 となりますので，15〔分〕= 0.25〔時間〕となります。

逆に，10 進法を 60 進法に換算するときは 60 を掛けます。例えば，0.4 時間は 0.4 × 60 = 24〔分〕ということになります。

アドバイス

給水装置工事事務論

合格への道しるべ

　給水装置工事事務論からの出題数は 5 問で，合格最低基準は 2 問です。本書ではこの科目を **6・1〜6・5** の 5 分野に分けて準備を進めていきますが，分野ごとの出題数が年度によって大きな変動があります。毎年のように安定して出題されているのは次の 2 分野です。

　　★ **6・1** の給水装置工事主任技術者（実際には 2 章の水道行政に記述されている内容）

　　★ **6・2** の認証制度

　このため，ここでは各分野の出題率が等しいものと扱って，出題傾向の高い分野を紹介することとします。

⑥・① 工事事務論

- ・1　給水装置工事主任技術者の職務（規則第 23 条）
- ・3　各段階で求められる知識と技術
- ・5　給水装置工事記録の保存

⑥・② 給水装置の構造及び材質の基準に係る認証制度

- ・1　認証制度の概要
- ・2　基準適合性の証明方法
- ・3　基準適合品の確認方法

⑥・③ 建設業法

- ・2　建設業の許可
- ・3　専任の技術者（一般建設業の場合）

⑥・④ 労働安全衛生法

- ・2　作業主任者の職務
- ・3　酸素欠乏症等防止規則

⑥・⑤ 建築基準法

- ・2　建築物に設ける飲料水の配管設備
- ・3　飲料水の配管設備の構造

1 給水装置工事主任技術者の職務（規則第23条）

① 給水装置工事主任技術者は，給水装置工事を適正に行うために，次に掲げる職務を誠実に行わなければならない。

注意! a. 給水装置工事に関する**技術上の管理**。

注意! b. 給水装置工事に**従事する者**の技術上の指導監督[*]。

　[*] 技術的能力の評価を行う必要はない。

重要 c. 給水装置工事に係る**給水装置の構造及び材質**が政令で定める基準に適合していることの**確認**。

重要 d. その他国土交通省令（水道法施行規則）で定める職務。

② ①d. で定める職務は次のとおりである。これを「水道事業者の給水区域において施行する給水装置工事に関し，**当該水道事業者と行う連絡又は調整**」という。

重要 a. 配水管から分岐して給水管を設ける工事を施行しようとする場合における**配水管の位置**の確認に関する水道事業者との**連絡調整**。

重要 b. **配水管**から**分岐**して**給水管**を設ける**工事**及び**給水装置**の**配水管への取付口**から**水道メーター**までの工事に係る**工法**，**工期**その他の工事上の条件に関する水道事業との**連絡調整**。

重要 c. 給水装置工事を**完了した旨の水道事業者への連絡**。ただし，軽微な工事[*]は除く。

　[*] 単独水栓の取替え及び補修並びにこま，パッキン等給水装置の末端に設置される給水用具の取替え（配管を伴わないものに限る）。

2 給水装置工事主任技術者に求められる知識と技能

1 求められる知識と技能

注意! ① 給水装置工事は，工事の内容が設計や施工が**不良**であれば，その給水装置によって水道水の供給を受ける需要者のみならず，配水管への**汚水の逆流**の発生等により**公衆衛生上**大きな被害を生じさせるおそれがある。

注意! ② 給水装置に関しては，布設される給水管や弁類等が地中や壁中に**隠れて**しまうので，施工の不良を**発見**することも，それが発見された場合の是正も容易ではないことから，適切な**品質管理**が求められる。

注意! ③ 給水条例等の名称で制定されている**供給規程**には，給水装置工事に関わる事項として，適切な工事施行ができる者の指定，水道メーターの設置位置，指定給水装置工事事業者が給水装置工事を施行する際に行わなければならない手続き等が定められているので，その内容を**熟知**しておく必要がある。

注意! ④ 新技術，新材料に関する**知識**，関係法令，条例等の**制定**，**改廃**についての知識を不断に修得するための努力を行うことが求められる。

⑤ ④の内容等は，**5年**ごとに行われる指定給水装置工事事業者の**更新時**に確認することが望ましい。

③ 各段階で求められる知識と技術

注意! **給水装置工事に関する技術上の管理**とは，**事前調査**，水道事業者等との**事前調整**，給水装置の**材料及び機材の選定**，工事方法の決定，施工計画の立案，必要な機械器具の手配，施工管理及び工程ごとの仕上がり検査等の管理をいう。

1 調査

1 事前調査

① **事前の調査**を十分に行い，工事現場の状況に応じて適正な**施工計画を策定**し，必要な人員の配置や指導を行う。

注意! ② 事前調査においては，地形，地質はもとより既存の**地下埋設物の状況**等について十分な調査を行う。

注意! ③ 主任技術者は，給水装置工事の事前調査において，技術的な調査を行うが，必要となる**官公署等の手続き**を漏れなく確実に行うことができるように，関係する水道事業者の**供給規程**のほか，**関係法令**等も調べる必要がある。

重要 ④ 給水装置の構造及び材質の基準で定められた**油類の浸透防止**，酸・アルカリに対する**防食**，**凍結防止**等の必要性について検討する。

2　水道事業者との調整

①　関係する水道事業者の供給規程や関係法令等を調べ，**官公署等の手続き**を漏れなく確実に行う。

②　道路下の配管工事は，工事の時期，時間帯，工事方法等について，あらかじめ**水道事業者，道路管理者，所轄警察署長**からの承認や許可等を受ける。

2　計画

1　給水装置工事の資機材の選定

①　給水装置に用いる給水管や給水用具は，給水装置の構造及び材質の基準に適合したものを使用する。

重要 ②　当該給水装置工事の施主から，工事に使用する給水管や給水用具を指定される場合がある。それらが，給水装置の構造及び材質の基準に適合しないものであれば，使用できない理由を明確にして施主に説明しなければならない。

注意! ③　配水管に給水管を接続する工事では，水道事業者によって指示されている使用機材や工法に従う。

2　工事方法の決定

重要 ①　給水管や給水用具から**汚水の吸引**や**逆流**，外部からの圧力による破壊，酸・アルカリによる**侵食**，電食，**凍結**等が生じないような措置を講じる。

②　給水装置工事に使用する弁類や継手，給水管の末端に使用する給水用具には，それぞれの特性や性能，施工上の**留意事項を熟知したうえで使用**する。

3　必要な機器器具手配

工程や使用材料に応じた適正な機械器具を判断し，施工計画の立案に反映し，現場の施工に用いることができるように手配する。

4　施工計画書，施工図

現場の給水装置工事を与えられた期間内で迅速かつ確実に行うため，**詳細な施工計画**及び**施工図**を定め，工事従事者に周知徹底する。

3 施工

1 工事従業者に対する技術上の指導監督

注意! ① **給水装置工事に従事する者の技術上の指導監督**とは，工事品質の確保に必要な，工事に従事する者の**技能**に応じた**役割分担**の指示，分担させた従事者に対する**品質目標，工期**その他施工管理上の目標に適合した工事の実施のための随時の技術的事項の指導及び監督をいう。

重要 ② 配水管と給水管の接続工事や道路下の配管工事については，水道施設の損傷，汚水の流入による水質汚染事故，漏水による道路の陥没等の事故を未然に防止するため，**適切に作業を行うことができる技能を有する者に工事を行わせるか**，又は**その者に**当該工事に従事する他の者を**実施に監督**させなければならない。

重要 ③ ②において，「給水装置工事主任技術者自らが必ず現場で監督しなければならない」とか，「自らが施工しなければならない」ということではない。

2 工程管理・品質管理・安全管理

注意! ① 主任技術者は，調査段階，計画段階に得られた情報に基づき，また，計画段階で関係者と調整して作成した施工計画書に基づき，**最適な工程**を定め，それを管理しなければならない。

② 品質管理は，工事の施主に対して，あらかじめ契約書等で約束している給水装置を提供するために必要不可欠である。

③ 給水装置の構造及び材質の基準に適合していることを確認し，工程ごとの工事品質の確認を励行する。

重要 ④ 安全管理については，工事の実施に伴う工事従事者の安全確保（**労働災害の防止**），工事の実施に伴う公衆に対する安全の確保（**公衆災害の防止**）がある。

注意! ⑤ 道路下の配管工事について，通行者及び通行車両の安全確保のほか，水道以外のガス管，電力線及び電話線等の保安について万全を期す必要がある。

3 工事従業者の健康の管理

注意! 給水装置工事主任技術者は，工事従事者の**健康状況**を管理し，水系感染症に注意して，どのような給水工事においても水道水を汚染しないよう管理する。

4 検 査

 ① 給水装置工事主任技術者は，**自ら又はその責任のもと信頼できる現場の従事者に指示する**ことにより，適正な竣工検査を実施する。

② 竣工検査は，新設，改造等の工事を行った後の給水装置が，基準省令に適合していることを確認し，施主に給水装置を引き渡すための最終的な工事品質確認である。

③ 検査項目は，p.260，表8・1「水質の確認項目」を参照。

 ④ **水道事業者**は，給水装置工事を施行した**指定給水装置工事事業者**に対し，その工事を施行した**給水装置工事主任技術者**を**検査に立ち会わせることを求めることができる***。

* 水道事業者から「立会い」の要求がない場合は，立ち会う必要はない。

5 報告又は資料の提出

 水道事業者は，**指定給水装置工事事業者**に対し，当該指定給水装置工事事業者が給水区域において施行した給水装置工事に関し必要な**報告又は資料の提出**を求めることができる。

④ 給水装置工事に従事する者及び指定給水装置工事事業者の責務

① 工事事業者は，給水装置工事主任技術者及びその他の給水装置工事に従事する者の給水装置工事の施行技術の向上のために，**研修の機会**を確保するよう努めなければならない。

② 給水装置工事主任技術者は，常に**技術の研鑽_{けんさん}**に努め，技術の向上に努めなければならない。

⑤ 給水装置工事記録の保存

 ① 指定給水装置工事事業者は，指名した給水装置工事主任技術者に給水装置**工事記録**として次の記録を作成させ，**3年間保存**しなければならない。ただし，軽微な変更*は，記録の整備の必要がない。

* p.94，⑥*参照。

 a. 給水装置工事の**施主の氏名**又は名称

注意！ b. **施行の場所**

注意！ c. 施行完了年月日

重要 d. **その工事の技術上の管理を行った**給水装置工事主任技術者の氏名

注意！ e. **竣工図**

注意！ f. 使用した**給水管及び給水用具のリストと数量**

重要 g. 工程ごとの給水装置の構造及び材質の基準に適合していることの**確認 方法及びその結果**

h. **品質管理**の項目とその結果

i. 竣工検査の結果

重要 ② 工事記録の様式は定められていない。指定給水装置工事事業者は，施行申請書に記録として残すべき事項が既に記載されていれば，その写しを記録として保存してもよい。

重要 ③ 給水装置工事に係る記録及び保管については，電子記録を活用することもできるので，事務の遂行に最も都合が良い方法で記録を作成して保存する。

重要 ④ 給水装置工事の記録作成は，指名された給水装置工事主任技術者が作成することになるが，給水装置工事主任技術者の指導・監督のもとで他の従業員が行ってもよい。

重要 ⑤ 工事記録は，個別の給水装置工事ごとに，給水装置工事を施行する際に生じた技術的問題等について，整理して記録にとどめ，以後の工事に活用することが望ましい。

6 基準適合品の使用

注意！ ① 給水装置工事主任技術者は，「給水装置の構造及び材質の基準」に**適合**した給水管や給水用具を用いて給水装置工事を行わなければならない。

② 給水装置工事主任技術者は，工事に適した機械器具等を用いて給水装置工事を行わなければならない。

6·2 給水装置の構造及び材質の基準に係る認証制度

① 認証制度の概要

出題ランク ★★★★★

注意！ ① 基準省令に定める「給水装置の構造及び材質の基準」の**性能基準**には，**耐圧，浸出，水撃限界，逆流防止，負圧破壊，耐寒及び耐久の7項目**の性能に係る基準が定められている。

重要 ② **基準適合品**であることを**証明する方法**としては，次に示す**認証制度**がある。
   a. **自己認証**
   b. **第三者認証**

重要 ③ ②に示す認証制度のほかに，給水管や給水装置で，構造材質基準に関する省令を包含する日本産業規格による JIS 認証（JIS マーク表示品*）や日本水道協会による団体規格（JWWA）等の検査合格品に適合した製品も使用することができる。

   ＊ **JIS マーク表示**は，国の登録を受けた民間の第三者機関が適合試験を行い，適合した製品にマークの表示を認める制度である。

② 基準適合性の証明方法

出題ランク ★★★★★

給水管及び給水用具が基準適合品であることを証明する方法としては，製造業者等が自らの責任で証明する**自己認証**と製造業者等が第三者機関に証明を依頼する**第三者認証**がある。**自己認証**は，証明方法の**基本**となるものである。

1 自己認証

重要 ① **自己認証**は，給水管，給水用具の**製造業者**らが**自ら**又は**製品試験機関**等に委託して得たデータや作成した資料等に基づいて，性能基準適合品であることを証明するものである。

重要 ② 自己認証の証明には，各製品が**設計段階**で基準省令に定める性能基準に適合している証明と，**製造段階**で品質の安定性が確保されていることの証明が必要である。

重要 ③ 設計段階での基準適合性は，自らが得た検査データや資料によって証明

してもよく，また，第三者の製品検査機関に依頼して証明してもよい。

2 第三者認証

注意! ① 第三者認証とは，製造業者等が中立的な第三者機関に製品試験や工場検査を依頼し，性能基準適合品であることを証明する制度である。

注意! ② 基準適合品には，登録してある**認証製品のマークの表示**が認められている。

注意! ③ 第三者認証を行う機関の要件及び業務実施方法は，**ISO**（国際標準化機構）のガイドラインに準拠したものであることが望ましい。

④ 第三者認証は，**自己認証が困難**な製造業者や第三者認証の**客観性**に着目して第三者による証明を望む製造業者等が活用する制度である。

注意! ⑤ 第三者認証は，第三者認証機関が**製品サンプル試験**を行い，性能基準に適合しているか否かを判定するとともに，性能基準適合品が**安定・継続して製造**されるか否かなどの検査を行って基準適合性を認証したうえで，当該認証機関の**認証マーク**を製品に表示することを認めるものである。

3 基準適合品の確認方法

出題ランク
★★★☆☆

注意! ① 給水装置用材料が使用可能か否かは，給水装置の構造及び材質の基準に関する省令に適合しているか否かであり，これを消費者，指定給水装置工事事業者，水道事業者等が判断することとなる。

重要 ② ①の判断資料として，**厚生労働省**では製品ごとの**性能基準**への適合性に関する情報を全国的に利用できる**給水装置データベース**を構築している。また，**第三者認証機関**のホームページでも情報提供をしている。

6・3 建設業法

① 建設業法の目的

出題ランク ★☆☆☆☆

注意! 　この法律は，建設業を営む者の**資質**の向上，建設工事の請負契約の適正化等を図ることによって，建設工事の適正な**施工**を確保し，**発注者**を保護するとともに，建設業の健全な発達を促進し，もって**公共**の福祉の増進に寄与することを目的とする。

② 建設業の許可

出題ランク ★★★★☆

1　一般建設業の許可と特定建設業の許可

注意! ①　建設業の許可は，**一般建設業**許可と**特定建設業**許可の二つがあり，どちらの許可も建設工事の種類*ごとに許可を取得することができる。

　　＊　管工事業，建築工事業，土木工事業等 28 の種類がある。

注意! ②　建設工事を請け負うことを**営業とする者**は，工事 1 件の**請負代金の額**にかかわらず建設業の許可が必要である。

③　**特定建設業**の許可を受けた者でなければ，**発注者から直接請け負った建設工事**を施工するため，その下請契約に係る下請代金の額が，1 件で，**4,500 万円*****以上**である下請契約を締結することはできない。

　　＊　建築工事業の場合は，7,000 万円以上となる下請契約。

④　**一般建設業**とは，③の**特定建設業以外**の**建設業**をいう。

注意! ⑤　**下請負人としてのみ**建設工事を施工する者は，請負金額の大小にかかわらず，一般建設業の許可で工事を請け負うことができる。

2　国土交通大臣の許可と都道府県知事の許可

重要 ①　**二以上の都道府県**の区域内に営業所を設けて建設業を営もうとする者は，**国土交通大臣の許可**を受ける。

注意! ②　**一の都道府県の区域内のみ**に営業所を設けて建設業を営もうとする者は，当該営業所の所在地を管轄する**都道府県知事**の許可を受ける。

重要 ③　建設業を営もうとする者は，**国土交通大臣**又は**都道府県知事**より，**一般**

建設業又は特定建設業の区分により，**建設工事の種類**ごとに許可を受けなければならない。

注意! ④　政令で定める次に示すような**軽微な工事**のみを請け負う場合は，建設業の**許可は必要ない**。

重要 a.　**管工事業**等（建築工事一式以外）の場合は，工事 1 件の請負代金の額が **500 万円未満**の工事のみを請け負う場合[*]。

＊　政令で定める軽微な建設工事のみを請け負うことを営業する者。

注意! b.　**建築一式工事**の場合は，工事 1 件の請負代金の額が **1,500 万円**未満の工事又は延べ面積が **150 m²** 未満の木造住宅工事のみを請け負う場合。

重要 ⑤　建設業の許可は **5 年**ごとに更新を受けなければ，その期間の経過によって，その効力を失う。

⑥　給水装置工事を請け負う場合は，**管工事業**の許可を受ける。

③ 専任の技術者（一般建設業の場合）

出題ランク
★★★★☆

　一般建設業の場合は，**営業所ごと**に，次のいずれかに**該当する者**で**専任の技術者**を置かなければならない。

①　定められた学校の指定学科を卒業後，定められた実務経験を有する者

②　許可を受けようとする建設業に係る建設工事に関し **10 年以上の実務の経験**を有する者

③　管工事業の場合は，**2 級管工事施工管理技士**（他業種の施工管理技士は該当しない）の資格を有する者

重要 ④　管工事業の場合は，**給水装置工事主任技術者免状**の**交付**を受けた後，管工事に関し **1 年以上実務の経験**を有する者

注意! ⑤　建築設備士となった後，管工事に関し 1 年以上の実務経験を有する者

注意! ⑥　登録計装試験に合格した後，管工事に関し 1 年以上の実務経験を有する者

注意! ⑦　技術士の二次試験のうち一定の部門（上下水道部門，衛生工学部門等）に合格した者

4 施工技術の確保

出題ランク
★★★★

1 主任技術者と監理技術者の設置

重要 ① **建設業者**[*1]は，その請け負った建設工事を施工するときは，**請負代金の額にかかわらず**，当該工事現場における建設工事の**施工**の**技術上の管理**をつかさどる**主任技術者**[*2]又は**監理技術者**を置かなければならない。

＊1 ここでいう建設業者とは，建設業法によって建設業の許可を受けた建設業者をいう。
＊2 建設業法の主任技術者と水道法の給水装置工事主任技術者は，全く異なった資格である。

② **主任技術者の資格要件**は，前2項「専任の技術者（一般建設業の場合）」の条件，①～⑦のいずれかに該当する者でなければならない。

③ 発注者から**直接工事を請け負った特定建設業者**は，下請契約の請負代金の額が **4,500万円以上**の金額となる場合は，当該工事現場における建設工事の施工の技術上の管理をつかさどる**監理技術者**を置かなければならない。

注意！ ④ 所属する建設会社と直接的で恒常的な雇用契約を締結している営業所専任技術者は，勤務する営業所の請負工事で，現場の業務に従事しながら営業所での職務も遂行できる距離と常時連絡を取れる体制を確保できれば，当該工事の**専任を要しない**監理技術者等になることができる。

2 主任技術者と監理技術者の職務

重要 ① 主任技術者及び監理技術者は，工事現場における建設工事を適正に実施するため，当該工事現場の**施工計画の作成**，**工程管理**，**品質管理**その他の**技術上の管理**及び当該建設工事の施工に従事する者の**技術上の指導監督**の職務を誠実に行わなければならない。

② 工事現場における建設工事の施工に従事する者は，主任技術者又は監理技術者がその職務として行う指導に従わなければならない。

3 経営事項審査

重要 ① 公共性のある施設又は工作物に関する建設工事を直接請け負う建設業者は，その許可を受けた国土交通大臣又は都道府県知事の経営事項審査を受けなければならない。ただし，緊急の必要その他やむを得ない事情がある建設工事にあってはこの限りでない。

② ①において，請負代金500万円（建築一式工事にあっては，1,500万円）未満の者は除かれる。

注意! ③ 給水装置工事主任技術者免状の交付を受けた後，管工事に関し1年以上の実務経験を有する者は，管工事業の**経営事項審査**における技術的能力の評価の対象である。

5 建設業法と給水装置工事主任技術者

注意! 建設業の許可が必要のない小規模な工事に携わる給水装置工事主任技術者においても，建設業法の知識は必要である。

6・4 労働安全衛生法

① 作業主任者

出題ランク ★★★★★

注意! ① 事業者は，労働災害を防止するため，**政令で定める作業**には作業主任者を選任し，その者に当該作業をする**労働者の指揮**その他厚生労働**省令で定める**事項を行わせなければならない。

注意! ② 作業主任者は，**都道府県労働局長の免許を受けた者**，又は**都道府県労働局長の登録**を受けた者が行う**技能講習を修了した者**のうちから，厚生労働省令で定めるところにより，作業区分に応じて選任される。

③ 労働安全衛生法で定める事業者は，次に示す作業には作業主任者を選任しなければならない。

注意! a. 掘削面の高さが**2 m 以上**の地山の掘削作業

注意! b. **土止め支保工**の切りばり又は腹起こしの取付け又は取外しの作業

注意! c. 高さが**5 m 以上**の構造の足場の組立て，解体又は変更の作業

注意! d. **酸素欠乏危険作業**

④ 表6・1に作業主任者を選任させる作業とその資格者（抜粋）を示す。

▶ 表6・1 作業主任者を選任すべき作業とその資格者（抜粋）

作業主任者を選任すべき作業	作業主任者の名称
掘削面の高さが2 m 以上となる地山の掘削作業	地山の掘削作業主任者
土止め支保工の切りばり又は腹起こしの取付け又は取外しの作業	土止め支保工作業主任者
型わく支保工の組立て又は解体の作業	型わく支保工の組立て等作業主任者
高さが5 m 以上の構造の足場の組立て，解体又は変更の作業	足場の組立て等作業主任者
空気中の酸素濃度が18％未満である第一種酸素欠乏危険作業（地下に敷設される物を収容するための暗きょ，マンホール又はピットの内部等）	酸素欠乏危険作業主任者[*1]
空気中の硫化水素濃度が10 ppm を超える第二種酸素欠乏危険作業（し尿，腐泥，汚水等のタンク，管，暗きょ，マンホール，ピットの内部等）	酸素欠乏危険作業主任者[*2]

＊1　第一種酸素欠乏危険作業主任者技能講習又は第二種酸素欠乏危険作業主任者技能講習を修了した者
＊2　第二種酸素欠乏危険作業主任者技能講習を修了した者

2 作業主任者の職務

① 各作業に共通する**作業主任者の主な職務**は次のとおりである。

重要 a. **作業の方法**及び**労働者の配置**を決定し，作業を**直接指揮**する。

重要 b. 器具，工具，保護具等の**機能を点検**し，不良品を**取り除く**。

重要 c. 保護具（安全帯，保護帽，安全靴等）の**使用状況**を**監視**する。

注意! ② **作業主任者**が作業現場に**立ち会い**，作業の進行状況を**監視**しなければ，当該作業を**施工させてはならない**。

注意! ③ 事業者は，作業主任者名や作業事項を作業現場の見やすい箇所に**掲示**すること等により，関係労働者に**周知**させる必要がある。

3 酸素欠乏症等防止規則

① 事業者は，酸素欠乏危険場所で作業するときは，その日の作業を開始する前に当該作業場の酸素*濃度を測定しなければならない。

> * 第二種酸素欠乏危険場所では酸素及び硫化水素。

注意! ② ①の規定によって測定を行ったときは，測定日時，測定方法，測定箇所，測定条件，測定結果，実施した者の氏名等を記録し，**3年間**保存しなければならない。

重要 ③ 事業者は，酸素欠乏危険作業に労働者を従事させる場合は，当該作業場の**酸素濃度を 18％以上***に保つように換気しなければならない。

> * 第二種酸素欠乏危険場所では，酸素濃度 18％以上，硫化水素濃度 10 ppm 以下（硫化水素濃度 10 ppm を超える空気を吸入すると，硫化水素中毒を発生するおそれがある）。

注意! ④ 事業者は，酸素欠乏危険作業に労働者を従事させる場合は，労働者を当該作業を行う場所に**入場させ**，及び**退場させるとき**に，**人員を点検**しなければならない。

注意! ⑤ 酸素欠乏危険作業を行う場合は，**酸素欠乏危険作業主任者**を置かなければならない。

注意! ⑥ 事業者は，酸素欠乏危険作業に労働者を従事させる場合で，当該作業を行う場所において酸素欠乏等のおそれが生じたときは，**直ちに作業を中止**し，労働者をその場所から退避させなければならない。

注意! ⑦ 事業者は，酸素欠乏症等にかかった労働者に，直ちに医師の診察又は処置を受けさせなければならない。

4 クレーンの運転業務

　クレーンの運転業務に従事する者が，労働安全衛生法施行令で定める**就業制限**に係る業務に従事するときは，これに係る**免許証**その他資格を証する書面を**携帯**していなければならない。

6章　給水装置工事事務論 ── 6・4　労働安全衛生法

1 給水の配管設備

① **コンクリート**への埋設等により腐食するおそれのある部分には，その材質に応じ有効な**腐食防止**のための措置を講ずる。

注意! ② **構造耐力上主要な部分**を貫通して配管する場合は，建物の構造耐力上支障を生じないようにする。

注意! ③ **エレベーター**に必要な配管設備を除いて，エレベーターの昇降路内に給水，排水その他の配管設備を**設置してはならない**。

注意! ④ **圧力タンク**及び**給湯設備**には，有効な安全装置を設置する。

2 建築物に設ける飲料水の配管設備

重要 ① **飲料水の配管設備**と**その他の配管設備**とは，**直接連結させないこと**。

重要 ② 冷温水配管や消火用配管等の飲料水以外の配管を直接連結することはできない。仕切弁や逆止弁を設けても，さや管で保護してもクロスコネクションとなる。

注意! ③ 水槽，流しその他水を入れ，又は受ける設備に給水する飲料水の配管設備の水栓の開口部にあっては，これらの設備の**あふれ面**と水栓の**開口部**との**垂直距離**を適当に保つ等有効な水の**逆流防止**のための措置を講じなければならない。

注意! ④ 給水管の**凍結**による**破壊**のおそれのある部分には，有効な**防凍**のための措置を講ずる。

注意! ⑤ 給水タンク及び貯水タンクは，ほこりその他衛生上有害なものが入らない構造とすること。

注意! ⑥ 金属製のタンクには，衛生上支障のない**さび止め**の措置を講じること。

3 飲料水の配管設備の構造

出題ランク
★★★★☆

1 給水管

注意! ① ウォータハンマが生ずるおそれがある場合においては，**エアチャンバ**を設ける等有効な**ウォータハンマ防止**のための措置を講ずる。

② 給水立て主管から**各階**への分岐管等主要な分岐管には，**分岐管に近接**した部分で，かつ，操作を容易に行うことができる部分に**止水栓**を設ける。

2 給水タンク（建築物の内部，屋上又は最下階の床下に設ける場合）

重要 ① タンクの**天井**，**底**又は**周壁**は，**保守点検**を容易かつ安全に行うことができること。

重要 ② タンクの天井，底又は周壁は，**建築物の他の部分と兼用しない**こと。

③ 内部の保守点検を容易かつ安全に行うことができる位置に**マンホール**を設けること。

　a．マンホールは，ほこり等が入らないように有効に立ち上げること（圧力タンクを除く）。

重要 　b．マンホールの直径は，**60 cm**の円が内接できる大きさとすること。

④ **水抜き管**を設ける等内部の保守点検を容易に行うことができる構造とする。

注意! ⑤ **圧力タンクを除き**，ほこり等が入らない構造の**オーバフロー管**を設けること。

重要 ⑥ **最下階の床下**その他浸水によりオーバフロー管から水が逆流するおそれのある場所に給水タンク等を設置する場合にあっては，浸水を容易に覚知することができるよう浸水を検知し警報する装置の設置その他の措置を講ずる。

⑦ 給水タンク等のうち，**内部が常時加圧**される**構造のものを除き**，ほこりその他衛生上有害なものが入らない構造の**通気のための装置**を有効に設ける。ただし，**有効容量が2 m³未満の給水タンク等については，この限りでない**。

注意! ⑧ **給水タンク等**の上にポンプ，ボイラー，空気調和機等の機器を設ける場合においては，飲料水を汚染することのないように**衛生上必要な措置**を講ずる。

問題① 水道法に定める給水装置工事主任技術者に関する次の記述のうち，不適当なものはどれか。

(1) 給水装置工事主任技術者試験の受験資格である「給水装置工事の実務の経験」とは，給水装置の工事計画の立案，現場における監督，施行の計画，調整，指揮監督又は管理する職務に従事した経験，及び，給水管の配管，給水用具の設置その他給水装置工事の施行を実地に行う職務に従事した経験のことをいい，これらの職務に従事するための見習い期間中の技術的な経験は対象とならない。

(2) 給水装置工事主任技術者の職務のうち「給水装置工事に関する技術上の管理」とは，事前調査，水道事業者等との事前調整，給水装置の材料及び機材の選定，工事方法の決定，施工計画の立案，必要な機械器具の手配，施工管理及び工程ごとの仕上がり検査等の管理をいう。

(3) 給水装置工事主任技術者の職務のうち「給水装置工事に従事する者の技術上の指導監督」とは，工事品質の確保に必要な，工事に従事する者の技能に応じた役割分担の指示，分担させた従事者に対する品質目標，工期その他施工管理上の目標に適合した工事の実施のための随時の技術的事項の指導及び監督をいう。

(4) 給水装置工事主任技術者の職務のうち「水道事業者の給水区域において施行する給水装置工事に関し，当該水道事業者と行う連絡又は調整」とは，配水管から給水管を分岐する工事を施行しようとする場合における配水管の位置の確認に関する連絡調整，工事に係る工法，工期その他の工事上の条件に関する連絡調整，及び軽微な変更を除く給水装置工事を完了した旨の連絡のことをいう。

解説 (1) 給水装置工事主任技術者試験の受験資格である「給水装置工事の実務の経験」は，設問中に記述されている内容であるが，これらの職務に従事するための見習い期間中の技術的な経験は，実務の経験の対象となる。　　　　　　**解答▶(1)**

問題② 給水装置工事における給水装置工事主任技術者（以下，本問においては「主任技術者」という）の職務に関する次の記述の正誤の組合せのうち，適当なものはどれか。

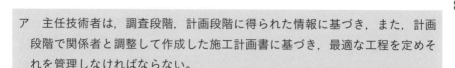

ア　主任技術者は，調査段階，計画段階に得られた情報に基づき，また，計画段階で関係者と調整して作成した施工計画書に基づき，最適な工程を定めそれを管理しなければならない。

イ　主任技術者は，工事従事者の安全を確保し，労働災害の防止に努めるとともに，水系感染症に注意して水道水を汚染しないよう，工事従事者の健康を管理しなければならない。

ウ　主任技術者は，配水管と給水管の接続工事や道路下の配管工事については，水道施設の損傷，漏水による道路の陥没等の事故を未然に防止するため，必ず現場に立ち会い施行上の指導監督を行わなければならない。

エ　主任技術者は，給水装置工事の事前調査において，技術的な調査を行うが，必要となる官公署等の手続きを漏れなく確実に行うことができるように，関係する水道事業者の供給規程のほか，関係法令等も調べる必要がある。

	ア	イ	ウ	エ
(1)	正	正	誤	正
(2)	誤	誤	正	誤
(3)	誤	正	誤	正
(4)	正	誤	正	誤

解説（1）ア，イ，エは記述のとおり。
ウ　配水管と給水管の接続工事や道路下の配管工事については，必ず現場に立ち会い施行上の指導監督を行わなければならないことではない。　　　　　　　　　**解答▶（1）**

問題 3　**給水装置工事主任技術者に求められる知識と技能に関する次の記述のうち，不適当なものはどれか。**

（1）　給水装置工事は，工事の内容が人の健康や生活環境に直結した給水装置の設置又は変更の工事であることから，設計や施工が不良であれば，その給水装置によって水道水の供給を受ける需要者のみならず，配水管への汚水の逆流の発生等により公衆衛生上大きな被害を生じさせるおそれがある。

（2）　給水装置に関しては，布設される給水管や弁類などが地中や壁中に隠れてしまうので，施工の不良を発見することも，それが発見された場合

の是正も容易ではないことから，適切な品質管理が求められる。

(3)　給水条例等の名称で制定されている給水要綱には，給水装置工事に関わる事項として，適切な工事施行ができる者の指定，水道メーターの設置位置，指定給水装置工事事業者が給水装置工事を施行する際に行わなければならない手続き等が定められているので，その内容を熟知しておく必要がある。

(4)　新技術，新材料に関する知識，関係法令，条例等の制定，改廃についての知識を不断に修得するための努力を行うことが求められる。

解説〉(3) 給水条例等の名称で制定されているのは**供給規程**である。　**解答▶(3)**

問題④　給水装置工事に係る記録の作成，保存に関する次の記述のうち，<u>不適当なもの</u>はどれか。

(1)　給水装置工事に係る記録及び保管については，電子記録を活用することもできるので，事務の遂行に最も都合が良い方法で記録を作成して保存する。

(2)　指定給水装置工事事業者は，給水装置工事の施主の氏名又は名称，施行場所，竣工図，品質管理の項目とその結果等について記録を作成しなければならない。

(3)　給水装置工事の記録については，特に様式が定められているものではないが，記録を作成し5年間保存しなければならない。

(4)　給水装置工事の記録作成は，指名された給水装置工事主任技術者が作成することになるが，給水装置工事主任技術者の指導・監督のもとで他の従業員が行ってもよい。

解説〉(3) 給水装置工事の記録については，特に様式が定められているものではないが，記録を作成し**3年間**保存しなければならない。　**解答▶(3)**

問題⑤　給水管及び給水用具の性能基準適合性の自己認証に関する次の記述のうち，<u>適当なもの</u>はどれか。

(1)　需要者が給水用具を設置するにあたり，自ら希望する製品を自らの責

任で設置することをいう。

(2)　製造者等が自ら又は製品試験機関等に委託して得たデータや作成した資料等によって，性能基準適合品であることを証明することをいう。

(3)　水道事業者自らが性能基準適合品であることを証明することをいう。

(4)　指定給水装置工事事業者が工事で使用する前に性能基準適合性を証明することをいう。

解説〉(2) 記述のとおり。

(1)，(3)，(4)　自己認証は，給水管，給水用具の製造業者らが自ら又は製品試験機関等に委託して得たデータや作成した資料等に基づいて，性能基準適合品であることを証明するものである。　　　　　　　　　　　　　　　　　　**解答▶(2)**

問題 6　**給水装置工事の構造及び材質の基準に関する省令に関する次の記述のうち，不適当なものはどれか。**

(1)　厚生労働省の給水装置データベースのほかに，第三者認証機関のホームページにおいても，基準適合品の情報提供サービスが行われている。

(2)　給水管及び給水用具が基準適合品であることを証明する方法としては，製造業者等が自らの責任で証明する自己認証と製造業者等が第三者機関に証明を依頼する第三者認証がある。

(3)　自己認証とは，製造業者が自ら又は製品試験機関等に委託して得たデータや作成した資料によって行うもので，基準適合性の証明には，各製品が設計段階で基準省令に定める性能基準に適合していることの証明で足りる。

(4)　性能基準には，耐圧性能，浸出性能，水撃限界性能，逆流防止性能，負圧破壊性能，耐寒性能及び耐久性能の7項目がある。

解説〉(3) 自己認証の証明には，各製品が設計段階で基準省令に定める性能基準に適合している証明と，製造段階で品質の安定性が確保されていることの証明が必要である。　　　　　　　　　　　　　　　　　　　　　　　**解答▶(3)**

問題 7　**給水装置用材料の基準適合品の確認方法に関する次の記述の　　　　　　内に入る語句の組合せのうち，適当なものはどれか。**

給水装置用材料が使用可能か否かは，給水装置の構造及び材質の基準に関す

る省令に適合しているか否かであり，これを消費者，指定給水装置工事事業者，水道事業者等が判断することとなる。この判断のために製品等に表示している　ア　マークがある。また，制度の円滑な実施のために　イ　では製品ごとの　ウ　基準への適合性に関する情報が全国的に利用できるよう　エ　データベースを構築している。

	ア	イ	ウ	エ
(1)	認証	経済産業省	性能	水道施設
(2)	適合	厚生労働省	システム	給水装置
(3)	適合	経済産業省	システム	水道施設
(4)	認証	厚生労働省	性能	給水装置

解説 (4) アは認証，イは厚生労働省，ウは性能，エは給水装置である。

解答▶(4)

問題8 給水装置工事主任技術者と建設業法に関する次の記述のうち，**不適当なものはどれか。**

(1) 建設業の許可は，一般建設業許可と特定建設業許可の二つがあり，どちらの許可も建設工事の種類ごとに許可を取得することができる。

(2) 水道法による給水装置工事主任技術者免状の交付を受けた後，管工事に関し1年以上の実務経験を有する者は，管工事業に係る営業所専任技術者になることができる。

(3) 所属する建設会社と直接的で恒常的な雇用契約を締結している営業所専任技術者は，勤務する営業所の請負工事で，現場の業務に従事しながら営業所での職務も遂行できる距離と常時連絡を取れる体制を確保できれば，当該工事の専任を要しない監理技術者等になることができる。

(4) 2以上の都道府県の区域内に営業所を設けて建設業を営もうとする者は，本店のある管轄の都道府県知事の許可を受けなければならない。

解説 (4) 2以上の都道府県の区域内に営業所を設けて建設業を営もうとする者は，国土交通大臣の許可を受けなければならない。

解答▶(4)

問題9 一般建設業において営業所ごとに専任する一定の資格と実務経験を有する者について，管工事業で実務経験と認定される資格等に関する次の記

述のうち，**不適当なもの**はどれか。

(1)　技術士の二次試験のうち一定の部門（上下水道部門，衛生工学部門等）に合格した者

(2)　建築設備士となった後，管工事に関し1年以上の実務経験を有する者

(3)　給水装置工事主任技術者試験に合格した後，管工事に関し1年以上の実務経験を有する者

(4)　登録計装試験に合格した後，管工事に関し1年以上の実務経験を有する者

解説 (3) 給水装置工事主任技術者の**免許交付後**，管工事に関し1年以上の実務経験を有する者。　　　　　　　　　　　　　　　　　　　　　　　**解答▶(3)**

問題⑩　労働安全衛生法に定める作業主任者に関する次の記述の　　　　内に入る語句の組合せのうち，**適当なもの**はどれか。

　事業者は，労働災害を防止するための管理を必要とする作業で，　ア　で定める作業については，　イ　の免許を受けた者又は　イ　の登録を受けた者が行う　ウ　を修了した者のうちから，　エ　で定めるところにより，作業の区分に応じて，作業主任者を選任しなければならない。

	ア	イ	ウ	エ
(1)	法律	都道府県労働局長	安全教育	条例
(2)	政令	都道府県労働局長	技能講習	厚生労働省令
(3)	法律	都道府県知事	安全教育	条例
(4)	政令	都道府県知事	技能講習	厚生労働省令

解説 (2) アは**政令**，イは**都道府県労働局長**，ウは**技能講習**，エは**厚生労働省令**である。　　　　　　　　　　　　　　　　　　　　　　　　　　**解答▶(2)**

問題⑪　労働安全衛生法施行令に規定する作業主任者を選任しなければならない作業に関する次の記述の正誤の組合せのうち，**適当なもの**はどれか。

ア　掘削面の高さが1.5m以上となる地山の掘削の作業

イ　土止め支保工の切りばり又は腹起こしの取付け又は取外しの作業

ウ　酸素欠乏危険場所における作業

エ　つり足場，張出し足場又は高さが5m以上の構造の足場の組立て，解体

又は変更作業

	ア	イ	ウ	エ
(1)	誤	正	正	正
(2)	正	誤	誤	正
(3)	誤	正	正	誤
(4)	正	誤	正	誤
(5)	誤	誤	誤	正

解説 (1) イ，ウ，エは記述のとおり。
ア 掘削面の高さが **2 m** 以上となる地山の掘削の作業。　　　　　**解答▶(1)**

問題⑫ 労働安全衛生法上，酸素欠乏危険場所で作業する場合の事業者の措置に関する次の記述のうち，**誤っているもの**はどれか。
(1) 事業者は，酸素欠乏危険作業主任者を選任しなければならない。
(2) 事業者は，作業環境測定の記録を 3 年間保存しなければならない。
(3) 事業者は，労働者を作業場所に入場及び退場させるときは，人員を点検しなければならない。
(4) 事業者は，作業場所の空気中の酸素濃度を 16 % 以上に保つように換気しなければならない。
(5) 事業者は，酸素欠乏症等にかかった労働者に，直ちに医師の診察又は処置を受けさせなければならない。

解説 (4) 事業者は，作業場所の空気中の酸素濃度を **18 %** 以上に保つように換気しなければならない。　　　　　**解答▶(4)**

問題⑬ 建築物に設ける飲料水の配管設備に関する次の記述の正誤の組合せのうち，**適当なもの**はどれか。
ア ウォータハンマが生ずるおそれがある場合においては，エアチャンバを設ける等有効なウォータハンマ防止のための措置を講ずる。
イ 給水タンクは，衛生上有害なものが入らない構造とし，金属性のものにあっては，衛生上支障のないように有効なさび止めのための措置を講ずる。
ウ 防火対策のため，飲料水の配管と消火用の配管を直接連結する場合は，仕切弁及び逆止弁を設置する等，逆流防止の措置を講ずる。

エ　給水タンク内部に飲料水以外の配管を設置する場合には，さや管等により，防護措置を講ずる。

	ア	イ	ウ	エ
(1)	正	誤	正	誤
(2)	正	正	誤	誤
(3)	誤	正	正	正
(4)	誤	誤	正	正
(5)	誤	正	誤	正

解説 (2) ア，イは記述のとおり。

ウ　飲料水の配管と飲料水以外の配管（消火用の配管等）を直接連結させてはならない。

エ　給水タンク内部には，飲料水以外の配管設備を設けてはならない。

解答▶(2)

「指定給水装置工事事業者」,「給水装置工事主任技術者」の出題について！

この問題は6章の給水装置工事事務論の科目で主に出題されていますが，本書では関連項目との関係で2章の水道行政で詳述しました。読み落としのないようにご注意ください。

事務論？

この科目に付けられているタイトルです。日頃，私達が使っている「事務」のイメージとは異なり，前述のように水道法からの内容であったり，実務に直接関わる内容であったり，専門的な知識が要求されている科目です。くれぐれも油断のないようにしましょう。

長文問題の対策法！

① 長文の中にあるキーワードにアンダーラインを付けます。

② 明らかに正しいと判断できるものには〇印を付けます。誤っているものには×印を，判断ができないものには△印を付けます。ここでは，焦らず，ゆっくりと，落ち着いて考えましょう。

③ 再度〇，×，△を吟味します。

④ この作業を何度か繰り返し，〇，×，△の結論を出して最終判断をします。

学科試験1が終了しました！

「学科試験1」は6科目，40問題，試験時間150分で構成されています。この中には計算問題の2〜4問が含まれ，解答にはかなりの長時間が必要です。時間配分を誤ると焦ってしまい，とんでもないミスを誘発してしまいます。一例として，計算問題に50分，それ以外の問題に100分程度の割合を考えて解答したらどうでしょうか。

試験開始30分後から試験終了15分前まで，途中退室が認められています。早々と退出する受験生をよく見かけますが，ここは落ち着いて，けっして惑わされることなく，マイペースで試験時間終了まで諦めないで問題に取り組みましょう。残された時間は，一呼吸置いて見直しに費やしてください。とんでもない誤りに気づくかもしれません。

それにしても，よくがんばりました。それでは，ここで一休みして，次のステップに進みましょう。

アドバイス

給水装置の概要

合格への道しるべ

　給水装置の概要からの出題数は 15 問で，合格最低基準は 5 問です。問題数の合計が 60 問ですから，(15/60)×100＝25％，すなわち全体の 1/4 を占めています。しかも，基本的な内容が出題され，実務に直結した平易な内容が多くありますので，受験準備に十分な配慮をすることによって高得点が期待できます。

　この科目は 3 章と同様に見出しが多いため，出題率を段階的に分類してご案内していきましょう。

★【80％以上の確率で出題されている見出し】

7・**①** 給水管と継手

- 4　合成樹脂管
- 5　継手

7・**②** 給水用具

- 2　止水栓
- 3　給水栓
- 4　弁類 2「逆止弁」
- 9　湯沸器
- 10　浄水器
- 11　直結加圧形ポンプユニット

7・**③** 水道メーター

- 1　水道メーターの概要
- 2　水道メーターの種類

★【50％以上の確率で出題されている見出し】

7・**④** 給水用具の故障と修理

- 2　ボールタップの故障と対策
- 3　ボールタップ付ロータンクの故障と対策
- 7　定水位弁の故障と対策

★【30％以上の確率で出題されている見出し】
洗浄弁，水道メーターの構造，水道メーター選定の留意事項等

7・1 | 給水管と継手

1 鋼 管

出題ランク ★★★

1 硬質塩化ビニルライニング鋼管

重要 ① 硬質塩化ビニルライニング鋼管は，鋼管の内面に硬質塩化ビニルをライニングした管で，**機械的強度**が大きく，**耐食性**に優れている。

注意! ② 室内及び埋設用に対応できる管には**外面仕様**の異なるものがあるので，管の選定にあたっては，環境条件を十分考慮する必要がある。

③ 外面仕様により次の3種類がある。

a. SGP-VA……屋内配管用（外面は茶色の防せい塗装）

b. SGP-VB……屋内配管及び屋外露出配管用（外面は亜鉛めっき）

c. SGP-VD……地中埋設配管及び屋外露出配管用（外面は青色の硬質ポリ塩化ビニル）

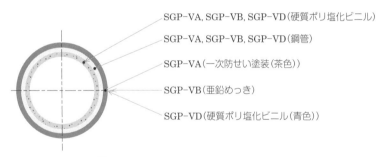

SGP-VA, SGP-VB, SGP-VD(硬質ポリ塩化ビニル)

SGP-VA, SGP-VB, SGP-VD(鋼管)

SGP-VA(一次防せい塗装(茶色))

SGP-VB(亜鉛めっき)

SGP-VD(硬質ポリ塩化ビニル(青色))

⌃ 図7・1 硬質塩化ビニルライニング鋼管

2 耐熱性硬質塩化ビニルライニング鋼管

① 耐熱性硬質塩化ビニルライニング鋼管は，鋼管の内面に耐熱性硬質塩化ビニルをライニングした管である。

② 連続使用許容温度は**85℃以下**で，**給湯配管**や**冷温水管**に使用される。

3 ポリエチレン粉体ライニング鋼管

① ポリエチレン粉体ライニング鋼管は，鋼管の内面にポリエチレン粉体を熱融着によりライニングした管である。

② 外面仕様により SGP-PA，SGP-PB，SGP-PD がある。

4 ステンレス鋼鋼管

重要 ① ステンレス鋼鋼管は，ステンレス鋼帯から自動造管機により製造される管で，**耐食性**が優れている。

重要 ② 薄肉だが**強度的**に優れ，**軽量化**しているので取扱いが容易である。

重要 ③ **波状ステンレス鋼管**は，ステンレス鋼鋼管に波状部を施した製品で，変位吸収性を有し，**耐震性**に富み，波状部において任意の角度が形成でき，**継手が少なくてすむ**等配管の施工性が良い。

④ 管の保管，加工に際しては，かき傷やすり傷を付けないよう**取扱いに注意する**。

② 銅 管

重要 ① 銅管は，**引張強さ**が比較的大きく，アルカリに侵されず**耐食性**に優れ，スケールの発生も少ない。

注意！ ② 薄肉化しているので**軽量**で取扱いが容易であるが，管の保管，運搬に際しては，**凹み等をつけない**よう注意する。

重要 ③ 給湯配管として使用する場合には，**pH が低く**，**遊離炭酸が多い水質**では**孔食が起こる**ことがある。

③ ダクタイル鋳鉄管

注意！ ① ダクタイル鋳鉄管は，鋳鉄組織中の黒鉛が球状のため，**強じん性**に富み**衝撃に強く**，**強度**及び**耐久性**に優れている。

② 継手に**伸縮可とう性**があるので管が地盤変動に追従できる。

注意！ ③ ダクタイル鋳鉄管の内面防食は，直管はモルタルライニングとエポキシ樹脂粉体塗装があり，異形管はエポキシ樹脂粉体塗装である。

(4) 合成樹脂管

合成樹脂管には，**硬質ポリ塩化ビニル管**，耐衝撃性硬質ポリ塩化ビニル管，耐熱性硬質ポリ塩化ビニル管，水道用ポリエチレン二層管，水道配水用ポリエチレン管，水道給水用ポリエチレン管，架橋ポリエチレン管，ポリブデン管がある。

1 硬質ポリ塩化ビニル管

注意! ① 硬質ポリ塩化ビニル管は，引張降伏強さが比較的大きく，**耐食性**，**耐電食性**に優れている。

重要 ② 主に道路内及び宅地内の埋設管として用いられている。

重要 ③ 難燃性であるが，**熱及び衝撃には比較的弱い**。

④ 直射日光による劣化や温度の変化による伸縮性があるので，配管施工等において注意を要する。

注意! ⑤ 接合時にはパイプ端面をしっかりと面取りし，継手だけでなくパイプ表面にも適量の接着剤を塗布し，接合後は一定時間，接合部の抜出しが発生しないよう保持する。

注意! ⑥ 接着接合後，通水又は水圧試験を実施する場合，使用する接着剤の施工要領を厳守して，接着後24時間以上経過してから実施する。

注意! ⑦ 硬質ポリ塩化ビニル管は，有機溶剤，ガソリン，灯油，油性塗料，クレオソート（木材用防腐剤），シロアリ駆除剤等に，管や継手部のゴム輪が長期接すると，管・ゴム輪は侵されて，き裂や膨潤軟化により漏水事故や水質事故を起こすことがあるので，これらの物質と接触させない。

2 耐衝撃性硬質ポリ塩化ビニル管

重要 ① 耐衝撃性硬質ポリ塩化ビニル管は，硬質ポリ塩化ビニル管の耐衝撃強度を高めるように改良されたものである。

重要 ② 長期間，直射日光に当たると耐衝撃強度が低下することがある。

③ 硬質ポリ塩化ビニル管と同様の特徴があるが，瞬間湯沸器に機器作動に異常があった場合，管の使用温度を超える場合があるので**瞬間湯沸器**には**使用できない**。

④ 主に道路内及び宅地内の埋設管として用いられている。

3 　耐熱性硬質ポリ塩化ビニル管

① 　耐熱性硬質ポリ塩化ビニル管は，硬質ポリ塩化ビニル管を耐熱用に改良したものである。

注意! ② 　**90℃**以下の給湯配管に使用できるが，水温に応じ設計圧力が定められているので，その上限を超えないように**減圧弁を**設置する。

③ 　伸縮量が大きいので，配管方法によって伸縮を吸収する必要がある。

④ 　瞬間湯沸器には使用しない。

4 　水道用ポリエチレン二層管

① 　水道用ポリエチレン二層管は，主に道路内及び宅地内の埋設管として用いられている。

注意! ② 　軽量で柔軟性があり現場での手曲げ配管が可能である。

③ 　長尺物のため，少ない継手で施工できる。

注意! ④ 　低温での耐衝撃性に優れ，耐寒性があるので寒冷地の配管に用いられている。

⑤ 　管の保管は直射日光を避け，他の管種と比べて柔らかいため**傷が付きやすい**ので，取扱いに注意する。

注意! ⑥ 　有機溶剤，ガソリン，灯油，油性塗料，クレオソート（木材用防腐剤），シロアリ駆除剤等に長期間接すると，管に浸透し，管の軟化や劣化を起こすことがある。

5 　水道配水用ポリエチレン管

注意! ① 　高密度ポリエチレン樹脂を主材料とした φ50 mm 以上の管で，耐久性，耐食性，衛生性に優れ，軽量で取扱いが容易である。

② 　管に柔軟性があるので，災害現場や泥濘地の施工が可能である。地震，地盤変動に適応できる。

注意! ③ 　ガソリン，灯油等の有機溶剤に長期間接すると，管に浸透し，管の軟化や劣化を起こすことがある。

6 　水道給水用ポリエチレン管

注意! ① 　高密度ポリエチレン樹脂を主材料とした管で，耐久性，耐食性，衛生性に優れている。

② 長尺物では少ない継手で施工でき，手曲げ配管が可能である。

③ 管に柔軟性があるので，災害現場や泥濘地（でいねいち）の施工が可能である。地震，地盤変動に適応できる。

④ 管の保管は直射日光を避け，他の管種と比べて柔らかいため**傷が付きやすい**ので，取扱いに注意する。

注意! ⑤ ガソリン，灯油，有機溶剤，油性塗料，クレオソート（木材用防腐剤），シロアリ駆除剤等に長期間接すると，管に浸透し，管の軟化や劣化を起こすことがある。

7 架橋ポリエチレン管

重要 ① 架橋ポリエチレン管は，**耐熱性**，**耐寒性**及び**耐食性**に優れ，軽量で柔軟性に富んでいる。

② 管内にスケールが付きにくく，流体抵抗が小さい等の特長がある。

注意! ③ 架橋ポリエチレン管は，長尺物のため，中間での接続が不要になり，施工も容易である。

注意! ④ 給水・給湯の集合住宅や戸建て住宅の屋内配管で使用されている。

注意! ⑤ 管の保管は直射日光を避け，傷が付かないように保管，運搬，施工に注意する。

重要 ⑥ 95℃以下の給湯配管に使用できるが，水温による設計圧力が定められているので，その上限を超えないように**減圧弁**を設置する。

重要 ⑦ 有機溶剤，ガソリン，灯油，油性塗料，クレオソート（木材用防腐剤），シロアリ駆除剤等に長期間接すると，管に浸透し，管の軟化や劣化を起こすことがある。

8 ポリブデン管

重要 ① ポリブデン管は，**高温時でも高い強度**をもち，金属管に起こりやすい**浸食**もないので**温水用配管**に適している。

重要 ② 前項7の④〜⑦の特徴がある。ただし，給湯温度は90℃以下とし，減圧弁を設置する。

⑤ 継 手

重要 ① **硬質塩化ビニルライニング鋼管**のねじ接合には，**管端防食継手**を使用しなければならない。

重要 ② ステンレス鋼鋼管の主な継手には，伸縮可とう式継手とプレス式継手がある。

重要 ③ ダクタイル鋳鉄管の接合方式は多種多様であるが，一般に給水装置では，メカニカル継手，プッシュオン継手及びフランジ継手の3種類である。

重要 ④ 硬質ポリ塩化ビニル管の主な接合方法には，接着剤によるTS接合とゴム輪によるRR接合がある。

重要 ⑤ 水道用ポリエチレン二層管の継手は，一般的に金属継手が用いられる。

重要 ⑥ 架橋ポリエチレン管の継手の種類は，EF継手とメカニカル式継手がある。

重要 ⑦ 各種配管の接合方法を表7・1に示す。

▼表7・1 各種配管の接合方法

配　管　名	接　合　方　法
硬質塩化ビニルライニング鋼管	管端防食継手(注)
ステンレス鋼鋼管	伸縮可とう式継手，プレス式継手
銅管	ろう付・はんだ付継手，機械継手（プレス式接合）
ダクタイル鋳鉄管	メカニカル継手（GX形異形管，K形） プッシュオン継手（GX形直管，NS形，T形） フランジ継手
硬質ポリ塩化ビニル管	TS接合（接着形），RR接合（ゴム輪形）
水道用ポリエチレン二層管	金属継手（メカニカル式）
水道配水用ポリエチレン管 水道給水用ポリエチレン管	メカニカル継手，電気融着式継手
架橋ポリエチレン管	メカニカル継手，電気融着式継手
ポリブテン管	メカニカル式継手，電気融着式接合，熱融着式接合

（注）水道用硬質塩化ビニルライニング鋼管，耐熱性硬質塩化ビニルライニング鋼管ポリエチレン粉体ライニング鋼管も同様とする。

6 電気融着接合とポリエチレン管

重要 ① **電気融着接合されたポリエチレン管**は，継手内面と管表面が同時に溶けて融着・接合するため，継手と管は完全に一体化し，継手部が抜け出ることはない。

② **電気融着接合された**水道配水用ポリエチレン管，水道給水用ポリエチレン管は，管自体に**可とう性**（柔軟性）があり，**地震**や**地盤沈下**等の地盤変位を吸収する。また，**生曲げ配管**が可能である。

③ 酸・アルカリに強く**腐食しない**，軽量で**施工性**が良く，食品材料として使用でき**衛生的**な素材である。

ダクタイル鋳鉄管（GX 継手）

水道管路の耐震化の要求に応じて開発されたのが GX 継手である。GX 継手は，低コストで，施工性が高く，長寿命が期待できる。

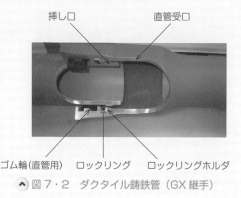

挿し口　　　　　　　　　直管受口

ゴム輪(直管用)　ロックリング　ロックリングホルダ

⚙ 図7・2　ダクタイル鋳鉄管（GX 継手）

1 分水栓

出題ランク
★☆☆☆☆

① 各種分水栓は，分岐可能な配水管や給水管から**不断水**で給水管を取り出すための給水用具で，分水栓，サドル付分水栓，割Ｔ字管がある。

② 分水栓には，次の種類がある。

注意! a. 水道用**分水栓（甲形，乙形）**は，鋳鉄管からの分岐に用いられ，不断水穿孔機によって管にめねじを切って取り付ける。分岐口径は 13〜50 mm である。

注意! b. **サドル付分水栓**は，配水管に取り付けるサドル機構と不断水分岐を行う止水機構とを一体化したものである（p.55，図 3・1，図 3・2 参照）。

c. **割Ｔ字管**は，ダクタイル鋳鉄製の割Ｔ字形の分岐帯に仕切弁を組み込み，一体として配水管にボルトを用いて取り付けるものである（p.59，図 3・10 参照）。

2 止水栓

出題ランク
★★★☆

注意! ① 止水栓は，**給水の開始**，**中止**及び装置の修理その他の目的で給水を制限又は停止するために使用する給水用具である。

重要 ② 止水栓には，甲形止水栓，ボール式止水栓，仕切弁，玉形弁等がある。

1 甲形止水栓

重要 ① **甲形止水栓**は，止水部が落しこま構造のもので，**圧力水頭が大きい**。図 7・3 に甲形止水栓を示す。

② 流水抵抗によって，こまパッキンが摩耗して止水できなくなる可能性があるので，定期的に交換が必要である。

2 ボール式止水栓

重要 ① **ボール式止水栓**は，弁体が球状になっているので 90 度の回転で全開又は全閉する。**損失水頭は極めて小さい**が，逆流防止機能はない。

注意! ② **ばね式逆止弁内蔵ボール止水栓**は，弁体をばねによって押し付ける逆止

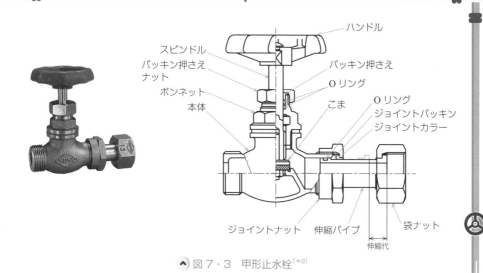

図7・3　甲形止水栓[*d]

弁を内蔵したボール止水栓であり，全開時の損失水頭は極めて小さい。

3 仕切弁・玉形弁

重要 ①　**仕切弁**は，弁体が上下し，全開又は全閉する構造で，損失水頭が極めて小さい。

重要 ②　**玉形弁**は，止水部がつりこま構造のもので，**損失水頭が大きい**。逆流防止機能はない。

3 給水栓

出題ランク
★★★☆☆

注意!　　給水栓は，給水装置において給水管の末端に取り付けられ，弁の開閉により流量又は湯水の温度調整等を行う給水用具である。

1 水栓類

1　**単水栓**

①　弁の開閉によって，水又は湯のみを一つの水栓から吐水する水栓である。

②　単水栓には，横水栓，立水栓，自在水栓がある。

2　湯水混合水栓

注意! ①　湯水混合水栓は，湯水を混合して一つの水栓から吐水する水栓である。ハンドルやレバー等の操作により吐水，止水，吐水流量及び吐水温度が調整できる。

注意! ②　2ハンドル式湯水混合水栓は，湯側・水側の二つのハンドルを操作し，吐水・止水，吐水量の調整，吐水温度の調整ができる。

重要 ③　シングルレバー式湯水混合水栓は，1本のレバーハンドル操作により，止水と吐水及び吐水温度と吐水量の調整を行う。

重要 ④　ミキシングバルブ式湯水混合水栓は，湯・水配管の途中に取り付けて，湯と水を混合し，**設定温度**の湯を吐水する給水用具である。

重要 ⑤　**サーモスタット式湯水混合水栓**は，温度調整ハンドルの目盛を合わせることで**安定した吐水温度**を得ることができる。

3　ホース接続型水栓

①　ホース接続型水栓には，散水栓，カップリング付水栓等がある。

注意! ②　ホース接続した場合に吐水口空間が確保されない可能性があるため，水栓本体内にばね等の有効な**逆流防止機能**を持つ逆止弁を内蔵したものになっている。

2　ボールタップ

重要　**ボールタップ**は，**フロート**（浮玉）の上下によって自動的に弁を開閉する構造で，水洗便所のロータンク，受水槽，貯蔵湯沸器等に使われる。

1　一般形ボールタップ

注意!　**一般形ボールタップ**は，てこ構造によってボールが上下する構造で，単式と複式がある。

2　定水位弁

重要　定水位弁は，主弁に使用し，小口径ボールタップを副弁として組み合わせて使用するもので，副弁の開閉により主弁内に生じる圧力差によって開閉が円滑に行えるものである。

3　大便器用ダイヤフラム式ボールタップ

重要 ①　**ダイヤフラム式ボールタップ**は，圧力室内部の圧力変化を利用してダイヤフラムを動かすことにより吐水，止水を行う。

注意! ②　給水圧力による止水位の変動が小さい。

注意! ③　止水間際にチョロチョロ水が流れたり絞り音が生じることがない。

3　洗浄弁

1　大便器洗浄弁

重要 ①　大便器洗浄弁は，大便器の洗浄に用いる給水用具であり，バキュームブレーカを付帯する等逆流を防止する構造となっている。

重要 ②　洗浄管を介して大便器に直結されるため，瞬間的に多量の水を必要とするので配管は口径 25 mm 以上としなければならない。

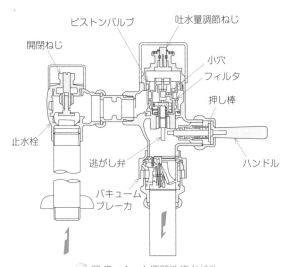

▲ 図 7・4　大便器洗浄弁[*g]
(空気調和・衛生工学会規格 SHASE-S206-2019)
(給排水衛生設備規準・同解説)

2　小便器洗浄弁

①　小便器洗浄弁は，センサーで感知し自動的に水を吐出させる自動式とボタン等を操作し水を吐出させる手動式の二つのタイプがある。

②　手動式にはピストン式，ダイヤフラム式の2種類の弁構造がある。

4　不凍栓類

注意! ①　不凍栓類は，配管の途中に設置し，流出側配管の水を地中に排出して凍結を防止する給水用具である。

注意! ②　不凍給水栓，不凍水抜栓，不凍水栓柱，不凍バルブ等がある。

5 水道用コンセント

注意! 　水道用コンセントは，洗濯機，自動食器洗い機等との接続に用いる水栓で，通常の水栓のように壁から出っ張らないので邪魔にならず，使用するときだけホースをつなげればよいので空間を有効に利用することができる。

4 弁　類

1 減圧弁，安全弁（逃し弁），定流量弁

重要 ① 　**減圧弁**は，調節ばね，ダイヤフラム，弁体等の圧力調整機構によって一次側の圧力が変動しても，**二次側を一次側よりも低い圧力に保持する**給水用具である。図 7・5 に基準省令の適合品である水道用減圧弁*を示す。

* 　貯湯湯沸器に使用され，逆止弁を内蔵している。

重要 ② 　**安全弁**（逃し弁）は，一次側の圧力があらかじめ設定された圧力以上になると，弁体が自動的に開いて**過剰圧力を逃し**，圧力が所定の値に降下すると閉じる機能をもつ給水用具である。図 7・6 に温水機器用逃し弁を示す。

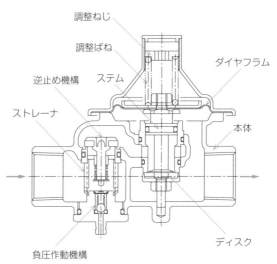

調整ねじ
調整ばね
ダイヤフラム
逆止め機構　ステム
ストレーナ
本体
負圧作動機構
ディスク

❤ 図 7・5　水道用減圧弁[*e]

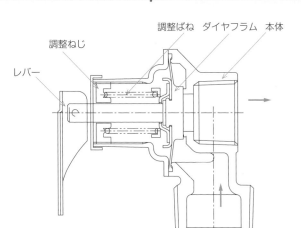

調整ばね　ダイヤフラム　本体

調整ねじ

レバー

▲ 図 7・6　温水機器用逃し弁[*e]

重要③　**定流量弁**は，オリフィス，ばね，ニードル等による流量調整機能によっ
て，一次側の圧力にかかわらず**流量が一定**となるよう調整する給水用具で
ある。図 7・7 に定流量弁を示す。

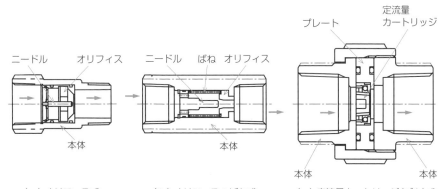

ニードル　　オリフィス

本体

（a）オリフィス式

ニードル　　ばね　オリフィス

本体

（b）オリフィス＋ばね式

プレート

定流量
カートリッジ

本体　　　　　　　　　本体

（c）定流量カートリッジ(ゴム)式

▲ 図 7・7　定流量弁[*e]

2　逆止弁

①　逆止弁は，逆圧による水の**逆流を防止**する給水用具である。
②　逆止弁には，ばね式，リフト式，スイング式，ダイヤフラム式がある。

221

③　逆止弁の設置にあたっては，**流水方向の表示**に注意するとともに，設置後の点検，取替え等を容易にするための配慮が必要である。

1　**ばね式逆止弁**

①　**ばね式**は，弁体を**ばね**によって弁座に押し付け，逆止する構造で，単式逆流防止弁，複式逆流防止弁，二重式逆流防止器，減圧式逆流防止器等がある。

注意! ②　**単式逆止弁**は，1個の弁体をばねによって弁座に押し付ける構造のものでⅠ形とⅡ形がある。Ⅰ形は逆流防止性能の維持状態を確認できる点検孔を備え，Ⅱ形は点検孔のないものである。図7·8に単式逆流逆止弁を示す。

重要 ③　**複式逆止弁**は，個々に独立して作動する二つの逆止弁が**直列**に組み込まれている構造の逆止弁である。弁体は，それぞればねによって弁座に押し付けられているので，**二重**の安全構造となっている。図7·9に複式逆流逆止弁を示す。

重要 ④　**二重式逆流防止器**は，個々に独立して作動する第1逆止弁と第2逆止弁が組み込まれている。各逆止弁はテストコックによって，個々に性能チェックを行うことができる。

注意! ⑤　**減圧式逆流防止器**は，独立して作動する第1逆止弁と第2逆止弁との間に一次側との差圧で作動する逃し弁を備えた中間室からなる。

注意! a.　逆止弁が正常に作動しない場合，逃し弁が開いて中間室から排水し，空気層を形成することによって逆流を防止する構造の逆流防止器である。

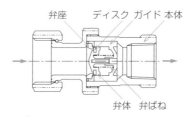

弁座　ディスク　ガイド　本体

弁体　弁ばね

◆図7·8　単式逆流逆止弁[*e]

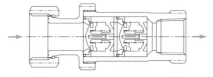

◆図7·9　複式逆流逆止弁[*e]

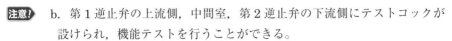

注意! b. 第1逆止弁の上流側，中間室，第2逆止弁の下流側にテストコックが設けられ，機能テストを行うことができる。

2 ■ **リフト式逆止弁**

重要 ① **リフト式**は，弁体が弁箱又はふたに設けられたガイドによって弁座に対し**垂直**に**作動**し，弁体の自重で閉止の位置に戻る構造である。また，弁部に**ばね**を組み込んだものや球体の弁体のものもある。図7・10にリフト式逆止弁を示す。

② リフト式は，損失水頭が比較的大きいことや水平に設置しなければならないという制約を受ける。

3 ■ **スイング式逆止弁**

重要 ① **スイング式**は，弁体が**ヒンジピンを支点**として自重で弁座面に圧着し，通水時に弁体が押し開かれ，逆圧によって自動的に閉止する構造である。図7・11にスイング式逆止弁を示す。

② スイング式は，損失水頭が比較的小さく，水平，垂直に取付けができる。

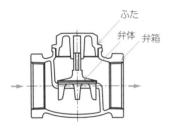

▲図7・10 リフト式逆止弁[*f]

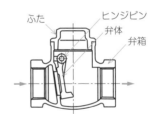

▲図7・11 スイング式逆止弁[*f]

4 ■ **自重式逆止弁**

自重式逆止弁は，一次側の流水圧で逆止弁本体を押し上げて通水し，停止又は逆圧時は逆止弁本体の自重と逆圧で弁座を閉じる構造である。

5 ■ **逆止弁付メーターパッキン**

注意! ① **逆止弁付メーターパッキン**は，配管接合部をシールするメーター用パッキンにスプリング式の逆流防止弁を兼ね備えた構造である。

注意! ② 逆流防止機能が必要な既設配管の内部に新たに設置することができる。

③ **水道メーター交換時**に必ず**交換**する必要がある。

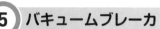

⑤ バキュームブレーカ

注意! ① バキュームブレーカは，給水管内に**負圧**が生じたとき，**逆サイフォン作用**により使用済の水その他の物質が**逆流**し水が汚染されることを防止するため，逆止弁により逆流を防止するとともに逆止弁により**二次側**（流出側）の**負圧部分**に自動的に**空気を取り入れ**，**負圧**を破壊する機能を持つものである。

注意! ② バキュームブレーカには，大気圧式と圧力式がある。

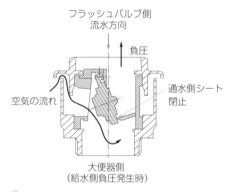

◆ 図7・12　大気圧式バキュームブレーカ[*g]
(空気調和・衛生工学会規格 SHASE-S206-2019)
(給排水衛生設備規準・同解説

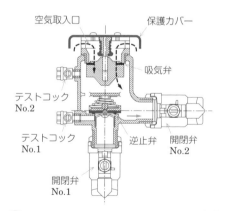

◆ 図7・13　圧力式バキュームブレーカ[*g]
(空気調和・衛生工学会規格 SHASE-S206-2019)
(給排水衛生設備規準・同解説

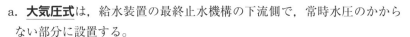

a. **大気圧式**は，給水装置の最終止水機構の下流側で，常時水圧のかからない部分に設置する。

b. **圧力式**は，常時水圧はかかるが，逆圧のかからない配管部分に設置する。

③　図7·12に大気圧式バキュームブレーカ，図7·13に圧力式バキュームブレーカを示す。

6 空気弁，吸排気弁

注意!　① **空気弁**は**管頂部**に設置し，フロート作用により**管内**に停滞した**空気**を**自動的**に排出する機能を持つ給水用具である。JWWA規格の水道用急速空気弁は，基準省令の適合品である。図7·14に空気弁を示す。

重要　② **吸排気弁**は，**給水立て管頂部**に設置され，管内に負圧が生じた場合に自動的に**多量**の**空気**を**吸気**して給水管内の**負圧**を**解消**する機能を持った給水用具である。なお，管内に**停滞**した空気を自動的に**排出**する機能を併せ持っている。図7·15に吸排気弁を示す。

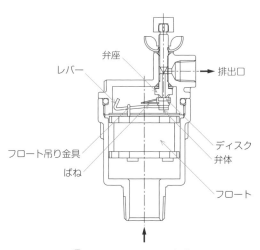

弁座　排出口
レバー
フロート吊り金具
ばね
ディスク
弁体
フロート

⊛図7·14　空気弁[*e]

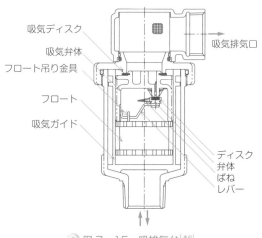

吸気ディスク
吸気弁体
フロート吊り金具
フロート
吸気ガイド
吸気排気口
ディスク
弁体
ばね
レバー

⌃ 図7・15　吸排気弁[*日]

⑦ 冷水機（ウォータークーラー）

注意!　　ウォータークーラーは，冷却槽で**給水管路内の水を**任意の一定温度に冷却し，押しボタン式又は足踏み式の開閉弁を操作して冷水を射出するものである。

⑧ 自動販売機

注意! ①　自動販売機は，**水道水**を**冷却**又は**加熱**し，清涼飲料水，茶，コーヒー等を販売する器具である。

注意! ②　水道水は，器具内給水配管，電磁弁を通して，水受けセンサーにより自動的に供給される。タンク内の水は，目的に応じてポンプにより加工機構へ供給される。

⑨ 湯沸器

1　瞬間湯沸器

重要 ①　瞬間湯沸器は，器内の熱交換器で熱交換を行うもので，**水**が**熱交換器**を**通過**する間にガスバーナ等で**加熱**する構造である。

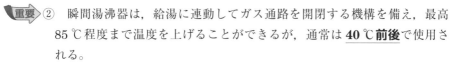

重要 ② 瞬間湯沸器は，給湯に連動してガス通路を開閉する機構を備え，最高 85 ℃程度まで温度を上げることができるが，通常は **40 ℃前後** で使用される。

重要 ③ 元止め式と先止め式がある。

 a. **元止め式** は，湯沸器に設置されている止水栓の開閉により，**メインバーナ** が点火，消火する構造になっており，**出湯能力** は小さい。給湯配管はできない。

 b. **先止め式** は，給湯配管を通して湯沸器から離れた場所で使用することが可能で，**2 か所以上** に給湯配管することができる。

注意! ④ 瞬間湯沸器の能力は **号数** で表され，水温を **25 ℃上昇** させたときの流量 **1 L/min を 1 号** とする。例えば，水温 15 ℃の水を 25 ℃上昇させて 40 ℃で 1 分間に 20 L 給湯させる能力は，20 号となる。

2　潜熱回収型給湯器

注意! 　潜熱回収型給湯器は，今まで捨てられていた **高温** （約 200 ℃）の **燃焼ガス** を **再利用** し，水を潜熱で温めた後に従来の一次熱交換器で加温して温水を作り出す，従来の非潜熱回収型給湯器より **高い熱効率** を実現した給湯器である。

3　電気温水器

注意! 　電気温水器は，電気によりヒーター部を加熱し，タンク内の水を温め，貯蔵する湯沸器である。

4　貯湯湯沸器

注意! ① 貯湯湯沸器は，**給水管に直結** して有圧のまま槽内に貯えた水を直接加熱する構造の湯沸器で，湯温に連動して自動的に燃料通路を開閉あるいは電源を入り切りする機能を持っている。

注意! ② 配管には **減圧弁**，**安全弁** （逃し弁）及び **逆止弁** を取り付ける。

重要 ③ 給水装置として扱われる貯湯湯沸器は，そのほとんどが貯湯部にかかる圧力が **100 kPa 以下** で，かつ，**伝熱面積が 4 m² 以下** のものである。このため，労働安全衛生法施行令に規定する「**ボイラー及び小型ボイラー**」には **該当しない**。

5 貯蔵湯沸器

重要 ① 貯蔵湯沸器は，**ボールタップ**を備えた器内の容器に貯えた水を一定温度に加熱して給湯する給水用具である。

重要 ② 水圧がかからないため，**設置場所**でしか湯を使うことができない。

6 太陽熱利用貯湯湯沸器

注意! ① 太陽熱利用貯湯湯沸器は，一般用貯湯湯沸器を本体とし，**太陽集熱器**に集熱された**太陽熱**を主たる熱源として水を加熱し給湯する給水用具である。

重要 ② 太陽熱利用貯湯湯沸器のうち，太陽集熱装置系と水道系が蓄熱槽内で別系統になっている**二回路**型と，太陽集熱装置系内に水道水が循環する**水道直結型**は，**給水用具**に該当する。

7 自然冷媒ヒートポンプ給湯機

注意! ① 自然冷媒ヒートポンプ給湯機は，**熱源**に**大気熱**を利用しているため，消費電力が少ない。

② ヒートポンプユニットで空気の熱を吸収した**冷媒**（二酸化炭素）は，コンプレッサで**圧縮**されることによりさらに**高温・高圧**となる。貯湯タンク内の水を熱交換器内に引き込み，冷媒の熱を水に伝えてお湯を沸かす。

注意! ③ 高温となった冷媒の熱を，熱交換器内に引き込んだ水に伝えてお湯を沸かす。

注意! ④ お湯を沸かした後，冷媒は膨張弁で低温・低圧に戻され，再び熱を吸収しやすい状態になる。

注意! ⑤ 基本的な機能・構造は貯湯湯沸器と同じであるが，水の加熱が貯湯槽外で行われるので，労働安全衛生法施行令に定めるボイラーとならない。

8 地中熱ヒートポンプ給湯機

注意! ① 地中熱利用ヒートポンプ給湯機は，年間を通して一定である地表面から約**10 m 以深**の安定した温度の熱を利用する。地中熱は日本中どこでも利用でき，しかも天候に左右されない再生可能エネルギーである。

注意! ② 地中熱利用ヒートポンプシステムには，地中の熱を間接的に利用するクローズドループと，地下水の熱を直接的に利用するオープンループがある。

(10) 浄水器

重要 ① 浄水器には，**残留塩素**や**濁度**を減少させる性能のほか，**トリハロメタン** 等の微量有機物，鉛，臭気等を減少させる性能を持つものもある。

注意! ② 浄水器のろ過材には，**活性炭**，中空糸膜を中心としたろ過膜（**ポリエチレン**，**ポリスルホン**，**ポリプロピレン**など），その他（セラミックス，ゼオライト等）がある。

注意! ③ 浄水器のろ過材のカートリッジは，有効期限を確認し，**適切に交換する** ことが必要である。

注意! ④ 水栓の**流入側**に取り付けられ常時水圧の加わるものを**先止め式**といい，これはすべて**給水用具に該当する**。

⑤ 水栓の**流出側**に取り付けられ常時水圧が加わらないものを**元止め式**という。

注意! a. 浄水器と水栓が一体として製造・販売されているもの（ビルトイン型又はアンダーシンク型）は**給水用具に該当する**。

注意! b. 浄水器単独で製造販売され消費者が取付けを行うものは**給水用具に該当しない**。

⑥ **アンダーシンク形浄水器**には，先止め式（I形）と元止め式（II形）があり，どちらも**給水用具**として分類される。

注意! ⑦ **水栓一体形浄水器**は，給水栓内部にろ材が内蔵されているもので給水用具に分類される。近年は，スパウト内部に浄水カートリッジがあるものが主流となっており，これも給水用具に分類される。

(11) 直結加圧形ポンプユニット

1 ユニットの構成

注意! ① 直結加圧形ポンプユニットは，給水装置に設置して中高層建物に直接給水することを目的に開発されたポンプ設備で，その機能に必要な構成機器すべてをユニットにしたものである。

注意! ② 直結加圧形ポンプユニットは，**ポンプ**，**電動機**，**制御盤**（インバーターを含む），バイパス管（逆止弁を含む），流水スイッチ，圧力発信器，**圧力タンク**等を組み込んだユニット形式となっている。

③ ポンプには，うず巻ポンプ，多段遠心ポンプなどが用いられ，**電動機**に**直結**している。

重要 ④ ポンプを複数台設置し，1台が故障しても自動切替えにより給水する機能や運転の偏りがないように**自動的**に**交互運転**する機能等を有していることを求めている。

注意! ⑤ 製品規格としては，JWWA B 130：2005（水道用直結加圧形ポンプユニット）があり，対象口径は 20〜75 mm である。

2 ユニットの仕様

注意! ① 直結加圧形ポンプユニットは，水道法に基づく給水装置の構造及び材質の**基準に適合**し，配水管への影響が極めて小さく，安定した給水ができるものでなければならない。

注意! ② **始動・停止**による配水管の圧力変動が**極小**であり，ポンプ運転による配水管の圧力に**脈動**が生じないものを用いる。

注意! ③ **吸込み側**の圧力が**異常に低下**した場合には**自動停止**し，復帰した場合は**自動復帰**すること。

④ 使用水量が少ない場合は，**自動停止**すること。自動停止する場合の吐水量は，10 L/min 程度とする。

⑤ 吸込み側の水圧が，異常上昇したときは**自動停止**し，バイパス管により直結給水できること。

重要 ⑥ 制御盤は，ポンプを**可変速**するための機能を有し，**漏電遮断器**，インバーター，ノイズ制御器具等で構成される。

重要 ⑦ 逆流防止装置は，ユニットの構成外機器であり，通常，ユニットの**吸込み側**に設置するが，**吸込圧力**を十分**確保できない**場合は，ユニットの**吐出し側**に設置してもよい。

重要 ⑧ **圧力タンク**は，**吐出し側配管**に設けられ，ポンプの起動時・停止時の**圧力変動**（水圧保持）及び定常運転時の**圧力脈動**を防止するためのものである。

注意! ⑨ ⑧において，**圧力タンク**を**設けなくても吐出圧力**，吸込圧力及び自動停止の性能を満足し，吐出圧力が保持できる場合は，**圧力タンクを設置する必要はない**。

ユニット据付け上の留意点

① 逆流防止装置を設置する場合は，信頼性の高い**減圧式逆流防止器**等を設置し，配水管への逆流を防止する。

② 直結加圧形ポンプユニットには電気設備等が含まれているので，設置にあたっては設備に精通した者に施工させる。

注意! ③ 直結加圧形ポンプユニットは，メンテナンスが必要な機器であるので，その設置位置は，保守点検及び修理を容易に行うことができる場所とし，これに要する**スペース**を**確保**する必要がある。

（12） その他の給水装置

注意! ① **ディスポーザ用給水装置**は，**台所の排水口部**に取り付けて生ごみを粉砕するディスポーザとセットして使用する器具である。排水口部で粉砕された生ごみを水で排出するために使用する。

注意! ② **給湯用加圧装置**は，貯湯湯沸器の**二次側**に設置し，湯圧が不足して給湯設備が満足に使用できない場合に加圧する給水用具である。

注意! ③ **水撃防止器**は，給水装置の管路途中又は末端の器具等から発生する**水撃作用**を**軽減又は緩和**するため，封入空気等をゴム等により圧縮し，水撃を緩衝する給水器具である。ベローズ形，エアバック形，ダイヤフラム式，ピストン式等がある。

注意! ④ **非常時用貯水槽**は，非常時に備えて，天井部・床下部に給水管路に直結した**貯水槽**を設ける給水用具である。天井設置用は，重力を利用して簡単に水を取り出すことができ，床下設置用は，加圧用コンセントにフットポンプ及びホースを接続・加圧し，水を取り出すことができる。

⑤ **Y型ストレーナ**は，流体中の異物等をろ過するスクリーンを内蔵し，ストレーナ本体が配管に接続されたままの状態でも清掃できる。

7·3 水道メーター

1 水道メーターの概要

重要 ① 水道メーターは，給水装置に取り付け，需要者が使用する水量を**積算計量**する計量器である。

重要 ② 水道メーターの**計量水量**は，料金算定の基礎となるもので適正な計量が求められることから，計量法に定める**特定計量器**の検定に合格したものを設置する。

注意! ③ 水道メーターは，**検定有効期間が8年間**であるため，その期間内に検定に合格したメーターと交換しなければならない。

注意! ④ 水道メーターの技術進歩への迅速な対応及び国際整合化の推進を図るため，日本産業規格（JIS規格）が制定されている。

重要 ⑤ 水道メーターの計量方法は，流れている水の流速を測定して流量に換算する**流速式**（推測式）と，水の体積を測定する**容積式**（実測式）に分類される。

注意! ⑥ わが国で使用されている水道メーターは，ほとんどが**流速式**である。

⑦ 水道メーターは，**水道事業者**からの**貸与品**であるが，**給水装置**に該当する。

⑧ 図7·16に水道メーターの種類を示す。

△ 図7·16 水道メーターの種類

2 水道メーターの種類

1 羽根車式

注意! ① 羽根車式は，羽根車の**回転数**と**通過流量が比例**することを応用して計量する。

重要 ② **接線流羽根車式**水道メーターは，計量室内に設置された**羽根車**に**ノズル**から**接線方向**に噴射水流を当て，羽根車が回転することにより通過水量を積算表示する構造のものである。

重要 ③ **軸流羽根車式**は，**管状**の**器内**に設置された流れに**平行**な軸をもつ螺旋状の羽根車を回転させて通過水量を積算計量するものである。**たて形**と**横形**がある。

重要 a. **たて形軸流羽根車式**は，メーターケースに流入した水流が，整流器を通って，**垂直**に設置された螺旋状羽根車に沿って**下方から上方**に流れ，羽根車を回転させる構造である。水の流れがメーター内で**迂流**するため，圧力損失は**やや大きい**が，小流量から大流量まで広範囲な計量が可能である。図7・17にたて形軸流羽根車式を示す。

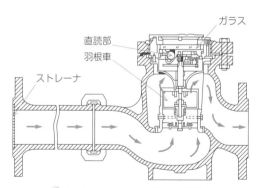

△ 図7・17　たて形軸流羽根車式

b. **横形軸流羽根車式**は，メーターケースに流入した水流が，整流器を通って，**水平**に設置された螺旋状羽根車に沿って流れ，羽根車を回転させる構造となっている。**圧力損失**は**小さい**が，微小流量域の性能が劣る。

2 電磁式

重要 ① 電磁式は，水の流れの方向に**垂直**に磁界をかけると，水の流れと垂直に起電力が発生する**電磁誘導作用**（フレミングの右手の法則）を応用したものである。

重要 ② 電磁式は，**呼び径**と**同じ直管部**のみで，機械的可動部がないため耐久性に優れ，微小流量から大流量まで広範囲な計量が可能である。

3 水道メーターの性能，形式

重要 ① 水道メーターは，許容流量範囲を超えて水を流すと，正しい計量ができなくなるおそれがあるため，**適正使用流量範囲**，瞬間使用の**許容流量**等に留意して水道メーターの呼び径を決定する。

重要 ② 水道メーターには多くの種類があり，**水道事業者**により**使用する型式**が**異なる**ため，あらかじめ確認する必要がある。

4 水道メーターの構造

1 単箱形と複箱形（計量部の構造）

① 単箱形は，メーターケース内に流入した水流を羽根車に直接流入させるものである。

注意! ② 複箱形は，メーターケースの中に別の計量室（インナーケース）をもち，複数のノズルから羽根車に噴射水流を与える構造のものである。

2 正流式と可逆式（計量法式）

① 正流式は，正方向に限り計量できる。

注意! ② 可逆式は，正方向と逆方向からの通過水量を計量することができ，正方向は加算，逆方向は減算する構造をもっている。

3 機械式と電子式（表示部の構造）

① 機械式は，羽根車の回転を歯車装置により減速し，指示機構に伝達して，通過水量を積算表示する方式である。

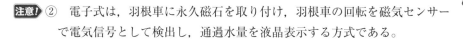

注意! ②　電子式は，羽根車に永久磁石を取り付け，羽根車の回転を磁気センサーで電気信号として検出し，通過水量を液晶表示する方式である。

4　直読式と円読式（表示方式）

注意! ①　直読式は計量値を**デジタル**で表示する。

注意! ②　円読式は**アナログ**によって目盛板に表示する。

5　遠隔表示装置

重要 ①　遠隔表示装置は，設置したメーターの指示水量をメーターから離れた場所で効率良く検針するために設けるものである。

注意! ②　遠隔表示装置は，中高層集合住宅や地下街等における検針の効率化，積雪によって検針が困難な場合等に有効である。

注意! ③　遠隔表示装置は，発信装置（又は記憶装置），信号伝送部（ケーブル）及び受信器から構成される。遠隔表示装置には次に示す方式がある。

　a.　**パルス発信方式**は，メーターが一定量を計測したとき，磁石の回転によってリードスイッチの切換運動が起こり，これを演算処理して表示水量を表示する方式である。

　b.　**エンコーダ方式**は，羽根車の回転をマグネットカップリングを介してエンコーダユニットに導く方式である。

注意! 　c.　**電子式表示方式**は，羽根車先端に永久磁石を取り付け，羽根車の回転を磁気センサーで電気信号として検出し，集積回路で演算処理して，通過水量を液晶表示す方式である。

7・4 | 給水用具の故障と修理

1 水栓の故障と対策

出題ランク
★☆☆☆☆

注意! ① スピンドルの孔とこま軸の外径が合わなくなると，**不快音**が発生することがある。この場合は，摩耗した**こまを取り替える**。

② 次の場合は**漏水**することがある。

a. こま又はパッキンの摩耗や損傷がある場合は，**こま又はパッキン**を取り替える。

注意! b. 弁座の摩耗や損傷がある場合は，軽度の摩耗や損傷のときは，**パッキン**を取り替える。その他の場合は水栓を取り替える。

注意! ③ 水栓のストレーナにごみが詰まると，**水の出が悪く**なる。この場合は，水栓を取り外し**ストレーナ**の**ごみを除去**する。

④ スピンドルのねじ山に摩耗があると**がたつき**が生じる。この場合は，スピンドル又は**水栓**を取り替える。

⑤ 水栓を開閉する際に**水撃作用**（ウォーターハンマ）が発生する場合は，次のような原因が考えられる。

a. こまとパッキンの外形が不揃い（ゴムが摩耗して広がった）の場合は，こまを新品のものに取り替える。

b. パッキンが軟らかいとき，キャップナットを締め過ぎている場合は，パッキンの材質を変えるか，キャップナットを緩める。

重要 c. **水圧**が異常に高い場合は，**減圧弁**を設置する。

2 ボールタップの故障と対策

出題ランク
★☆☆☆☆

① **水が止まらない**場合は，次のような原因が考えられる。

重要 a. ボールタップの弁座に損傷や摩耗がある場合は，ボールタップを**取り替える***。

　　* 受水槽のオーバーフロー管において，「ボールタップの弁座に損傷や摩耗がある場合」も同様である。

b. 水撃作用が発生する場合は，波立ち防止板を設置し水面の動揺を防止する。

c. パッキンが摩耗してる場合は，パッキンを取り替える。

d. 弁座に異物が付着している場合は，分解して異物を取り除く。

② **水が出ない**場合は，異物による詰まりが考えられる場合は，分解して清掃する。

3 ボールタップ付ロータンクの故障と対策

注意! ① ストレーナに異物が詰まっていると**水が出ない**ことがある。この場合は，分解して**清掃**する。

② **水が止まらない**場合は，次のような原因が考えられる。

注意! a. 鎖が絡んでいる場合は，リング状の鎖は2輪ほどたるませ，玉鎖の場合は4玉ほどたるませる。

注意! b. フロート弁の摩耗や損傷のためすき間から水が流れ込んでいる場合は，新しい**フロート弁に交換する**。

注意! c. 弁座に異物がかんでいる場合は，分解して異物を取除く。

4 ダイヤフラム式ボールタップ付ロータンクの故障と対策

① タンク内の**水位が上がらない**場合は，次のような原因が考えられる。

注意! a. 排水弁のパッキンが摩耗している場合は，排水弁のパッキンを交換する。

b. 排水弁の玉鎖長さが調整不良の場合は，排水弁が閉まった状態で玉鎖が4玉ほどたるんだ状態に調整する。

② **水が出ない**場合はストレーナーのごみ詰まりが考えられる。この場合は，ストレーナーを分解して清掃する。

5 大便器洗浄弁の故障と対策

① 常時，**少量の水**が流出するときは，次のような原因が考えられる。

重要 a. ピストンバルブと弁座の間に異物がかんでいることが考えられる。この場合は，ピストンバルブを取りはずして**異物を取り除く**。

b. 弁座又は弁座パッキンに傷がある場合は，損傷部分を取り替える。

② 常時，**大量の水**が流出するときは，次のような原因が考えられる。

注意! a. ピストンバルブの小孔に詰まりがある場合は，ピストンバルブを取りはずして小孔を掃除する。

注意! b. ピストンバルブのストレーナーに異物が詰まっている場合は，ピストンバルブを取り出し，ストレート部をブラシ等で軽く掃除する。

注意! c. 逃し弁のゴムパッキンが傷んでいる場合は，ピストンバルブを取り出しパッキンを取り替える。

③ **吐水量が少ない**場合は，次のような原因が考えられる。

注意! a. 水量調節ねじをねじ込みすぎている場合は，**水量調節ねじを左に回して**水量を調整する。

注意! b. ピストンバルブの U パッキンが摩耗している場合は，**U パッキンを交換**する。

注意! ④ **吐水量が多い**のは，水量調整ねじの開けすぎが考えられる。この場合は，水量調節ねじを右に回して吐水量を減らす。

重要 ⑤ **水撃作用**（ウォーターハンマ）が生じるのは，非常に高い水圧と，開閉ねじの開きすぎが考えられる。この場合は，開閉ねじをねじ込み，水の水路を絞る。

注意! ⑥ 水勢が強くて**水が飛び散る**場合は，開閉ねじの開けすぎが考えられる。この場合は開閉ねじをねじ込み，水の水路を絞る。

注意! ⑦ ハンドルから漏水しているときは，ハンドル部のパッキンが傷んでいることが考えられる。この場合はパッキンを取り替えるか，又は押し棒部を取り替える。

---

6 小便器洗浄弁の故障と対策

① 前項 5「**大便器洗浄弁の故障と対策**」と同様の対策を講じる。

重要 ② **吐水量**が少ない場合は調整ねじを**左に回して**吐水量を増やす。なお，**吐水量が多い**場合は，調整ねじを右に回して吐水量を減らす。

注意! ③ **水勢が弱く**洗浄が不十分な場合は**開閉ねじを左に回して**水勢を強める。なお，**水勢**が強い場合は，開閉ねじを右に回して水勢を弱める。

注意! ④ **少量の水**が流れ放しの場合は，ピストンバルブと便座の間に異物がかみ込んでいるので，ピストンバルブを取りはずして異物を除く。

⑤ **大量の水**が流れ放しとなるのは，ピストンバルブの小孔の詰まりが原因と考えられる。修理方法としては，ピストンバルブを取りはずし，小孔を

掃除する。

7　定水位弁の故障と対策

出題ランク
★☆☆☆

注意! ①　**ピストン式定水位弁**の故障で**水が止まらない**場合は，次のような原因が考えられる。

 a.　主弁座に異物がかみこんでいることが考えられるので，主弁の分解と清掃を行う。

 b.　主弁座パッキンの摩耗が考えられるので，新品と取り替える。

②　**ピストン式定水位弁**の故障で**水が出ない**場合は，次のような原因が考えられる。

 a.　ストレーナーに異物が詰まっている場合は，分解して掃除する。

 b.　ピストンの O リングの摩耗による不作動が考えられるので，O リングを取り替える。

重要 ③　**ダイヤフラム式定水位弁**の**水が止まらない**場合は，主弁座への異物のかみ込みが考えられるので，主弁の分解と清掃を行う。

注意! ④　**ダイヤフラム式定水位弁**の**水が出なくなった**場合は，流量調節棒が締め切った状態であることがある。この場合は，ハンドルを回して所定の位置にする。

8　湯沸器の故障と対策

出題ランク
★☆☆☆

 湯沸器に故障が発生した場合は，需要者等が修理することは困難かつ危険であるため，**製造者**に**依頼**して**修理**を行う。

問題 ① 給水管に関する次の記述のうち，**不適当なものはどれか。**

(1) ダクタイル鋳鉄管は，鋳鉄組織中の黒鉛が球状のため，じん性に富み衝撃に強く，強度が大であり，耐久性がある。

(2) 硬質ポリ塩化ビニル管は，難燃性であるが，熱及び衝撃には比較的弱い。

(3) ステンレス鋼鋼管は，薄肉だが，強度的に優れ，軽量化しているので取扱いが容易である。

(4) 波状ステンレス鋼管は，ステンレス鋼鋼管に波状部を施した製品で，波状部において任意の角度を形成でき，継手が少なくてすむ等の配管施工の容易さを備えている。

(5) 銅管は，アルカリに侵されず，遊離炭酸の多い水にも適している。

解説 (5) 銅管は，アルカリに侵されないが，遊離炭酸の多い水には適さない。

解答 ▶ (5)

問題 ② 給水管に関する次の記述のうち，**不適当なものはどれか。**

(1) 硬質ポリ塩化ビニル管は，耐食性，特に耐電食性に優れ，他の樹脂管に比べると引張降伏強さが大きい。

(2) ポリブテン管は，有機溶剤，ガソリン，灯油等に接すると，管に浸透し，管の軟化・劣化や水質事故を起こすことがあるので，これらの物質と接触させないよう注意が必要である。

(3) 耐衝撃性硬質ポリ塩化ビニル管は，硬質ポリ塩化ビニル管を外力がかかりやすい屋外配管用に改良したものであり，長期間直射日光に当たっても耐衝撃強度が低下しない。

(4) ステンレス鋼鋼管は，鋼管に比べると特に耐食性が優れている。また，薄肉だが強度的に優れ，軽量化しているので取扱いが容易である。

(5) 架橋ポリエチレン管は，長尺物のため，中間での接続が不要になり，施工も容易である。その特性から，給水・給湯の住宅の屋内配管で使用されている。

解説 (3) 耐衝撃性硬質ポリ塩化ビニル管は硬質ポリ塩化ビニル管の耐衝撃性を高めるように改良されたものである。しかし，長期間，直射日光に当たると耐衝撃強度が低下する。

解答 ▶ (3)

問題 ③ 硬質ポリ塩化ビニル管の施工上の注意点に関する次の記述のうち，**不適当なものはどれか。**

(1) 直射日光による劣化や温度の変化による伸縮性があるので，配管施工等において注意を要する。

(2) 接合時にはパイプ端面をしっかりと面取りし，継手だけでなくパイプ表面にも適量の接着剤を塗布し，接合後は一定時間，接合部の抜出しが発生しないよう保持する。

(3) 有機溶剤，ガソリン，灯油，油性塗料，クレオソート（木材用防腐剤），シロアリ駆除剤等に，管や継手部のゴム輪が長期接すると，管・ゴム輪は侵されて，き裂や膨潤軟化により漏水事故や水質事故を起こすことがあるので，これらの物質と接触させない。

(4) 接着接合後，通水又は水圧試験を実施する場合，使用する接着剤の施工要領を厳守して，接着後 12 時間以上経過してから実施する。

解説 (4) 接着接合後，通水又は水圧試験を実施する場合，使用する接着剤の施工要領を厳守して，接着後 24 時間以上経過してから実施する。　　　**解答▶(4)**

問題 ④ 給水管の接合及び継手に関する次の記述の ［　　　］ 内に入る語句の組合せのうち，**適当なものはどれか。**

① ステンレス鋼鋼管の主な継手には，伸縮可とう式継手と ［ ア ］ がある。

② 硬質ポリ塩化ビニル管の主な接合方法には，［ イ ］ による TS 接合とゴム輪による RR 接合がある。

③ 架橋ポリエチレン管の主な継手には，［ ウ ］ と電気融着式継手がある。

④ 硬質塩化ビニルライニング鋼管のねじ接合には，［ エ ］ を使用しなければならない。

	ア	イ	ウ	エ
(1)	プレス式継手	接着剤	メカニカル式継手	管端防食継手
(2)	プッシュオン継手	ろう付け	メカニカル式継手	金属継手
(3)	プッシュオン継手	接着剤	フランジ継手	管端防食継手
(4)	プレス式継手	ろう付け	フランジ継手	金属継手

解説 (1) アはプレス式継手，イは接着剤，ウはメカニカル式継手，エは管端防食継手である。　　　**解答▶(1)**

問題⑤ 湯沸器に関する次の記述の ☐ 内に入る語句の組合せのうち，適当なものはどれか。

① ☐ ア ☐ は，器内の吸熱コイル管で熱交換を行うもので，コイル管内を水が通過する間にガスバーナ等で加熱する構造になっている。

② ☐ イ ☐ は，ボールタップを備えた器内の容器に貯水した水を，一定温度に加熱して給湯する給水用具である。

③ ☐ ウ ☐ は，給水管に直結して有圧のまま槽内に貯えた水を直接加熱する構造の湯沸器で，湯温に連動して自動的に燃料通路を開閉あるいは電源を入り切りする機能を持っている。

④ ☐ エ ☐ は，熱源に大気熱を利用しているため，消費電力が少ない。

	ア	イ	ウ	エ
(1)	貯湯湯沸器	瞬間湯沸器	貯蔵湯沸器	自然冷媒ヒートポンプ給湯機
(2)	瞬間湯沸器	貯蔵湯沸器	貯湯湯沸器	自然冷媒ヒートポンプ給湯機
(3)	貯湯湯沸器	貯蔵湯沸器	瞬間湯沸器	太陽熱利用貯湯湯沸器
(4)	瞬間湯沸器	貯湯湯沸器	貯蔵湯沸器	太陽熱利用貯湯湯沸器

解説 (2) アは瞬間湯沸器，イは貯蔵湯沸器，ウは貯湯湯沸器，エは自然冷媒ヒートポンプ給湯機である。　　　　　　　　　　　　　　　　　　　　**解答▶(2)**

問題⑥ 浄水器に関する次の記述の ☐ 内に入る語句の組合せのうち，適当なものはどれか。

浄水器は，水栓の流入側に取り付けられ常時水圧が加わる ☐ ア ☐ 式と，水栓の流出側に取り付けられ常時水圧が加わらない ☐ イ ☐ 式がある。

☐ イ ☐ 式については，浄水器と水栓が一体として製造・販売されているもの（ビルトイン型又はアンダーシンク型）は給水用具に該当 ☐ ウ ☐ 。浄水器単独で製造・販売され，消費者が取付けを行うもの（給水栓直結型及び据置き型）は給水用具に該当 ☐ エ ☐ 。

	ア	イ	ウ	エ
(1)	先止め	元止め	する	しない
(2)	先止め	元止め	しない	する
(3)	元止め	先止め	する	しない
(4)	元止め	先止め	しない	する

解説 (1) アは**先止め**，イは**元止め**，ウは**する**，エは**しない**である。　　　　解答▶(1)

問題 ⑦ **直結加圧形ポンプユニット**に関する次の記述のうち，**不適当なもの はどれか。**

(1) 製品規格としては，JWWA B 130：2005（水道用直結加圧形ポンプユニット）があり，対象口径は 20～75 mm である。

(2) 逆流防止装置は，ユニットの構成外機器であり，通常，ユニットの吸込み側に設置するが，吸込圧力を十分確保できない場合は，ユニットの吐出し側に設置してもよい。

(3) ポンプを複数台設置し，1台が故障しても自動切替えにより給水する機能や運転の偏りがないように自動的に交互運転する機能等を有していることを求めている。

(4) 直結加圧形ポンプユニットの圧力タンクは，停電によりポンプが停止したときに水を供給するためのものである。

(5) 直結加圧形ポンプユニットは，メンテナンスが必要な機器であるので，その設置位置は，保守点検及び修理を容易に行うことができる場所とし，これに要するスペースを確保する必要がある。

解説 (4) **圧力タンク**は，ポンプが停止した後の水圧保持のため，吐出し側配管に設ける。　　　　解答▶(4)

問題 ⑧ **給水装置**に関する次の記述のうち，**不適当なものはどれか。**

(1) 給水装置として取り扱われる貯湯湯沸器は，そのほとんどが貯湯部にかかる圧力が 100 kPa 以下で，かつ伝熱面積が 4 m² 以下の構造のものである。

(2) 給湯用加圧装置は貯湯湯沸器の一次側に設置し，湯圧が不足して給湯設備が満足に使用できない場合に加圧する給水用具である。

(3) 潜熱回収型給湯器は，今まで捨てられていた高温（約 200 ℃）の燃焼ガスを再利用し，水を潜熱で温めた後に従来の一次熱交換器で加温して温水を作り出す，従来の非潜熱回収型給湯器より高い熱効率を実現した給湯器である。

(4)　瞬間湯沸器は，給湯に連動してガス通路を開閉する機構を備え，最高85 ℃程度まで温度を上げることができるが，通常は 40 ℃前後で使用される。

(5)　瞬間湯沸器の号数とは，水温を 25 ℃上昇させたとき 1 分間に出るお湯の量〔L〕の数字であり，水道水を 25 ℃上昇させ出湯したとき 1 分間に20 L給湯できる能力の湯沸器が 20 号である。

解説{ (2) 給湯用加圧装置は貯湯湯沸器の**二次側**に設置し，湯圧が不足して給湯設備が満足に使用できない場合に加圧する給水用具である。　　　　**解答**▶**(2)**

問題⑨　給水用具に関する次の記述の　　　　内に入る語句の組合せのうち，**適当なものはどれか。**

①　甲形止水栓は，止水部が落しこま構造であり，損失水頭は極めて　ア　。

②　　イ　は，弁体が弁箱又はふたに設けられたガイドによって弁座に対し垂直に作動し，弁体の自重で閉止の位置に戻る構造の逆止弁である。

③　　ウ　は，給水管内に負圧が生じたとき，逆止弁により逆流を防止するとともに逆止弁より二次側（流出側）の負圧部分へ自動的に空気を取り入れ，負圧を破壊する機能を持つ給水用具である。

④　　エ　は管頂部に設置し，管内に停滞した空気を自動的に排出する機能を持つ給水用具である。

	ア	イ	ウ	エ
(1)	大きい	スイング式逆止弁	吸気弁	空気弁
(2)	小さい	スイング式逆止弁	バキュームブレーカ	玉形弁
(3)	大きい	リフト式逆止弁	バキュームブレーカ	空気弁
(4)	小さい	リフト式逆止弁	吸気弁	玉形弁
(5)	大きい	スイング式逆止弁	バキュームブレーカ	空気弁

解説{ (3) アは**大きい**，イは**リフト式逆止弁**，ウは**バキュームブレーカ**，エは**空気弁**である。　　　　**解答**▶**(3)**

問題⑩　給水用具に関する次の記述の正誤の組合せのうち，**適当なものはどれか。**

ア　ホース接続型水栓には，散水栓，カップリング付水栓等がある。ホース接

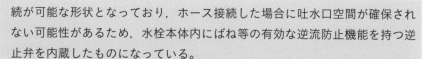

続が可能な形状となっており，ホース接続した場合に吐水口空間が確保されない可能性があるため，水栓本体内にばね等の有効な逆流防止機能を持つ逆止弁を内蔵したものになっている。

イ　ミキシングバルブは，湯・水配管の途中に取り付けて湯と水を混合し，設定温度の湯を吐水する給水用具であり，2ハンドル式とシングルレバー式がある。

ウ　逆止弁付メーターパッキンは，配管接合部をシールするメーター用パッキンにスプリング式の逆流防止弁を兼ね備えた構造であるが，構造が複雑で2年に1回交換する必要がある。

エ　小便器洗浄弁は，センサーで感知し自動的に水を吐出させる自動式とボタン等を操作し水を吐出させる手動式の2種類あり，手動式にはピストン式，ダイヤフラム式の二つのタイプの弁構造がある。

	ア	イ	ウ	エ
(1)	正	正	誤	誤
(2)	正	誤	誤	正
(3)	誤	誤	正	正
(4)	誤	正	正	誤

解説 (2) ア，エは記述のとおり。

イ　ミキシングバルブの**ハンドルは一つ**である。

ウ　逆止弁付メーターパッキンは，構造が複雑で**水道メーター交換時に必ず交換する**必要がある。　　　　　　　　　　　　　　　　　　　　　　　　**解答▶**(2)

問題⑪　給水用具に関する次の記述のうち，不適当なものはどれか。

(1)　ダイヤフラム式ボールタップの機構は，圧力室内部の圧力変化を利用しダイヤフラムを動かすことにより吐水，止水を行うものであり，止水間際にチョロチョロ水が流れたり絞り音が生じることがある。

(2)　単式逆止弁は，1個の弁体をばねによって弁座に押し付ける構造のものでⅠ形とⅡ形がある。Ⅰ形は逆流防止性能の維持状態を確認できる点検孔を備え，Ⅱ形は点検孔のないものである。

(3)　給水栓は，給水装置において給水管の末端に取り付けられ，弁の開閉により流量又は湯水の温度調整等を行う給水用具である。

(4)　ばね式逆止弁内蔵ボール止水栓は，弁体をばねによって押し付ける逆止弁を内蔵したボール止水栓であり，全開時の損失水頭は極めて小さい。

解説 (1) ダイヤフラム式ボールタップの機構は，開閉を圧力室内部の圧力変化を利用しているので，止水間際にチョロチョロ水が流れたり絞り音が生じることはない。

解答▶(1)

問題⑫ 給水用具に関する次の記述の　　　　内に入る語句の組合せのうち，適当なものはどれか。

① 　ア　は，個々に独立して作動する第1逆止弁と第2逆止弁が組み込まれている。各逆止弁はテストコックによって，個々に性能チェックを行うことができる。

② 　イ　は，弁体が弁箱又はふたに設けられたガイドによって弁座に対し垂直に作動し，弁体の自重で閉止の位置に戻る構造の逆止弁である。

③ 　ウ　は，独立して作動する第1逆止弁と第2逆止弁との間に一次側との差圧で作動する逃し弁を備えた中間室からなり，逆止弁が正常に作動しない場合，逃し弁が開いて排水し，空気層を形成することによって逆流を防止する構造の逆流防止器である。

④ 　エ　は，弁体がヒンジピンを支点として自重で弁座面に圧着し，通水時に弁体が押し開かれ，逆圧によって自動的に閉止する構造の逆止弁である。

	ア	イ	ウ	エ
(1)	複式逆止弁	リフト式逆止弁	中間室大気開放型逆流防止器	スイング式逆止弁
(2)	二重式逆流防止器	リフト式逆止弁	減圧式逆流防止器	スイング式逆止弁
(3)	複式逆止弁	自重式逆止弁	減圧式逆流防止器	単式逆止弁
(4)	二重式逆流防止器	リフト式逆止弁	中間室大気開放型逆流防止器	単式逆止弁
(5)	二重式逆流防止器	自重式逆止弁	中間室大気開放型逆流防止器	単式逆止弁

解説 (2) アは二重式逆流防止器，イはリフト式逆止弁，ウは減圧式逆流防止器，エはスイング式逆止弁である。

解答▶(2)

問題⑬ 給水用具に関する次の記述の正誤の組合せのうち，適当なものはどれか。

ア ボールタップは，フロート（浮玉）の上下によって自動的に弁を開閉する構造になっており，水洗便器のロータンク用や，受水槽用の水を一定量貯める給水用具である。

イ　ダイヤフラム式ボールタップの機構は，圧力室内部の圧力変化を利用しダイヤフラムを動かすことにより吐水，止水を行うもので，給水圧力による止水位の変動が大きい。

ウ　止水栓は，給水の開始，中止及び給水装置の修理その他の目的で給水を制限又は停止するために使用する給水用具である。

エ　甲形止水栓は，止水部がつりこま構造であり，弁部の構造から流れがS字形となるため損失水頭が大きい。

	ア	イ	ウ	エ
(1)	誤	正	誤	正
(2)	誤	誤	正	正
(3)	正	正	誤	誤
(4)	正	誤	正	誤
(5)	誤	正	正	誤

解説（4）ア，ウは記述のとおり。

イ　ダイヤフラム式ボールタップの機構は，給水圧力による<u>止水位の変動が小さい</u>。

エ　甲形止水栓は，止水部が<u>落しこま構造</u>であり，損失水頭が大きい。

解答▶(4)

問題⑭　給水用具に関する次の記述の正誤の組合せのうち，適当なものはどれか。

ア　定流量弁は，ハンドルの目盛りを必要な水量にセットすることにより，指定した量に達すると自動的に吐水を停止する給水用具である。

イ　安全弁（逃し弁）は，設置した給水管路や貯湯湯沸器の水圧が設定圧力よりも上昇すると，給水管路等の給水用具を保護するために弁体が自動的に開いて過剰圧力を逃す。

ウ　シングルレバー式の混合水栓は，1本のレバーハンドルで吐水・止水，吐水量の調整，吐水温度の調整ができる。

エ　サーモスタット式の混合水栓は，湯側・水側の二つのハンドルを操作し，吐水・止水，吐水量の調整，吐水温度の調整ができる。

	ア	イ	ウ	エ
(1)	誤	正	誤	正
(2)	誤	誤	正	正
(3)	正	誤	誤	正
(4)	正	誤	正	誤
(5)	誤	正	正	誤

解説 (5) イ，ウは記述のとおり。

ア 定流量弁は，オリフィス，ニードル弁，ばね等の流量調整機構によって，一次側の圧力に関係なく流量を一定に調整する。

エ サーモスタット式の混合水栓は，温度調整ハンドルの目盛りで安定した吐水温度を得ることができる。吐水・止水，吐水量の調整は別途止水部で行う。

解答▶(5)

問題⑮ 給水用具に関する次の記述のうち，**不適当なものはどれか。**

(1) 減圧弁は，調節ばね，ダイヤフラム，弁体等の圧力調整機構によって，一次側の圧力が変動しても，二次側を一次側より低い一定圧力に保持する給水用具である。

(2) 安全弁（逃し弁）は，水圧が設定圧力よりも上昇すると，弁体が自動的に開いて過剰圧力を逃し，圧力が所定の値に降下すると閉じる機能を持つ給水用具である。

(3) 玉形弁は，弁体が球状のため90°回転で全開，全閉することのできる構造であり，全開時の損失水頭は極めて小さい。

(4) 仕切弁は，弁体が鉛直に上下し，全開・全閉する構造であり，全開時の損失水頭は極めて小さい。

解説 (3) 玉形弁は，止水部がつりこま構造であり，流れの状態がS字形となるので損失水頭が大きい。

解答▶(3)

問題⑯ 給水用具に関する次の記述の正誤の組合せのうち，**適当なものはどれか。**

ア ダイヤフラム式逆止弁は，弁体がヒンジピンを支点として自重で弁座面に圧着し，通水時に弁体が押し開かれ，逆圧によって自動的に閉止する構造で

ある。

イ　ボール止水栓は，弁体が球状のため90°回転で全開・全閉することができる構造であり，損失水頭は大きい。

ウ　副弁付定水位弁は，主弁に小口径ボールタップを副弁として組み合わせ取り付けるもので，副弁の開閉により主弁内に生じる圧力差によって開閉が円滑に行えるものである。

エ　仕切弁は，弁体が鉛直に上下し，全開・全閉する構造であり，全開時の損失水頭は極めて小さい。

	ア	イ	ウ	エ
(1)	正	正	誤	誤
(2)	誤	正	正	正
(3)	誤	誤	正	正
(4)	正	誤	誤	正

解説 (3) ウ，エは記述のとおり。

ア　ダイヤフラム式逆止弁は，通水時にダイヤフラムがコーンの内側にまくれ，逆流になるとコーンに密着し，逆流を防止する。

イ　ボール止水栓は，弁体が球状のため90°回転で全開・全閉することができる構造であり，損失水頭は極めて小さい。　　　　　　　　　　　　　**解答▶(3)**

問題⑰　**給水用具に関する次の記述のうち，不適当なものはどれか。**

(1)　二重式逆流防止器は，各弁体のテストコックによる性能チェック及び作動不良時の弁体の交換が，配管に取り付けたままできる構造である。

(2)　複式逆流防止弁は，個々に独立して作動する二つの逆流防止弁が組み込まれ，その弁体はそれぞればねによって弁座に押し付けられているので，二重の安全構造となっている。

(3)　管内に負圧が生じた場合に自動的に多量の空気を吸気して給水管内の負圧を解消する機能を持った給水用具を吸排気弁という。なお，管内に停滞した空気を自動的に排出する機能を併せ持っている。

(4)　スイング式逆止弁は，弁体が弁箱又は蓋に設けられたガイドによって弁座に対し垂直に作動し，弁体の自重で閉止の位置に戻る構造のものである。

解説 (4) スイング式逆止弁は，弁体がヒンジピンを支点として自重で弁座面が圧着し，通水時には弁が開かれ，逆圧によって自動的に閉止する構造のものである。

解答▶(4)

問題 ⑱ 給水用具に関する次の記述の正誤の組合せのうち，適当なものはどれか。

ア　自動販売機は，水道水を冷却又は加熱し，清涼飲料水，茶，コーヒー等を販売する器具である。水道水は，器具内給水配管，電磁弁を通して，水受けセンサーにより自動的に供給される。タンク内の水は，目的に応じてポンプにより加工機構へ供給される。

イ　ディスポーザ用給水装置は，台所の排水口部に取り付けて生ごみを粉砕するディスポーザとセットとして使用する器具である。排水口部で粉砕された生ごみを水で排出するために使用する。

ウ　水撃防止器は，給水装置の管路途中又は末端の器具等から発生する水撃作用を軽減又は緩和するため，封入空気等をゴム等により自動的に排出し，水撃を緩衝する給水器具である。ベローズ形，エアバック形，ダイヤフラム式，ピストン式等がある。

エ　非常時用貯水槽は，非常時に備えて，天井部・床下部に給水管路に直結した貯水槽を設ける給水用具である。天井設置用は，重力を利用して簡単に水を取り出すことができ，床下設置用は，加圧用コンセントにフットポンプ及びホースを接続・加圧し，水を取り出すことができる。

	ア	イ	ウ	エ
(1)	正	正	誤	正
(2)	正	誤	正	誤
(3)	誤	誤	正	正
(4)	誤	正	正	誤
(5)	正	誤	誤	正

解説 (1) ア，イ，エは記述のとおり。

ウ　水撃防止器は，給水装置の管路途中又は末端の器具等から発生する水撃作用を軽減又は緩和するため，封入空気等をゴム等により圧縮し，水撃を緩衝する給水器具である。

解答▶(1)

問題⑲ 水道メーターに関する次の記述のうち，**不適当なもの**はどれか。

(1)　水道メーターは，給水装置に取り付け，需要者が使用する水量を積算計量する計量器である。

(2)　水道メーターの計量水量は，料金算定の基礎となるもので適正な計量が求められることから，計量法に定める特定計量器の検定に合格したものを設置する。

(3)　水道メーターの計量方法は，流れている水の流速を測定して流量に換算する流速式と，水の体積を測定する容積式に分類される。わが国で使用されている水道メーターは，ほとんどが流速式である。

(4)　水道メーターは，検定有効期間が8年間であるため，その期間内に検定に合格したメーターと交換しなければならない。

(5)　水道メーターは，許容流量範囲を超えて水を流すと，正しい計量ができなくなるおそれがあるため，メーター一次側に安全弁を設置して流量を許容範囲内に調整する。

解説 (5) 水道メーターは，許容流量範囲を超えて水を流すと，正しい計量ができなくなるおそれがあるため，適正使用流量範囲，瞬間使用の許容流量等に留意して水道メーターの呼び径を決定する。　　　　　　　　　　　　　　　　**解答▶(5)**

問題⑳ 水道メーターに関する次の記述の正誤の組合せのうち，**適当なもの**はどれか。

ア　接線羽根車式水道メーターは，計量室内に設置された羽根車にノズルから接線方向に噴射水流を当て，羽根車が回転することにより通過水量を積算表示する構造のものである。

イ　軸流羽根車式水道メーターは，管状の器内に設置された流れに平行な軸を持つ螺旋状の羽根車が回転することにより積算計量する構造のものである。

ウ　電磁式水道メーターは，水の流れと平行に磁界をかけ，電磁誘導作用により，流れと磁界に平行な方向に誘起された起電力により流量を測定する器具である。

エ　軸流羽根車式水道メーターのたて形軸流羽根車式は，水の流れがメーター内で迂流するため損失水頭が小さい。

	ア	イ	ウ	エ
(1)	正	誤	正	誤
(2)	誤	誤	誤	正
(3)	正	正	誤	誤
(4)	正	誤	誤	正
(5)	誤	正	正	正

解説 (3) ア，イは記述のとおり。

ウ 電磁式水道メーターは，水の流れと**垂直**に磁界をかけ，電磁誘導作用により，流れと磁界に**垂直**な方向に誘起された起電力により流量を測定する器具である。

エ 軸流羽根車式水道メーターのたて形軸流羽根車式は，水の流れがメーター内で迂流するため損失水頭が**大きい**。　　　**解答▶(3)**

問題 ㉑ 給水用具の故障と対策に関する次の記述のうち，**不適当なものはどれか。**

(1) ボールタップの水が止まらなかったので原因を調査した。その結果，弁座が損傷していたので，ボールタップを取り替えた。

(2) 湯沸器に故障が発生したが，需要者等が修理することは困難かつ危険であるため，製造者に依頼して修理を行った。

(3) ダイヤフラム式定水位弁の水が止まらなかったので原因を調査した。その結果，主弁座への異物のかみ込みがあったので，主弁の分解と清掃を行った。

(4) 水栓から不快音があったので原因を調査した。その結果，スピンドルの孔とこま軸の外径が合わなくがたつきがあったので，スピンドルを取り替えた。

(5) 大便器洗浄弁で常に大量の水が流出していたので原因を調査した。その結果，逃し弁のゴムパッキンが傷んでいたので，ピストンバルブを取り出しパッキンを取り替えた。

解説 (4) 水栓から不快音があり，その原因がスピンドルの孔とこま軸の外径が合わなくがたつきがある場合は，摩耗したこまを新品と交換する必要がある。

解答▶(4)

問題㉒ 給水用具の故障と対策に関する次の記述の正誤の組合せのうち，適当なものはどれか。

ア　ピストン式定水位弁の水が止まらなかったので原因を調査した。その結果，主弁座パッキンが摩耗していたので，新品に取り替えた。

イ　大便器洗浄弁の吐水量が少なかったので原因を調査した。その結果，水量調節ねじが閉め過ぎていたので，水量調節ねじを右に回して吐水量を増やした。

ウ　ボールタップ付ロータンクの水が止まらなかったので原因を調査した。その結果，フロート弁の摩耗，損傷のためすき間から水が流れ込んでいたので，分解し清掃した。

エ　ダイヤフラム式ボールタップ付ロータンクのタンク内の水位が上がらなかったので原因を調査した。その結果，排水弁のパッキンが摩耗していたので，排水弁のパッキンを取り替えた。

	ア	イ	ウ	エ
(1)	正	正	誤	誤
(2)	誤	誤	正	正
(3)	正	誤	誤	正
(4)	誤	正	正	誤
(5)	正	誤	正	誤

解説 (3) ア，エは記述のとおり。

イ　大便器洗浄弁の吐水量が少ない場合は，水量調節ねじを閉め過ぎているので，水量調節ねじを左に回して吐水量を増やす。

ウ　ボールタップ付ロータンクの水が止まらない場合，フロート弁の摩耗や損復のためすき間から水が流れ込んでいるときは，新しいフロート弁に交換する。

解答▶(3)

合格への近道は！
終盤にさしかかりましたので，ここでは合格への近道を探ってみましょう。

自分の専門分野，得意分野を重点的に！
皆さんが実務で培ってきた経験や知識は，受験勉強にとって大きな戦力となります。しかも，これらの分野からたくさんの問題が出題されていますので，効率良く，効果的に得点を重ねることができます。自分の専門分野，得意分野を十分に活かしましょう。

出題傾向の高い分野を重点的に！
本書の初めから最後まで，ただ，がむしゃらに覚えようとしても疲れるだけです。過去に出題された問題の中から，出題傾向の高い分野を重点的に消化しましょう。本書では，各項目に出題ランクが表示してありますので，項目ごとの重要度をチェックしましょう。文章の先頭に 重要 ， 注意! と表示された箇所は出題率の高い内容を表しています。さらに，太字で表示された箇所は問題を解答する際に重要なキーワードとなる部分です。これらの部分は出題率の高い分野，重要度の高い分野ですので，優先的にマスターしましょう。その後，徐々に範囲を広げて全体をカバーし，実践力を確実なものとしていきましょう。

やさしい分野や項目を重点的に！
配点はすべての問題で１問につき１点です。試験本番では，難しい分野や項目に時間をかけるよりも，やさしい分野や項目を重点的に取り組み，確実に点数をとりにいきましょう。それから徐々に難易度の高い問題に手をつけていきます。

ただし，各科目には合格最低基準が設定されていることから，バランスも考慮して解答していきましょう。

解答は消去法で！
問題は四択又は五択です。消去法で解答していきますが，「四つ又は五つのうち，二つまではわかるが，残りについてどちらが解答か判断できない」という声をよく耳にします。試験の問題はそのように作られているのです。迷ったときには，初心に返り，始めから解答をやり直すことです。急がば回れ！

アドバイス

給水装置施工管理法

　給水装置施工管理法からの出題数は5問で，合格最低基準は3問です。本来，給水装置の施工管理には，給水装置工事に関するあらゆる知識が求められます。

　検定試験最後の科目です。給水装置工事主任技術者の資格取得は目前に迫っています。気力を振り絞って，がんばりましょう。

8・1 給水装置工事の施工監理

- 1「施工管理の基本」～12「配水管からの分岐以降水道メーターまでの使用材料」まで，非常に広い範囲にわたって **注意!**，**重要** が付けられています。しかも，他の科目と共通する箇所も見受けられます。これは，施工管理という科目が他の科目と密接な関係にあるという証でもあります。カバーするエリアが広い割に，問題数が少ないため出題率は高くないのですが，すべてを最重要項目としてマークしておきましょう。本書に記載されている内容は，すべてを暗記するつもりで試験に臨んでください。難しい内容はほとんどありませんので，覚えただけ得点につながります。

8・2 安全管理

- 1「事故防止の基本事項」～5「交通保安対策」も 8・1「給水装置工事の施工監理」と同じ傾向にあります。難しい内容がほとんどないことも同じです。多くの受験者の実務に直結していることも難しさを軽減することでしょう。準備万端整えて高得点を目指しましょう。

- 6「建設工事公衆災害防止対策要綱」は，多岐にわたる内容を包含していますが，出題される問題はどちらかというとやさしい部類に入るでしょう。重要項目ですが得点ゲットのラストチャンスです。取りこぼしのないように準備を怠らないように！

8・1 | 給水装置工事の施工管理

1 施工管理の基本
出題ランク ★★★★★

① 施工管理は，施主（需要者等）の要求を満たしつつ，品質の良い建設物（目的物）を提供するため，工事全体の管理，監督を行うことである。

注意! ② 給水装置工事における**施工管理の責任者**は，**給水装置工事主任技術者**である。

③ 給水装置工事は，**配水管の取付口**から**末端の給水用具までの工事**である。

注意! ④ 配水管からの分岐は**道路上**での工事があるので，**施工計画書**を作成し，適切な**工程管理，品質管理，安全管理**が必要である。

重要 ⑤ 給水装置工事主任技術者は，**基準省令**や**供給規程**等を十分に理解する。そのうえで水道事業者の指導のもとで，**自ら**工事を施工すること，又は適切に作業を行うことができる**技能を有する者**に従事させ，**監督**しなければならない。

注意! ⑥ **宅地内での給水装置工事**は，水道メーター以降末端給水用具までの工事である。**施主**の依頼に応じて実施されるものであり，次の点に留意して行わなければならない。

注意! a. 道路上の工事と同様に**施工計画書**を作成し，適切な**工程管理，品質管理，安全管理**を行う。

b. ②，⑤の内容が同様に適用される。

注意! c. 給水装置工事の内容によっては，**建築業者**等との調整が必要となる。

⑦ 工事施工にあたっては，**工程管理**，工事**品質の確認**並びに公衆災害及び労働災害防止するための**安全管理**を行う。

2 施工計画書の作成と周知
出題ランク ★★★

重要 ① 給水装置工事主任技術者は，**現地調査**，**水道事業者**等との**協議**に基づいた**施工計画書**を作成し，その内容を**工事従事者**に周知する。

② 施工計画書には，作業の責任を明確にした施工体制，有資格者名簿，施工方法，品質管理項目及び方法，安全対策，緊急時の連絡体制と電話番

号*，実施工程表等を記載する。

   * 工事受注者，水道事業者，警察署，消防署，道路管理者，緊急病院，電力やガス等の地下
      埋設企業，労働基準監督署等。

注意! ③   工事の過程において作業従事者，使用機器，施工手順，安全対策等に**変更**が生じたときは，その都度施工計画書を**修正**し，工事従事者に**通知**する。

④   施工計画書は，施工管理に必要な要点が的確に記載してあれば<u>**簡単なもの**</u>でよい。

3 工程管理

出題ランク
★★★☆☆

注意! ①   工程管理については，計画，実施，管理の各段階に分けることができる。図8・1に給水装置工事の工程管理を示す。

注意! ②   工程管理は，**契約書**に定めた工期内に工事を完了するため，**事前準備の現地調査**や**水道事業者**，**建設業者**，道路管理者，警察署等との**調整**に基づき工程管理計画を作成し，これに沿って，効率的かつ経済的に工事を進める。

注意! ③   給水装置工事主任技術者は，常に**進行状況**について把握し，<u>**施工計画時**</u>に作成した**工程表**と**実績**を比較して工事の円滑な進行を図る。

重要 ④   配水管を**断水**して給水管を分岐する工事は，**水道事業者**との協議に基づ

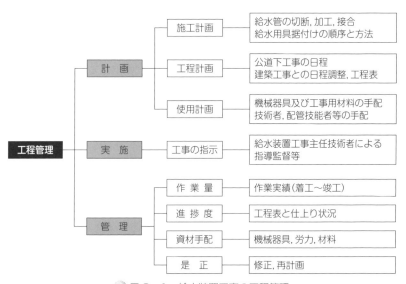

◇ 図8・1　給水装置工事の工程管理

いて，**断水広報**などを考慮した**断水工事日**を基準日として天候等を考慮した工程を組む。

注意! ⑤　工程管理するための工程表には，バーチャート，ネットワーク等があるが，給水装置工事の工事規模の場合は，**バーチャート工程表**が一般的である。

4 施工管理

注意! ①　給水装置工事の施工にあたっては，**施工計画書**に基づき適正な施工管理を行う。

注意! ②　施工計画に基づく工程，作業時間，作業手順，交通規制等に沿って工事を施工し，必要に応じて工事目的物の品質確認を行う。

5 品質管理

注意! ①　施工計画書は品質管理項目と管理方法，管理担当者を定めて実施する。

②　品質管理の記録は，チェックシート，写真（黒板に管理項目，寸法，試験結果の数値等を記載），図面等によって行う。

③　品質管理を行った項目は，すべて写真を撮影し工事記録として保管する。

重要 ④　サドル付分水栓の取付けボルト，給水管及び給水用具の継手等で締付けトルクが設定されているものは，その締付け状況を確認する。

注意! ⑤　サドル付分水栓を鋳鉄管に取り付ける場合，鋳鉄管の**内面ライニング**に適した穿孔ドリルを使用する。

注意! ⑥　サドル付分水栓の取付管が鋳鉄管の場合，穿孔断面の腐食を防止する防食コアを装着する。

⑦　省令基準等の適合に関する内容を次に示す。

重要 a．給水管及び給水用具が**給水装置の構造及び材質の基準**に**適合**したもので，かつ，検査等により**品質確認**されたものであること。

注意! b．配水管への取付口の位置は，他の給水装置の取付口と 30 cm 以上の離隔を保つこと。

注意! c．配管は，汚染防止，逆流防止が適切に行われ，クロスコネクションがないこと。

⑧　ねじ切り鋼管の継手は，前述 a. に適合する管端防食継手とする。

注意! ⑨　施工した給水装置の耐圧試験を実施する。耐圧試験は，**基準省令に定量的な基準はないが**，水道事業者が給水区域内の実情を考慮した規定の圧力試験で漏水等の異常のないことを確認する[*]。

> ＊　新設工事の場合は，試験水圧 1.75 MPa，保持時間 1 分の耐圧試験を行うことが望ましいとされている。

重要 ⑩　穿孔後における水質確認として，**残留塩素**，**臭気**，**味**，**色**，**濁り**の 5 項目の水質確認を行う。表 8・1 に水質の確認項目を示す。

❤ 表 8・1　水質の確認項目

項目	判定基準
遊離残留塩素	0.1 mg/L 以上
臭気	観察により異常でないこと
味	観察により異常でないこと
色	観察により異常でないこと
濁り	観察により異常でないこと

⑪　残留塩素の確認は穿孔した管が水道管の証（あかし）となることから必ず実施する。

重要 ⑫　給水装置の末端における遊離残留塩素は，**0.1 mg/L** 以上であること。

6 施工の確認

①　給水装置工事主任技術者は，水道事業者，需要者（発注者）等が常に施工状況を確認できるよう必要な**資料**，**写真の取りまとめ**を行っておく。

注意! ②　水道事業者によっては，工事完了時に配水管の分岐から水道メーターまでの工事の品質管理の結果とその**状況写真の提出**を義務付けているところがある。

注意! ③　**品質管理記録は**，施工管理の結果であり適正な工事を**証明する証**となるので，給水装置工事主任技術者は品質管理の実施とその記録を行う必要がある。この内容は，宅地内の給水装置工事でも同様である。

注意! ④　道路部掘削時の埋戻しに使用する埋戻し土は，**道路管理者**が定める基準等を満たした材料であるか検査・確認し，**道路管理者**の承諾を得たものを使用する。

7 現場付近住民への説明

重要 ① 工事着手に**先立ち**，現場付近の住民に対し，工事の施工について協力が
得られるよう，工事内容の具体的な説明を行う。

② 工事内容を現場付近住民や通行人に**周知**するため，広報板等を使用し，
必要な広報措置を行う。

8 障害物の取扱い

注意! 工事の施行中，他の者の所管に属する地下埋設物，地下施設その他工作
物の**移設**，**防護**，**切りまわし**などが必要となったときは，速やかに**水道事
業者**や**当該施設の管理者**に申し出て，その指示を受けなければならない。

9 公衆災害

① 公衆災害とは，当該工事の**関係者以外**の第三者（公衆）に対する生命，
身体及び財産に関する危害及び迷惑をいう。

② ①でいう迷惑とは騒音，振動，におい等のほか，水道，電気等の施設の
毀損による**断水**や停電も含まれる。

③ 次に示す内容は公衆災害に該当する。

注意! a. 水道管を毀損したため，断水した。

重要 b. 工事現場の仮舗装が陥没し，そこを**通行した自転車**が転倒し，負傷し
た。

④ 次に示す内容は公衆災害に該当しない。

重要 a. **交通整理員**が交通事故に巻き込まれ，死亡した。

注意! b. **作業員**が掘削溝に転落し，負傷した。

注意! c. 建設機械が転倒し，**作業員**が負傷した。

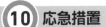

⑩ 応急措置

注意! 　工事の施行にあたり，事故が発生し，又は発生するおそれがある場合は，**直ちに必要な措置を講じた**うえ，事故の状況及び措置内容を**水道事業者**や**関係官公署**に報告する。

⑪ 指定給水装置工事事業者の施工範囲

　一般に指定給水装置工事事業者は，給水装置工事の施行範囲を制限されることなく，工事を施工することができる。ただし，水道事業者が範囲を定めている場合があるので，次に示す工事では**水道事業者に工事範囲を確認**する必要がある。

注意! ①　**公道内**の給水装置工事（配水管から分岐して給水管を設ける工事）。

②　交通量が多い国道や，他の工事との調整が必要な工事等で，水道事業者が施工するのが適当な場合。

⑫ 配水管からの分岐以降水道メーターまでの使用材料

注意! ①　**水道事業者**は，災害による給水装置の損傷を防止するとともに，給水装置の損傷の復旧を迅速かつ適切に行えるようにするために，**配水管への取付口**から**水道メーター**までの間の給水装置に用いる給水管及び給水用具について，その**構造及び材質**等を**指定**する場合がある。

注意! ②　給水装置工事を受注した場合は，配水管から水道メーターまでの使用材料について**水道事業者**に**確認**する必要がある。

③　配水管からの分岐以降水道メーターまでの工事は，あらかじめ水道事業者の承認を受けた**工法**，**工期**その他の工事上の条件に適合する施工が必要である。

8·2 安全管理

1 事故防止の基本事項

出題ランク ★★☆☆☆

① 工事は各工種に適した工法で施行し，設備の不備，不完全な施工等によって事故を起こさないように注意する。

② 工事中は，適切な人材を配置するとともに，工事用機械器具は関係者に特徴等の留意点を十分周知し，操作を誤らないように使用する。

③ 材料等は荷くずれのないような処置を講じ，運搬や積おろしは，衝撃を与えないように扱う。また，歩行者や車両の通行にも危険のないよう注意する。

注意! ④ **施工従事者**の体調管理に留意し，**体調不良**に起因する事故の防止に努めるとともに，酷暑期には十分な水分補給と適切な休養を促し，**熱中症**の予防に努める。

2 地下埋設物の事故防止

出題ランク ★★★★★

重要 ① 工事の施行にあたっては，地下埋設物の有無を十分に調査するとともに，接近する埋設物がある場合は**埋設物管理者に立会いを求め**その位置を確認し，埋設物に損傷を与えないよう注意する。

注意! ② 工事中，**予期せぬ地下埋設物**が見つかり，その管理者がわからないときには，安易に不明埋設物として処理するのではなく，**関係機関に問い合わせる等十分な調査**を経て対応する。

注意! ③ 埋設物に接近して掘削する場合には，周囲地盤のゆるみ，沈下等に注意し，必要に応じて**当該埋設物の管理者**と協議のうえ**防護措置**等を講ずる。

重要 ④ 工事の施工にあたって，掘削部分に**各種埋設物**が**露出する場合**には，防護協定等を遵守して措置し，当該**埋設物管理者**と協議のうえ適切な表示を行う。

重要 ⑤ 工事中，**火気に弱い埋設物**又は**可燃性物質**の輸送管等の埋設物に**接近**する場合には，溶接機，切断機等**火気**を伴う**機械用具**を**使用しない**。ただし，やむを得ない場合は，その**埋設物の管理者**と協議し，保安上必要な措置を講じてから使用する。

③ 電気工事の事故防止

① 工事用電力設備については，関係法規等に基づいて工事を行う。

重要 ② **電力設備**には，**感電防止用漏電遮断器**を設置し，**感電事故防止**に努める。

重要 ③ **高圧配線**，**変電設備**には**危険表示**を行い，接触の危険のあるものにはさく，囲い，覆い等を設け感電防止措置を講じる。

重要 ④ **仮設**の**電気工事**（電線をステップルで造営物に仮止めする工事を含む）は，電気事業法に基づく電気設備に関する技術基準を定める省令等により**電気技術者**が行う。

重要 ⑤ **水中ポンプ**その他の電気関係器材は，**常に点検**，**補修を行い**正常な状態で作動できるように整備する。

④ 酸欠事故の防止

注意! ① 工事中に**酸素欠乏**，**有毒ガス**が発生するおそれがあると判断したとき，又は関係機関から指示されたときは**酸素欠乏危険作業主任者**を配置する。

② **換気設備**，酸素濃度測定器，有毒ガス検知器，救助設備等を配備する。

⑤ 交通保安対策

注意! 工事施行中の交通保安対策については，当該**道路管理者**及び**所轄警察署長**の**許可条件**及び**指示**に基づき，適切な保安施設を設置し，通行車両や通行者の**事故防止**と円滑な**通行確保**を図らなければならない。

⑥ 建設工事公衆災害防止対策要綱

1 一般事項

1 整理整頓

注意! 施工者は，常に作業場の内外を**整理整頓**し，塵埃等により周辺に迷惑の及ぶことのないよう注意しなければならない。

2 　作業場の区分

　① 　施工者は，公衆が誤って作業場に立ち入ることのないよう，**固定さく**又はこれに類する工作物を設置しなければならない。

注意! ② 　①の**さく**等は，公衆の通行が禁止されていることが明らかにわかるものであること，**通行者**（自動車等を含む）の**視界**が**確保**されていること，風等により転倒しないものでなければならない。

3 　作業場の出入口

　① 　施工者は，作業場の**出入口**には，原則として，**引戸式**の扉を設け，作業に必要のない限り，これを閉鎖しておくとともに，**公衆**の立入りを**禁ずる**標示板を掲げなければならない。

注意! ② 　車両の出入りが頻繁な場合，原則，**交通誘導警備員**を配置し，公衆の出入りを防止するとともに，出入りする**車両の誘導**に当たらせなければならない。

2 　交通対策

1 　作業場への工事車両の出入り等

重要 ① 　施工者は，**道路上**に作業場を設ける場合は，原則として，**交通流**に対する**背面**から工事車両を出入りさせなければならない。ただし，周囲の状況等によりやむを得ない場合においては，交通流に平行する部分から工事車両を出入りさせることができる。

注意! ② 　①において，周囲の状況等によりやむを得ない場合においては，交通流に**平行する部分**から車両を出入りさせることができる。この場合においては，原則，**交通誘導警備員**を配置し，**一般車両**の通行を**優先**するとともに公衆の通行に支障がないようにしなければならない。

2 　道路敷（近傍）工事における措置

注意! ① 　発注者及び施工者は，事前に道路状況を把握し，交通の処理方法について検討のうえ，**道路管理者**及び**所轄警察署長**の指示するところに従い，**道路標識**，**標示板**等で必要なものを設置しなければならない。

重要 ② 　施工者は工事用の諸施設を設置する必要がある場合に当たっては，周囲の地盤面から高さ **0.8 m** 以上 **2 m** 以下の部分については，通行者の**視界を妨げる**ことのないよう必要な措置を講じなければならない。

3 　道路上（近接）工事における措置

　① 　施工者は，道路上において又は道路に接して土木工事を**夜間施工**する場

合には，道路上又は道路に接する部分に設置したさく等に沿って，高さ**1 m** 程度のもので夜間 **150 m** 前方から視認できる光度を有する**保安灯**を設置しなければならない。

注意! ② 施工者は，道路上において又は道路に接して土木工事を施工する場合には，工事を**予告**する道路標識，標示板等を，工事箇所の前方 **50 m** から **500 m** の間の路側又は中央帯のうち視認しやすい箇所に設置しなければならない。

注意! ③ 施工者は，道路上において**土木工事**を施工する場合は，**道路管理者**及び**所轄警察署長**の指示を受け，作業場出入口等に必要に応じて**交通誘導警備員**を配置し，**道路標識**，**保安灯**，セイフティコーン，又は矢印板を設置する等，常に**交通の流れ**を阻害しないよう努めなければならない。

4 一般交通を制限する場合の措置

① 発注者及び施工者は，やむを得ず通行を制限する必要のある場合においては，**道路管理者**及び**所轄警察署長の指示**に従うものとする。

注意! ② ①において，特に指示のない場合は，制限した後の道路の車線が 1 車線となる場合にあっては，その車道幅員は **3 m** 以上とし，2 車線となる場合にあっては，その車道幅員は **5.5 m** 以上とする。

注意! ③ 発注者及び施工者は，土木工事のために，一般の交通を**迂回**させる必要がある場合においては，**道路管理者**及び**所轄警察署長**の指示するところに従い，回り道の入口及び要所に運転者又は通行者に見やすい**案内用標示板**などを設置し，運転者又は通行者が**容易**に回り道を通過し得るようにしなければならない。

5 仮復旧期間における車両交通のための路面維持

① 施工者は，道路を掘削した箇所を車両の交通の用に供しようとするときは，埋め戻したのち，原則として，**仮舗装**を行い，又は**覆工**を行う等の措置を講じなければならない。この場合，周囲の路面との段差を生じないようにしなければならない。

② ①において，やむを得ない理由で段差が生じた場合は，**5％以内**の勾配ですりつけなければならない。

6 歩行者用通路の確保

重要 ① 施工者は，通行を制限する場合，歩行者が安全に通行できるよう車道とは別に幅 **0.9 m** 以上，高齢者や車椅子使用者等の通行が想定されない場合は幅 **0.75 m** 以上，有効高さは **2.1 m** 以上の歩行者用通路を確保しな

けなければならない。

重要 ② 施工者は，歩行者用通路と作業場との境は，**移動さく**を間隔をあけないように設置し，又は移動さくの間に**安全ロープ**等をはってすき間ができないよう設置する等，明確に区分しなければならない。

③ 施工者は，歩行者用通路には，必要な**標識**等を掲げ，夜間には，適切な照明等を設けなければならない。また，歩行に危険のないよう段差や路面の凹凸をなくすとともに，滑りにくい状態を保ち，必要に応じてスロープ，手すり及び視覚障害者誘導用ブロック等を設けなければならない。

7 通路の排水

施工者は，土木工事の施工に当たり，一般の交通の用に供する部分について，雨天等の場合でも通行に支障がないよう，排水を良好にしておかなければならない。

問題① 給水装置工事の施工管理に関する次の記述の正誤の組合せのうち，適当なものはどれか。

ア　施工計画書には，現地調査，水道事業者等との協議に基づき，作業の責任を明確にした施工体制，有資格者名簿，施工方法，品質管理項目及び方法，安全対策，緊急時の連絡体制と電話番号，実施工程表等を記載する。

イ　水道事業者，需要者（発注者）等が常に施工状況の確認ができるよう必要な資料，写真の取りまとめを行っておく。

ウ　施工にあたっては，施工計画書に基づき適正な施工管理を行う。具体的には，施工計画に基づく工程，作業時間，作業手順，交通規制等に沿って工事を施工し，必要の都度工事目的物の品質確認を実施する。

エ　工事の過程において作業従事者，使用機器，施工手順，安全対策等に変更が生じたときは，その都度施工計画書を修正し，工事従事者に通知する。

	ア	イ	ウ	エ
(1)	誤	正	正	正
(2)	正	誤	正	誤
(3)	誤	正	誤	正
(4)	誤	正	正	誤
(5)	正	正	正	正

解説　(5) ア，イ，ウ，エは記述のとおり。　　　　　　　　　　**解答▶(5)**

問題② 給水装置工事における施工管理に関する次の記述のうち，不適当なものはどれか。

(1)　道路部掘削時の埋戻しに使用する埋戻し土は，水道事業者が定める基準等を満たした材料であるか検査・確認し，水道事業者の承諾を得たものを使用する。

(2)　工事着手に先立ち，現場付近の住民に対し，工事の施工について協力が得られるよう，工事内容の具体的な説明を行う。

(3)　配水管からの分岐以降水道メーターまでの工事は，あらかじめ水道事業者の承認を受けた工法，工期その他の工事上の条件に適合するように

施工する必要がある。

(4)　工事の施工に当たり，事故が発生し，又は発生するおそれがある場合は，直ちに必要な措置を講じたうえで，事故の状況及び措置内容を水道事業者及び関係官公署に報告する。

解説　(1) 道路部掘削時の埋戻しに使用する埋戻し土は，道路管理者が定める基準等を満たした材料であるか検査・確認し，道路管理者の承諾を得たものを使用する。

解答▶(1)

問題❸　給水装置工事の施工管理に関する次の記述の　　　内に入る語句の組合せのうち，適当なものはどれか。

　施工管理の責任者は，施工内容に沿った　ア　を作成し，　イ　に周知を図っておく。また，工事施行に当たっては，工程管理を行うとともに，労働災害等を防止するための　ウ　を行う。

　給水装置工事の施工管理の責任者は，　エ　である。

	ア	イ	ウ	エ
(1)	施工計画書	付近住民	安全対策	水道技術管理者
(2)	施工管理書	工事従事者	品質管理	水道技術管理者
(3)	施工計画書	工事従事者	安全対策	給水装置工事主任技術者
(4)	施工管理書	付近住民	品質管理	給水装置工事主任技術者

解説　(3) アは施工計画書，イは工事従事者，ウは安全対策，エは給水装置工事主任技術者である。

解答▶(3)

問題❹　宅地内での給水装置工事の施工管理に関する次の記述の　　　内に入る語句の組合せのうち，適当なものはどれか。

　宅地内での給水装置工事は，一般に水道メーター以降　ア　までの工事である。

　　イ　の依頼に応じて実施されるものであり，工事の内容によっては，建築業者等との調整が必要となる。宅地内での給水装置工事は，これらに留意するとともに，道路上での給水装置工事と同様に　ウ　の作成と，それに基づく工程管理，品質管理，安全管理等を行う。

	ア	イ	ウ
(1)	末端給水用具	施主（需要者等）	施工計画書
(2)	末端給水用具	水道事業者	工程表
(3)	末端給水用具	施主（需要者等）	工程表
(4)	建築物の外壁	水道事業者	工程表
(5)	建築物の外壁	施主（需要者等）	施工計画書

解説 (1) アは末端給水用具，イは施主（需要者等），ウは施工計画書である。

解答▶(1)

問題⑤ 給水装置工事における工程管理に関する次の記述のうち，**不適当なものはどれか。**

(1)　給水装置工事主任技術者は，常に工事の進行状況について把握し，施工計画時に作成した工程表と実績とを比較して工事の円滑な進行を図る。

(2)　配水管を断水して給水管を分岐する工事は，水道事業者との協議に基づいて，断水広報等を考慮した断水工事日を基準日として天候等を考慮した工程を組む。

(3)　契約書に定めた工期内に工事を完了するため，図面確認による水道事業者，建設業者，道路管理者，警察署等との調整に基づき工程管理計画を作成する。

(4)　工程管理を行うための工程表には，バーチャート，ネットワーク等がある。

解説 (3) 契約書に定めた工期内に工事を完了するため，**事前準備の現地調査**や水道事業者，建設業者，道路管理者，警察署等との調整に基づき工程管理計画を作成する。

解答▶(3)

問題⑥ 給水装置工事の工程管理に関する次の記述の 内に入る語句の組合せのうち，**適当なものはどれか。**

　工程管理は，一般的に計画，実施， ア に大別することができる。計画の段階では，給水管の切断，加工，接合，給水用具据付けの順序と方法，建築工事との日程調整，機械器具及び工事用材料の手配，技術者や配管技能者を含む イ を手配し準備する。工事は ウ の指導監督のもとで実施する。

	ア	イ	ウ
(1)	検 査	作業従事者	技能を有する者
(2)	管 理	作業主任者	技能を有する者
(3)	管 理	作業主任者	給水装置工事主任技術者
(4)	管 理	作業従事者	給水装置工事主任技術者
(5)	検 査	作業主任者	給水装置工事主任技術者

解説 (4) アは管理，イは作業従事者，ウは給水装置工事主任技術者である。

解答▶(4)

問題 7 給水装置の品質管理について，穿孔工事後に行う水質確認項目に関する次の組合せのうち，**適当なものはどれか。**

(1)	残留塩素，	大腸菌，	水 温，	濁 り，	色
(2)	残留塩素，	におい，	濁 り，	色，	味
(3)	残留塩素，	全有機炭素（TOC），	大腸菌，	水 温，	濁 り
(4)	pH 値，	全有機炭素（TOC），	水 温，	におい，	色
(5)	pH 値，	大腸菌，	水 温，	におい，	味

解説 (2) 穿孔工事後に行う水質確認項目は残留塩素，におい，濁り，色，味の 5 項目である。

解答▶(2)

問題 8 公道における給水装置工事の安全管理に関する次の記述の正誤の組合せのうち，**適当なものはどれか。**

ア 工事の施行にあたっては，地下埋設物の有無を十分に調査するとともに，当該道路管理者に立会いを求めることによってその位置を確認し，埋設物に損傷を与えないよう注意する。

イ 工事中，火気に弱い埋設物又は可燃性物質の輸送管等の埋設物に接近する場合は，溶接機，切断機等火気を伴う機械器具を使用しない。ただし，やむを得ない場合は管轄する消防署と協議し，保安上必要な措置を講じてから使用する。

ウ 施工従事者の体調管理に留意し，体調不良に起因する事故の防止に努めるとともに，酷暑期には十分な水分補給と適切な休養を促し，熱中症の予防に努める。

エ　工事施行中の交通保安対策については，当該道路管理者及び所轄警察署長の許可条件及び指示に基づき，適切な保安施設を設置し，通行車両や通行者の事故防止と円滑な通行の確保を図らなければならない。

	ア	イ	ウ	エ
(1)	正	誤	正	誤
(2)	正	正	誤	正
(3)	誤	正	誤	正
(4)	誤	誤	正	正
(5)	誤	正	誤	誤

解説 (4) ウ，エは記述のとおり。

ア　工事の施行にあたっては，地下埋設物の有無を十分に調査するとともに，その管理者に立会いを求めることによってその位置を確認し，埋設物に損傷を与えないよう注意する。

イ　工事中，火気に弱い埋設物又は可燃性物質の輸送管等の埋設物に接近する場合は，溶接機，切断機等火気を伴う機械器具を使用しない。ただし，やむを得ない場合は当該埋設物管理者と協議し，保安上必要な措置を講じてから使用する。

解答▶(4)

問題9　工事用電力設備における電気事故防止の基本事項に関する次の記述のうち，**不適当なもの**はどれか。

(1)　電力設備には，感電防止用漏電遮断器を設置し，感電事故防止に努める。

(2)　高圧配線，変電設備には，危険表示を行い，接触の危険のあるものには必ずさく，囲い，覆い等感電防止措置を行う。

(3)　水中ポンプその他の電気関係器材は，常に点検と補修を行い正常な状態で作動させる。

(4)　仮設の電気工事は，電気事業法に基づく「電気設備に関する技術基準を定める省令」等により給水装置工事主任技術者が行う。

解説 (4) 仮設の電気工事は，電気事業法に基づく「電気設備に関する技術基準を定める省令」等により電気工事士が行う。

解答▶(4)

問題⑩ 給水装置工事施工における埋設物の安全管理に関する次の記述のうち，**不適当なものはどれか。**

(1) 工事の施行にあたって，掘削部分に各種埋設物が露出する場合には，当該埋設物管理者と協議のうえ，適切な表示を行う。

(2) 埋設物に接近して掘削する場合は，周囲地盤のゆるみ，沈下等に十分注意して施工し，必要に応じて埋設物管理者と協議のうえ，防護措置等を講ずる。

(3) 工事の施行にあたっては，地下埋設物の有無を十分に調査するとともに，埋設物管理者に立会いを求める等によってその位置を確認し，埋設物に損傷を与えないように注意する。

(4) 工事中，火気に弱い埋設物又は可燃性物質の輸送管等の埋設物に接近する場合には，溶接機，切断機等火気を伴う機械器具を使用しない。ただし，やむを得ない場合には，所管消防署の指示に従い，保安上必要な措置を講じてから使用する。

解説 (4) ただし，やむを得ない場合には，埋設物管理者と協議し，保安上必要な措置を講じてから使用する。 **解答▶(4)**

問題⑪ 建設工事公衆災害防止対策要綱に関する次の記述のうち，**不適当なものはどれか。**

(1) 施工者は，仮舗装又は覆工を行う際，やむを得ない理由で周囲の路面と段差が生じた場合は，10％以内の勾配ですりつけなければならない。

(2) 施工者は，歩行者用通路と作業場との境は，移動さくを間隔をあけないように設置し，又は移動さくの間に安全ロープ等をはってすき間ができないよう設置する等明確に区分しなければならない。

(3) 施工者は，通行を制限する場合の標準として，道路の車線が1車線となる場合は，その車道幅員は3m以上，2車線となる場合は，その車道幅員は5.5m以上確保する。

(4) 施工者は，通行を制限する場合，歩行者が安全に通行できるよう車道とは別に幅0.9m以上，高齢者や車椅子使用者等の通行が想定されない場合は幅0.75m以上歩行者用通路を確保しなければならない。

(5) 施工者は，道路上に作業場を設ける場合は，原則として，交通流に対

する背面から工事車両を出入りさせなければならない。ただし，周囲の状況等によりやむを得ない場合においては，交通流に平行する部分から工事車両を出入りさせることができる。

解説（1）施工者は，仮舗装又は覆工を行う際，やむを得ない理由で周囲の路面と段差が生じた場合は，**5%以内**の勾配ですりつけなければならない。　　**解答▶(1)**

問題⑫　次のア〜オの記述のうち，公衆災害に該当する組合せとして，**適当なものはどれか。**

ア　水道管を毀損したため，断水した。
イ　交通整理員が交通事故に巻き込まれ，死亡した。
ウ　作業員が掘削溝に転落し，負傷した。
エ　工事現場の仮舗装が陥没し，そこを通行した自転車が転倒し，負傷した。
オ　建設機械が転倒し，作業員が負傷した。
(1)　アとウ
(2)　アとエ
(3)　イとエ
(4)　イとオ
(5)　ウとオ

解説（2）ア，エは第三者（工事関係者ではない）に関係する災害であるので，公衆災害の対象である。ただし，イ，ウ，オは**工事関係者に関係する災害**であるので公務災害の対象外である。　　**解答▶(2)**

問題⑬　給水装置工事における使用材料に関する次の記述の　　　　内に入る語句の組合せのうち，**適当なものはどれか。**

　水道事業者は，　ア　による給水装置の損傷を防止するとともに，給水装置の損傷の復旧を迅速かつ適切に行えるようにするために，　イ　から　ウ　までの間の給水装置に用いる給水管及び給水用具について，その構造及び材質等を指定する場合がある。したがって，給水装置工事を受注した場合は，　イ　から　ウ　までの使用材料について水道事業者　エ　必要がある。

	ア	イ	ウ	エ
(1)	災害等	配水管への取付口	水道メーター	に確認する
(2)	災害等	宅地内	水道メーター	の承認を得る
(3)	品質不良	配水管への取付口	末端の給水器具	の承認を得る
(4)	品質不良	宅地内	水道メーター	の承認を得る
(5)	災害等	配水管への取付口	末端の給水器具	に確認する

解説 (1) アは災害等，イは配水管への取付口，ウは水道メーター，エはに確認するである。

解答▶(1)

問題⑭ **配水管から分岐して設けられる給水装置工事に関する次の記述の正誤の組合せのうち，適当なものはどれか。**

ア サドル付分水栓を鋳鉄管に取り付ける場合，鋳鉄管の外面防食塗装に適した穿孔ドリルを使用する。

イ 給水管及び給水用具は，給水装置の構造及び材質の基準に関する省令の性能基準に適合したもので，かつ検査等により品質確認がされたものを使用する。

ウ サドル付分水栓の取付けボルト，給水管及び給水用具の継手等で締付けトルクが設定されているものは，その締付け状況を確認する。

エ 配水管が水道配水用ポリエチレン管でサドル付分水栓を取り付けて穿孔する場合，防食コアを装着する。

	ア	イ	ウ	エ
(1)	誤	正	正	誤
(2)	正	誤	誤	正
(3)	誤	誤	正	正
(4)	正	正	誤	誤

解説 (1) イ，ウは記述のとおり。

ア サドル付分水栓を鋳鉄管に取り付ける場合，鋳鉄管の**内面ライニング**に適した穿孔ドリルを使用する。

エ 配水管が**鋳鉄製**の場合は，**防食コア**を装着する。

解答▶(1)

☞ **すべての試験が終了しました！** 本当にお疲れさまでした。さて、このコーナーも最終回となりますが、最終回はチョットだけ手こずる問題へのアドバイスで締めくくりましょう。

☞ **A群 作問者は意地悪？** 次の設問は、3問とも正しい記述です。

(1) 給水装置工事主任技術者は、原則として、2以上の事業所の給水装置工事主任技術者として選任されてはならない。

(2) 給水管が水路を横断する場合は、原則として水路の下に設置する。

(3) 自己認証は、製造業者等が自ら得たデータや作成した資料等に基づいて行う。

☞ **B群 ところが！** それぞれの設問には、太字で示した次のような文章が続きます。

(1) 給水装置工事主任技術者は、原則として、2以上の事業所の給水装置工事主任技術者として選任されてはならない。ただし、その職務に特に支障がないときは、この限りでない（2章、p.32）。

(2) 給水管が水路を横断する場合は、原則として水路の下に設置する。ただし、やむを得ず水路の上に設置する場合は、高水位以上の高さに設置し、金属製のさや管による防護措置を施す（3章、p.63）。

(3) 自己認証は、製造業者等が自ら又は製品試験機関等に委託して得たデータや作成した資料等に基づいて行う（6章、p.187）。

☞ **解答のポイントは！** A群を「適当なもの」とするか「不適当なもの」とするかは、他の三つの設問を十分に吟味（ぎんみ）する必要があります。もし、この三つの中に「不適当なもの」がないときに限って、「適当なもの」としましょう。

受験の準備は、始まったばかりです。試験の日まで諦めないで！

参考文献＆資料提供

参考文献 ⚾

（1） 給水工事技術振興財団編：『改訂　給水装置工事技術指針』，公益財団法人 給水工事技術振興財団（2020）

（2） 空気調和・衛生工学会編：『空気調和・衛生工学便覧』，公益社団法人空気 調和・衛生工学会（2010）

（3） 空気調和・衛生工学会編：『空気調和・衛生用語辞典（第2版）』，公益社団 法人空気調和・衛生工学会（2006）

（4） 空気調和・衛生工学会編：空気調和・衛生工学会規格 SHASE-S206-2019 給排水衛生設備規準・同解説

資料提供 ⚾

（＊a） 前澤給装工業株式会社：図3・1 サドル付分水栓（写真），図3・2 サドル 付分水栓（断面図），図3・3 穿孔機，図3・4 ドリル（錐）

（＊b） 株式会社タブチ：図3・5 挿入機，図3・6 防食コア

（＊c） 積水化学工業株式会社：図3・7 電気融着（EF ソケットの構造），図3・8 分水 EF サドル

（＊d） 株式会社日邦バルブ：図3・9 分水栓付 EF サドル，図7・3 甲形止水栓

（＊e） 株式会社ベン：図7・5 水道用減圧弁，図7・6 温水機器用逃し弁，図7・ 7 定流量弁，図7・8 単式逆流逆止弁，図7・9 複式逆流逆止弁，図7・14 空気弁，図7・15 吸排気弁

（＊f） 株式会社キッツ：図7・10 リフト式逆止弁，図7・11 スイング式逆止弁

（＊g） 空気調和・衛生工学会：掲載箇所に記載（図4・7（a），図7・4，図7・ 12，図7・13）

さくいん

さくいん

さくいん

〈著者略歴〉

春山 忠男 （はるやま　ただお）

1970 年　日本大学理工学部機械工学科 2 部卒業
　　　　　神奈川県立小田原城北工業高等学校勤務
1993 年　神奈川県立平塚工業高等学校勤務
2003 年　神奈川県立平塚工科高等学校勤務
現　在　建築設備士

〈主な著書〉
解いて理解！　給水装置工事試験問題集
1 級管工事施工　合格問題集
2 級管工事試験　解いて学べる問題集
これだけ覚える！ 1 級管工事施工 学科試験
これだけ覚える！ 1 級管工事施工 実地試験
これだけ覚える！ 2 級管工事施工管理技士試験
　　　　　　　　　　　（以上，オーム社）

これだけ覚える！
給水装置工事主任技術者試験（改訂 4 版）

2006 年 4 月 10 日　　第 1 版第 1 刷発行
2013 年 4 月 20 日　　改訂 2 版第 1 刷発行
2017 年 3 月 25 日　　改訂 3 版第 1 刷発行
2023 年 6 月 7 日　　改訂 4 版第 1 刷発行
2024 年 7 月 30 日　　改訂 4 版第 2 刷発行

著　　者　春 山 忠 男
発 行 者　村 上 和 夫
発 行 所　株式会社 オーム社
　　　　　郵便番号　101-8460
　　　　　東京都千代田区神田錦町 3-1
　　　　　電話　03(3233)0641(代表)
　　　　　URL　https://www.ohmsha.co.jp/

© 春山忠男 2023

印刷・製本　三美印刷
ISBN978-4-274-23068-4　Printed in Japan

本書の感想募集　https://www.ohmsha.co.jp/kansou/
本書をお読みになった感想を上記サイトまでお寄せください．
お寄せいただいた方には，抽選でプレゼントを差し上げます．